[개정2판]

성공 비즈니스를 위한
완벽한 계약서 작성법

조장형 저

계약서 작성이론
분야별 서식례
    합의서
    채권양 · 수도
    내용증명
    각서
    의견서
    진정서
    탄원서
    유언서
    위임장

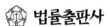 법률출판사

머리말

2017년에 처음 선보인 저자의 계약 관련 시리즈인 『이론과 실제-계약실무총람』, 『성공비지니스를 위한-완벽한 계약서 작성법』이 출간된 지 벌써 약 6년이 되었고, 개정판 출간도 역시 3년이 흘렀다. 그리고 개정 제2판 출시의 필요성도 때가 된 듯하다.

경제발전에 따라 다양한 직업군이 생기면서 우리의 사회 및 경제환경은 더욱 분화하며 복잡해지고 있다. 이에 따라 일상생활, 직업활동에서 타인(업체포함)과의 다양한 형태의 계약 또는 합의서 작성 등의 사회적, 경제적 수요도 꾸준히 증가하고 있다. 그런데 시중에는 이러한 수요에 적절한 계약 관련 도서가 별로 없고 이에 대한 새로운 신간도 사실상 없는 듯하다. 이는 차분히 충분한 자료를 수집하고, 이를 정돈하고 가공하는 작업을 감당하기에는 현실적으로 결코 쉽지 않은 이유에 기인할 것이다.

이번 개정2판의 집필은 이런 수요에 대하여 필요 최소한이라도 부응하고, 최근에 개정된 계약 관련 법령을 본문에 소개·반영하고, 종전 개정판에서도 여전히 존재하였던 시대에 뒤처진 낡은 계약서식을 최신의 경향에 맞추어 삭제·변경하고 추가하는 것에 역점을 두었다.

이러한 작업을 통해 이번 개정2판에서는 「제1편 총설」 파트에서 개정 「민법」에 따른 보증계약, 개정 「이자제한법」에 따라 연 20%로 하향 조정된 법정 최고이자율의 내용을 반영하였고, 「제2편 분야별 각종 계약서 작성(서식)」 파트에서는 근로계약 부분(연소근로자, 단시간근로자, 분야별 외국인근로자 표준근로계약서), 라이선스계약 부분(특허기술 전용 실시권 허락계약서, 지적재산권 독점적 이용허락계약서, 지적재산권 비독점적 이용허락계약서)에 대한 새로운 유형의 계약서를 추가하였다. 그 외에도 금전소비대차계약서, 분야별 부동산 매매 및 임대차 계약서 등도 수정·신설하였다.

또한 참고사항으로 공정거래위원회, 한국소비자협회에서 권고하는 경비업종 표준하도급계약서(하도급대금 직접 지급 합의서 포함), 프랜차이즈(기타소매업) 표준계약서와 「하도급거래 공정화에 관한 법률」에 따라 공정거래위원회, 대한전문건설협회가 사용을 권고하는 건설업종 표준하도급계약서의 내용을 소개하였다.

저자의 기존 계약서 시리즈가 일반인을 포함하여 계약 관련 업무를 다루는 분들의 과분한 관심에 이번 개정2판을 통해 다시 한 번 깊은 감사의 말씀을 드리며, 향후에도 주기적으로 최신의 법령 반영 및 시대 흐름에 따른 새로운 유형의 계약서 발굴 등으로 독자들의 요구에 부응하고자 한다.

이번 개정2판 역시 계약 등 담당 실무자뿐만 아니라 일반 독자들에게도 요긴한 참고자료가 되길 소망해 본다. 아울러 이번 제3판의 출간에 수고하여 주신 법률출판사 김용성 대표님 및 편집부 직원분들께 깊은 감사의 말씀을 드린다.

2023. 10. 15.

저자 조장형 올림

개정판 머리말

2017년에 출간된 저자의 계약관련 시리즈인 「이론과 실제-계약실무총람」, 「성공비지니스를 위한-완벽한 계약서 작성법」이 출간된 지 벌써 약 3년이 지났다.

계약서는 당사자에게 권리·의무를 명확히 하기 위한 수단으로 필요하다. 나아가 각계 분야의 사업자(기업), 관공서, 공기업, 전문자격사 등에게도 관련 업무를 수행하는 과정에서 계약서는 반드시 필요한 문서 중에 하나임에는 틀림없다. 특히 행정·법률관련 실무자에게 계약관련 내용은 매우 중요한 업무일 것이다. 저자의 기존 계약서 시리즈가 일반인을 비롯한 계약관련 업무를 다루는 분들의 과분한 관심에 이번 개정판을 통해 깊은 감사의 말씀을 드린다.

최근 2017. 11. 7. 「이자제한법 시행령」 및 「대부업 등의 등록 및 금융이용자 보호에 관한 법률 시행령」이 개정되어 법정최고 이자율이 연 24%로 하향 조정되었고 2018. 2. 8.부터 시행되고 있다. 또한, 2019. 4. 17.에는 「상가건물 임대차보호법」 개정(2018. 10. 16)에 따른 상가건물임대차분쟁조정위원회가 설치되었다.

이번 개정판에서는 위와 같은 최근 개정된 계약관련 법령을 반영하였고 또한 초판에서 미흡하게 다루었던 근로기준법상의 내용을 최신법령에 따라 수정하고 내용을 보강하였고 「주택임대차보호법」, 「상가건물임대차보호법」, 「수도권정비계획법」상의 계약관련 내용을 수정·추가하였다.

계약관련 법령은 국가의 정치·경제 상황의 변화에 따라 자주 개정되는 특징이 있고 그 내용도 점차 다양해지고 있어 수시로 변경되는 법령에 따라 일목요연하게 정리하여 소개하는 책자가 필요하다. 저자는 향후에도 주기적으로 최신의 법령을 반영하는 충실한 개정작업을 통해 독자들의 요구에 부응하고자 한다.

아무쪼록 이 졸저가 법조·행정 실무가뿐 아니라 일반 독자들에게도 계약서 등을 작성 시에 좋은 길잡이가 되길 소망해 본다. 아울러 이번 개정판에도 역시 노고를 기꺼이 담당해 준 법률출판사 김용성 대표님 및 편집부 직원 분들에게 감사의 말씀을 드린다.

2019. 12.

초판 머리말

계약의 기원 내지 개념에 대해 종교학에서는 성서적 세계에서 논의하고 있고, 대부분의 학계에서는 고대 로마법을 들고 있을 정도로 계약의 개념은 아주 오래전부터 연구되고 있다.

현대사회는 계약의 사회라고 해도 과언이 아닐 정도로 현대인의 생활은 자신도 모르는 사이에 수많은 계약관계와 연결되어 있고 그 계약관계는 현대사회를 지탱해주는 사회 안전망 역할을 해주고 있다.

개인이든 기업이든 그들은 그들의 이해관계에 따라 개인적인 일이든 공적인 업무관계이든 특정 내지 불특정 다수인과 수많은 계약관계를 맺고 있다. 이러한 계약관계 속에서 우리는 권리를 갖게 되거나 의무를 부담하게 되면서 때로는 손해를 배상받기도 하고 또는 배상하기도 해야 하는 위치에 선다. 이 모든 것을 결정하는 근거는 '계약자유의 원칙'에 입각한 계약 내용에서 비롯된다.

그럼에도 불구하고 의외로 많은 이들이 자신의 권리와 의무가 결정되는 내용이 적시된 체계적인 계약서를 사용하지 못하여 후일 법률분쟁으로 비화되는 현상을 필자들은 법조현장에서 지난 수십 년 동안 안타깝게 지켜보았다.

권리와 의무가 발생하는 그 시점에서 바로 체계적이고 구체적인 계약서가 존재해야 하는 것이고, 계약에 대한 분쟁이 발생되었을 때에도 바로 그 계약서가 법적 판단의 가장 큰 준거가 된다는 사실이다.

즉, 잘 정리된 계약서는 법적 분쟁을 미연에 막을 수도 있으며, 법적 분쟁 발생 시 가장 강력한 힘이 되는 것이기에, 필자들은 계약서 작성 시 기본이 되는 사항부터 실제 계약 유형의 상세한 부분까지 아우르는 계약실무전반에 관해 자세히 설명하고 그 예시를 듦으로서 법조 관계자 뿐 아니라 일반 독자들에게도 유용함을 드리고자 이 책을 집필하게 되었다.

최근 2017. 3월에 출간된 저자의 『이론과 실제-계약실무 총람』이 전문가 등을 위한 것이라면 이번에 선보이는 본서는 일반인을 위한 후속편에 해당하는 것인데 『계약실무 총람』과 달리 일반인이 일상생활에서 빈번하게 다루게 되는 계약서를 중심으로 채권양도, 내용증명, 각서, 진정서, 탄원서, 의견(진술)서, 합의서, 위임장 등을 일정한 기준에 따라 정리하여 전문가가 아닌 분들도 쉽게 이해할 수 있도록 하였다.

이 책의 구성은 다음과 같다.
첫째, 제1편은 완벽한 계약서 작성법 총설로, 제1장에서 계약서 작성의 기초지식에 대해 설명하였다. 또한 제2장에서는 주요 계약서 작성방법에 대해서 살펴보았다.

둘째, 제2편은 제1장부터 제10장까지로 구성되어 있다.
즉, 계약의 분야를 그 유형별로 10개 분야로 나누고 각 장별로 개괄적인 이론과 내용 그리고 관련 판례에 대해 설명한 뒤 계약서 작성의 실무례를 수록하였다.
실제로 사용하는 각 유형별 계약서의 내용을 그 서식과 함께 보여줌으로써 독자들의 이해의 편의를 도모하는 데 주안점을 두었다.

셋째, 각 장의 맨 처음에 나오는 계약서식에는 주요 계약서 조항이 무슨 의미를 가지는지에 대해 별도로 첨언하여 설명하였다.

이론 부분에서 설명한 내용이 실제 계약서식에 어떤 표현으로 어떻게 조항에 삽입되는지를 독자들이 보다 쉽고 편하게 이해할 수 있도록 하기 위함이다.

넷째, 특히 제2편의 제9장, 제10장은 일상생활에서 흔히 발생할 수 있는 채권양도, 내용증명, 각서, 진정서, 탄원서, 의견서, 합의서, 위임장 등을 수록하였다.

이들 테마는 일반인이 일상생활에서 각종 계약과 함께 내지 독립적으로 만나게 되는 유형으로 그 법률적 무게는 개별계약의 내용에 결코 뒤지지 아니하는 내용들이다.

다섯째, 책의 말미에 계약서식의 색인을 가, 나, 다 순으로 분류하여, 필요한 계약서식을 보다 쉽게 찾아볼 수 있도록 하였다.

이 책을 기획하고 집필하는데 있어 많은 이들의 도움을 받았다.

특히 수많은 자료를 취합하고 정리하는 노고를 기꺼이 담당해 준 법률출판사 편집부 직원들에게 감사의 말씀을 드린다.

실제로 책이 나오기까지 예상보다 많은 시간이 들었다.

모든 것이 필자의 게으름 탓이겠지만, 하나의 사례와 서식이라도 더 싣고 조금이라도 더 자세하면서도 쉽게 서술하고자 하는 미련한 욕심도 한 몫 거들었음을 고백한다.

모쪼록 이 졸저가 법조 실무가 뿐 아니라 일반 독자들에게도 계약상 분쟁을 미연에 방지하는 것과 계약상 분쟁발생시 도움이 되는 계약서를 작성하는 데에 도움이 되길 소망한다.

2017. 8.

차 례

계약서 서식목록

제1편
계약서 잘 쓰는 법 총설

제1장 계약서 작성의 기초지식

1. 계약서란 무엇인가

계약서란 당사자 간의 대립하는 2개 이상의 의사표시가 합치된 법률행위를 표시한 문서로 당사자가 구체적으로 어떤 의도로 어떤 내용으로 어떻게 당사자 간에게 권리 또는 의무를 발생시키려 하는가를 서면으로 표시하는 것이다. 즉, 계약서의 목적은 당사자 사이의 권리와 의무를 발생시키고 법률관계를 규율하는데 있으며, 법적분쟁 발생시 중요한 증거자료가 된다.

2. 계약서 작성 방법(공통사항)

가. 계약서 작성

계약서는 관례적으로 6하원칙에 의하여 작성하는 데 그 주요내용인 계약 당사자는 누구이며, 계약의 내용인 권리·의무는 무엇이고 그 계약내용은 언제 어떠한 방법으로 이행될 것인가를 정확, 간결, 평이, 명료하게 작성하여야 한다. 여러 형태의 계약서 작성 시 공통적인 원칙은 다음과 같은 것들이 있다.

① 계약의 각 당사자의 성명(또는 상호), 계약내용, 계약 년월일, 계약의 각 당사자의 서명날인 4가지는 반드시 필요하다. 계약내용으로는 계약의 목적, 이행조건, 이행기일, 불이행의 경우 조치사항 등을 분명히 해야 후일 당사자 간 법적 분쟁을 방지할 수 있다.
그리고, 민법상의 계약에 관한 규정은 계약서상에 특약이 없는 경우에만 적용되므로 계약 당사자 간의 특약이 원칙적으로 우선되는바, 계약 당사자는 특약사항[1]의 기재에 대해 주의를 하여야 할 것이다.
한편, 특약사항은 보통 계약서 말미에 기재하고 있으나, 특약내용이 많을 경우는

---

1) 실무상 특약사항은 후일 있을 수 있는 계약당사자간의 법정다툼에 있어 승패를 가늠하는 주요한 증거자료로 활용되기도 한다.

별지로 작성하여 계약서와 함께 편철되기도 한다.

② 계약서는 사서증서(당사자가 작성)와 공정증서(공증인등이 작성)가 있는데, 공정증서에는 강력한 증거능력뿐만 아니라 경우에 따라 압류가 가능한 집행력이 있을 수 있어 별도의 소송 등 제기 없이 채무불이행자의 재산 등에 강제집행을 할 수 있다.

③ 계약서 문언은 명확하게 하고, 삭제·추가·정정 등의 수정은 그 자수를 그 행의 란외에 그 내용을 기재하고[2] 각 당사자 모두 날인을 해야 하며, 계약서는 계약 당사자 수만큼 만들어서 각자 한 통씩 소지하고 차용증과 같은 계약서는 신분증 사본을 차용증에 첨부하여 두면 후일 분쟁이 있을 경우 그 계약사실을 쉽게 입증할 수 있다.

④ 계약서는 될 수 있는 한 상대방과 함께 작성해야 하며 가능한 한 본인이 직접 서명토록 하는 것이 바람직하다.[3]

⑤ 계약서를 작성한 후에 종전의 계약조항을 변경해야 할 상황이 발생한 경우에는 반드시 각서 또는 확인서 같은 것을 만들어 두는 것이 좋다.

⑥ 계약서 형식과 용지의 사용

계약서 형식 및 용지는 자유이나 후일 입증자료로 활용될 수 있도록 장기간 보존이 가능한 용지를 사용하고, 법원 또는 행정기관에 제출할 것을 대비해 이에 맞는 크기의 용지로 사용하는 것이 좋다. 현재 법원규칙의 문서 규격은 A4용지 크기이다.

---

2) 삭제는 두 줄로 지우고, 추가 기입은 삽입기호 사용 혹은 알기 쉽게 병기하고, 정정은 불필요한 부분은 삭제하고 새로이 기재한다. 이때 각 행의 란 여백에 삭ㅇ자, 가ㅇ자, 삭ㅇ자·가ㅇ자, 정정ㅇ자 등으로 표시하여야 한다.

3) 참고로 서명과 기명 둘 다 어떤 문서에 해당자의 이름을 적어 넣는 것을 뜻하나 서명은 반드시 본인이 자신의 필체로 쓰는 것을 말하고, 기명은 타인이 쓰거나 고무인이나 타이프 등을 사용하는 것을 포함하는데 기명에는 날인이 필요하다. 자필의 경우에는 날인이 없어도 유효하지만 날인이 있는 쪽이 더 증거력이 강하다. 법인의 서명은 법인의 기명(자필은 없음)날인 외에 대표자의 서명이 필요하다.

나. 계약서에는 반드시 인장을 찍어야 하는가

계약서에는 반드시 도장을 찍어야 한다고 생각함이 보통이나, 반드시 그러한 것은 아니다. 기명(본인이 아닌 타인이 쓴 계약서)인 경우는 반드시 도장이 필요하지만 서명(본인이 이름을 쓰는 것)을 한 경우에는 계약서에 도장을 찍지(날인하지) 않아도 그 계약서는 유효하다.

계약서의 서명날인은 반드시 본인이 해야 하며, 대리인이 계약할 경우에는 대리권을 확인(본인의 위임장과 인감증명서 등)하는 것이 좋은데, 이런 과정을 거쳤음에도 불구하고 실무에서는 향후 민법상 무권대리 내지 표현대리의 문제가 종종 발생하는 경우가 있다.

다. 계약서 작성방법

1) 계약의 상대방이 개인인 경우

① 동일내용의 계약을 반복하여 작성할 경우 그 서식을 미리 정형화할 것.

② 계약 당사자들은 쌍방 모두 해당 계약의 상대방이 계약당사자 본인인지 여부를 확인할 것.

③ 상대방의 계약체약능력 유무를 확인하고, 만일 계약체약능력이 없을 경우에는 그의 법정대리인과 계약할 것.

④ 임의대리인이 계약서를 작성할 때에는 계약당사자 본인명의의 위임장 유무를 확인할 것.

⑤ 가능한 한 계약서 표제(계약서 제목)와 전문을 작성하고, 계약 내용은 제3자가 보아서 쉽게 알 수 있도록 평이하고 명확하게 쓸 것.

⑥ 계약불이행시에 대비하여 손해배상 기타 제재조항을 기재할 것.

⑦ 계약당사자의 주소, 성명 외 주민등록번호와 전화번호도 계약서에 기재하고, 주소는 주민등록증 등 확인된 증명서에 의한 주소를 기재하고, 실제 주소가 다른 경우에는 이와 병기하여야 한다.

⑧ 필요한 경우에는 연대보증인 또는 물상보증인(담보제공자)을 세울 것.

⑨ 계약에 수반되는 비용(가령 계약서 작성비용, 등기비용, 감정비용, 번역비용, 공증비용 등)을 누구 부담할 것인가에 관한 조문을 삽입할 것.

⑩ 계약서의 내용 중 일부 문구를 정정할 때에는, 그 문구를 『 = 』선을 그어서 말소하는 동시에 그 행의 란 외에 몇 자 정정(또는 정정 ○자)이라고 기재하고 정

정인을 날인할 것.

⑪ 계약의 자동갱신이 필요한 경우에는 자동갱신 조항을 삽입할 것.

⑫ 재판적[4] 또는 중재인에 관한 조항을 삽입할 것

⑬ 규정외 사항의 해결방법에 관한 조문을 삽입할 것[5]

⑭ 상대방의 채무불이행시 즉시 강제집행이 필요한 경우에는 강제집행 수락 문구가 포함된 공정증서를 작성할 것.

⑮ 계약서는 원칙적으로 당사자 수만큼 작성하여 각자 보관할 것[6]

⑯ 계약서 장수가 2매 이상일 경우 각 장의 연결부분에 간인(계약 당사자 모두)을 할 것.

⑰ 계약서에는 반드시 작성 연월일을 기재할 것.

⑱ 상대방이 주소 성명을 쓰고 도장을 찍을 때에는 그 상대방이 직접 서명날인을 하도록 할 것.

⑲ 필요한 경우에는 확정일자를 받을 것

2) 계약의 상대방이 법인인 경우

원칙적으로 상대방이 개인인 경우에 있어서의 계약서 작성방법과 동일한 방법으로 작성하며, 다만 다음과 같은 특별한 주의사항이 있다.

① 계약서상의 법인대표자가 계약을 체결할 수 있는 대표권을 가지고 있는지의 여부를 확인할 것(법인등기사항전부증명서[7]로 대표권 유무를 확인).

② 법인이 채무를 부담하는 사항에 대해서는 법률과 정관의 규정에 따라 주주총회 또는 이사회결의를 얻었는지의 여부를 확인할 것(정관 또는 이사회의사록 등을 청구하여 확인).

---

4) 재판적이란 민사소송에서 어떤 사건, 다시 말하면 그 당사자를 어느 법원의 재판권의 행사를 받게 하느냐를 정하는 근거가 되는 관계를 말함.

5) 규정외 사항이라 함은 계약서에 기재된 조문에 해당하지 않는 새로운 문제가 발생한 경우를 말함.

6) 약정서, 증서 등은 1통만 작성하여 당사자 중 일방이 보관함.

7) 통상 과정의 법인등기부등본을 말한다.

3) 계약의 상대방이 권리능력 없는 사단인 경우
① 정관 또는 규약으로 계약의 상대방의 실체를 확인할 것
② 대표자의 자격을 증명하는 서면으로 대표자 선임결의서 또는 회의록을 확인할 것
③ 계약내용에 대한 결의를 확인할 수 있는 자료 등을 확인할 것

3. 금전거래시 유의사항

가. 금전거래는 명확히 하여야 한다.

금전 거래관계는 명확해야만 분쟁을 예방할 수 있으므로 상세한 문서를 작성하여 교환하는 것이 거래관계를 명확히 하는 가장 좋은 방법이다. 계약 시에는 계약서를 작성하고, 금전을 주고받을 때에는 가능한 은행계좌이체를 이용하여 기록을 남기거나 현장에서 영수증을 작성하는 것이 후일 분쟁을 방지할 수 있을 것이다.

나. 거래의 상대방을 반드시 확인하여야 한다.

(1) 모르는 사람과 부득이 금전거래를 할 경우에는 상대방의 직업, 주소, 성명 등을 주민등록증 등에 의하여 확인하여야 하고, 상대방의 재력과 신용은 스스로 확인하는 것이 바람직하다.

(2) 미성년자에게 돈을 빌려줄 때는 법정대리인(부모 등)의 동의가 있어야 하고 동의가 없으면 미성년자의 법정대리인이 계약을 취소할 수 있으므로 손해를 볼 우려가 있다.

(3) 법인 등과 거래할 경우에는 상대방에게 그 회사를 대표하는 정당한 권한이 있는지를 확인하여야 하며 단지 그 회사의 임직원과 개인적으로 금전 거래하는 형식의 계약서를 만들면 손해를 보는 경우가 발생하므로 주의하여야 한다.

다. 금전을 대여하여 줄 때 주의해야 할 구체적인 예

(1) 금전거래 시 채무자(상대방)의 재력과 신용을 확인하는 것이 특히 중요하므로 채무자의 신용과 재력이 의심스러울 때는 회수확보를 위한 담보를 확보할 필요가 있다.

담보에는 인적담보와 물적담보가 있는데 인적담보는 계약당사자 아닌 제3자가 보증

이나 연대보증을 하는 것이고, 물적담보는 통상 채무자 등의 소유부동산에 (근)저당권 등기 또는 가등기를 설정하는 방법, 소유권이전등기를 받는 방법 등이 있고 동산이나 유가증권을 담보로 받아두는 경우도 있다.

최근에는 신탁등기를 활용하는 경우가 있는데 이때의 신탁등기는 내부적으로 담보부 신탁등기를 의미한다.

한편, 과거 전세보증금을 담보로 하여 금전을 대여하는 경우가 있었는데 이때 채권 자는 반드시 채무자와 전세보증금 반환채권의 양도계약을 체결하고 집주인을 직접 만 나 승낙을 얻거나 채무자가 집주인에게 내용증명우편으로 채권양도통지를 하여야 민법 상 그 법적 효력(민법 제450, 451조)이 발생하므로 주의를 해야 한다.[8]

(2) 전업주부와의 금전거래 시 그 대여금이 채무자 자녀들의 학비나 식비 등 일상 가사비용으로 사용된다면 향후 법적 문제 발생 시 채권자는 그 배우자(남편)에게도 변 제책임을 물을 수 있으나, 일상가사와 관계없는 계 또는 사치, 유흥비로 탕진하는 경 우에는 남편이 별도로 보증을 서지 않는 한 배우자(남편)가 단지 그러한 사실을 잘 알 고 있었다는 것만으로는 남편에게 변제책임을 물을 수 없음을 유의하여야 한다.

(3) 약속어음 할인 형식의 금전거래 시 그 약속어음의 배서가 연속되는가를 확인하 여야 하고 배서인이나 발행인이 아니면 어음상의 책임을 지지 아니하므로 반드시 채무 자의 배서를 받아야 한다.

(4) 수표는 부도를 내는 경우에 형사처벌까지 받게 되므로 백지수표(주로 발행일자) 를 담보로 금전을 빌려줄 때가 많은데 발행일자를 기재하지 않고 제시를 하거나 기재 한 발행일자보다 10일이 넘은 후에 제시하여 부도가 난 경우는 발행인의 형사책임이 면제되므로 유의하여야 한다.

(5) 도박이나 강도와 같은 범죄에 제공될 자금인 줄 알면서 금전을 빌려준 경우는

---

8) 따라서 채권자는 단순히 채무자로부터 전세(임대차)계약서를 받아 보관하고 있다고 하여서 그 법 적효력이 발생하지 않는다는 것이다.

상대방이 임의로 변제하여 수령하는 것은 법적으로 문제가 없으나 만약 상대방이 임의 변제를 거부한다면 법률상 변제를 청구할 수가 없으므로 사회질서에 반하는 금전거래는 하지 말아야 한다.

라. 금전을 빌리고자 할 때 유의할 점

(1) 경제적으로 곤궁한 채무자는 채권자로부터 금전을 대여받을 당시 채권자(전주)로부터 이자 또는 담보관계 등에 있어 다소 가혹한 조건을 강요당하는 경우가 빈발하므로 채무자는 계약서의 내용을 상세히 파악할 필요가 있다.

(2) 채무자는 원금이나 이자를 갚으면 반드시 영수증을 받아야 하고 원리금을 완전히 변제한 경우는 미리 교부해 주었던 차용증이나 어음, 수표 등을 회수하여야 후일 이중변제의 위험을 방지할 수 있다.

(3) 만약 채무자가 채권자에게 담보를 제공하고 금전을 대여 받은 경우에 채무자가 약정된 변제기일에 대여금을 변제하려 하여도 채권자가 악의로 제공받은 담보물을 헐값에 취득할 목적으로 변제기일에 고의로 나타나지 않거나 변제기일을 연기해 주겠다고 속여 안심시킨 후 변제기일을 넘겨 담보물을 처분하려는 경우가 있는데, 이때 채무자는 지체 없이 변제공탁절차를 거쳐서 제공된 담보물을 지킬 수 있다.

한편, 변제공탁 절차는 공탁법상의 소정의 절차에 따라 해당 법원공탁과(계)에 변제공탁서(금전)를 제출하여야 한다.

(4) 이자는 약정이 없는 한 이를 지급할 필요가 없으나 변제기가 경과된 경우에는 연 5%의 민법상 이자(상인간 금전거래시에는 상법상 연 6%)를 지급하여야 한다. 「이자제한법」 폐지(1998.1.13.) 이전의 이자 약정으로서 연 20%를 초과하는 이자약정은 무효이므로 초과부분은 변제하지 않아도 된다.[9]

---

9) 「이자제한법」 제2조제1항에서는 이자의 최고한도를 연25%로 규정하고 있으나, 2021.7.7. 현재 동법 시행령(「이자제한법 제2조제1항의 최고이자율에 관한 규정」)은 이자제한법 제2조제1항에 따른 금전대차에 관한 계약상의 최고이자율은 **연20%**로 규정되어 있다.

마. 기타 유의사항

(1) 채무자가 사망한 경우 채무자의 채무는 포괄승계되므로 채권자는 그 상속인에게 변제를 청구할 수 있다. 상속인이 채무를 면하려면 상속을 포기하거나 한정승인을 하여야 한다.

한편, 상속포기 내지 한정승인은 신청인이 관할 가정법원에 상속포기 내지 한정승인 심판청구서를 제출하여 그 가정법원의 결정을 받아야 법적효과가 발생한다.

(2) 채무자가 약속대로 임의변제를 하지 아니한다면 채권자는 재판과 강제집행 절차로 변제를 받아야 하는데, 이 경우 사전에 충분한 변제확보 방법을 강구해 놓지 않은 채권자는 손해를 볼 가능성이 많다. 실무상 불성실한 채무자가 재산도피 등의 방법으로 강제집행을 면탈하는 경우, 증거가 부족하면 채무자에 대한 민·형사상 제재가 용이하지 않을 때가 많은 것이 현실이다.

실무상, 통상적으로 채권자는 채무자의 책임재산을 확보하기 위한 방법으로 물적담보(저장권등기 등)외에 사전적으로 가압류, 가처분제도를 이용하고 있다.

바. 이자제한법의 연혁

(1) 이자제한법은 1962년 법률 제971호로 제정된 이래 개정(1965.9)된 이자제한법상의 최고이율은 연40%였는데 이후 1983.12. 시행령 개정으로 연25%로 인하되었다가 1997년 말 다시 연40%로 인상하는 과정이 있었다. 이후 외환위기 뒤 고금리시장에서 이자제한은 자금의 흐름을 왜곡한다는 국제통화기금(IMF)의 권고로 1998.1.13. 이자제한법은 전격 폐지되었으나 이후 고금리에 따른 서민들의 고통이 가중되자 2007.3.29. 부활(새로이 제정)된 후 2014.1.14.에 최종 개정되었다.

(2) 시기별 최고이자율(시행일 기준)을 정리하면
① 2007.6.30.~2014.7.14.까지 : 연30%(대통령령 제20118호, 2007.6.28., 제정)
② 2014.7.15.~2018.2.7.까지 : 연25%(대통령령 제25376호, 2014.6.11., 일부개정)
③ 2018.2.8.~2021.7.6. : 연24%(대통령령 제28413호, 2017.11.7., 일부개정)
④ 2021.7.7.~ 현재 : 연20%(대통령령 제31593호, 2021. 4. 6., 일부개정)
다만, 현재 적용되는 최고이자율 연20%는 이자제한법 시행령(2021.7.7)이 시행되는

2021. 7. 7. 이후 계약을 체결하거나 갱신하는 분부터 적용한다.[10]

따라서 2021. 7. 7. 부터는 금전소비대차에 관한 약정이자율은 **연20%** 한도 내에서 정하여야 하며, 최고이자율을 초과하여 이자를 받은 경우 1년 이하의 징역 또는 1천만 원 이하의 벌금 처벌규정이 있고, 징역형과 벌금형은 병과(倂科)할 수 있음에 주의하여야 한다(이자제한법 제8조).

(3) 「이자제한법」은 금전대차 즉 금전을 빌릴 때에만 적용되고, 금전의 액수도 10만 원 이상일 때에만 적용되고, 최고 이자율 연20%를 넘은 부분은 무효이며, 금전을 빌린 사람(채무자)이 최고 이자율을 초과하는 이자를 지급한 경우에는 초과 지급된 이자는 우선 원금에서 공제하고, 원금을 공제하고도 남은 때에는 반환을 청구할 수 있다.

한편, 선이자의 경우 채무자가 실제 받을 금액을 원금으로 보도록 정하고 있으며, 예금, 할인금, 수수료, 공제금, 체당금(替當金), 그 밖의 명칭에도 불구하고 채권자가 받은 것은 이자로 보며, 이자에 이자를 지급하기로 하는 복리약정에 대하여도 최고이자율 연20%를 넘은 부분은 역시 무효가 된다.

또한 채권자는 채무자가 대여금을 변제하지 아니한 경우를 대비하여 미리 손해배상금을 예정한 경우가 있는데 이때에도 법원은 그 금액이 부당하다고 인정한 때에는 상당한 액까지 감액할 수 있다고 정하고 있다.

(4) 이자는 약정이 없는 한 이를 지급할 필요가 없으나 변제기가 경과된 경우에는 연 5%의 민법상 이자(상인 간 금전거래 시에는 상법상 연 6%)를 지급하여야 한다. 「이자제한법」 폐지(1998.1.13.) 이전의 이자 약정으로서 연 20%를 초과하는 이자약정은 무효이므로 초과부분은 변제하지 않아도 된다.

사. 대부업 등의 등록 및 금융이용자 보호에 관한 법률(약칭: 대부업법)

(1) 대부업은 일본에서 소비자금융이라는 용어로 발달하였는데 2002년 한국에서의 대부업법 제정(2002.8.26. 법률 제6706호)과 맞물려 일본계 대부업체들이 2002년 이

---

10) 「이자제한법」 시행령(「이자제한법 제2조제1항의 최고이자율에 관한 규정」)부칙 제2조

후 사채금리가 높은 한국시장에 막강한 자금력을 이용해 진출하여 현재 대부업 시장을 사실상 주도하고 있다.

대부업법상 대부업은 금전의 대부(어음할인양도담보 그밖의 이와 비슷한 방법을 통한 금전의 교부를 포함)를 업(業)으로 하거나 대부업의 등록을 한자(등록대부업자) 내지 여신금융기관으로부터 대부계약에 따른 채권을 양도받아 이를 추심(대부채권 매입 추심)하는 것을 업으로 하는 것을 말한다(대부업법 제2조 참조)

(2) 등록 대부업자와 금융회사에 대한 최고이자율은 몇 차례 변경되어 왔는데 대부업법이 제정된 2002년 당시 대부업에서 받을 수 있는 최고 금리는 연66%이었다. 그후 2007.10.부터는 연49%에서 2010.7.21.부터는 연44%로, 2011.6.27.부터는 연39%로, 2014.4.2.부터는 연34.9%로, 2016.3.3.부터는 연27.9%로 낮아지다가, 2018.2.8.부터는 연24로 2021.4.6. 이후로는 20%로 인하되었다.

따라서 최고 이자율 연20%를 넘은 이자계약은 무효가 되고 초과 지급된 이자는 우선 원금에서 공제하고, 원금을 공제하고도 남은 때에는 반환을 청구할 수 있다(대부업법 제8조).

한편, 선이자의 경우 채무자가 실제 받을 금액을 원금으로 보도록 정하고 있으며, 이자율을 산정할 때 사례금, 할인금, 수수료, 공제금, 연체이자, 체당금(替當金), 그 명칭이 무엇이든 대부와 관련하여 대부업자가 받은 것은 모두 이자로 본다.

대상	계약체결일 및 갱신일	법정최고 이자율	형사처벌(최고 이자율을 초과하여 이자를 받은 경우)	근거 법률
① 개인간 금전소비대차, ② 미등록대부업자의 대부	2014.7.14. 까지	연30%	① 1년이하의 징역 또는 1천만원 이하의 벌금 ② 징역형과 벌금형은 병과가능	이자 제한법
	2014.7.15. 부터	연25%		
	2018.2.8. 부터	연24%		
	2021.7.7. 부터	연20%		
등록대부업자	2016.3.2. 까지	연34.9%	① 3년 이하의 징역 또는 3천만	대부

	2016.3.3.부터	연27.9%	원이하의 벌금	업법
의 대부	2018.2.8.부터	연24%	② 징역형과 벌금형은 병과가능	
	2021.7.7.부터	연20%		

*위와 같은 강행규정에 따른 법정최고 이자율은 경제상황의 변화에 따라, 특히 서민경제에 미치는 영향을 고려하여 비교적 자주 변경되고 있어 계약 전에 반드시 확인할 필요가 있다.

4. 보증에 관한 법률상식

가. 보증의 의의

(1) 금전소비대차 등에서 채권자는 채무자의 지급능력에 불안이 있는 경우 채권의 확보방법으로 채무자로 하여금 채무자 이외의 보증인을 붙이는 일이 빈번한데, 이때 채권자가 본래의 채무자로부터 채무의 이행을 받지 못하면 채무자 이외의 제3자인 보증인의 재산으로 채권을 담보하는 제도가 보증이다.

이 경우 채무자 이외의 제3자를 보증인이라 하고, 보증인이 부담하는 채무를 보증채무라고 하며, 보증채무를 발생케 하는 계약을 보증계약이라고 한다.

(2) 보증은 보증인의 일반재산으로 채권을 담보하나 다른 채권자에 우선할 수 있는 우선 변제권이 없는 점에서 채권자가 다른 채권자에 우선하여 부동산이나 동산·주식 등의 특정 재산으로부터 우선변제를 받을 수 있는 저당권, 질권 등 물적담보와 구별된다.

나. 보증채무의 성립

(1) 보증채무는 채권자와 보증인간의 보증계약으로 성립되는데, 보증계약은 보증에 관한 양 당사자(보증인과 채권자)의 합의만 있으면 성립하나, 개정민법 제428조의2(2016.2.4.부터 시행)에서 정한 방식을 따를 것이 요구된다(요식행위).

> **민법 제428조의2(보증의 방식)**
> ① 보증은 그 의사가 <u>보증인의 기명날인 또는 서명이 있는 서면</u>으로 표시되어야 효력이 발생한다. 다만, 보증의 의사가 전자적 형태로 표시된 경우에는 효력이 없다.

(2) 보증인은 주채무자로부터 보증인이 되어 달라는 부탁을 받고 보증인(수탁보증인)
이 되는 경우[11]와 부탁 없이 보증인(부탁없는 보증인)이 되는 경우가 있으나 어느 경우
나 보증인과 채권자가 보증계약의 당사자이고 주채무자는 보증계약과는 직접 관계는
없다.

채권자는 보증계약을 체결하거나 갱신할 때 보유하고 있거나 알고 있는 주채무자의
채무 관련 신용정보를 보증인에게 알려야 한다(민법 제436조의2). 정보제공의무의 대
상은 보증계약의 체결 여부와 내용에 영향을 미칠 수 있는 것에 한정된다.

보증계약을 체결한 후 다음의 사유 중 어느 하나가 있는 경우 채권자는 지체 없이
보증인에게 그 사실을 알려야 한다(민법 제436조의2 제2항).
  ① 주채무자가 원본, 이자, 위약금, 손해배상 또는 그 밖에 주채무에 종속한 채무를
    3개월 이상 이행하지 않은 경우
  ② 주채무자가 이행기에 이행할 수 없음을 미리 안 경우
  ③ 주채무자의 채무 관련 신용정보에 중대한 변화가 생겼음을 알게 된 경우
  ④ 보증인이 주채무의 내용 및 그 이행 여부를 알려줄 것을 채권자에게 청구한 경우

---

11) 실무적으로는 주채무자가 보증인의 사전 허락을 받아 대리인으로서 채권자와 보증계약을 체결
   하는 경우가 대부분이다.

있는 경우에는 지체 없이 보증인에게 그 사실을 알려야 한다.
1. 주채무자가 원본, 이자, 위약금, 손해배상 또는 그 밖에 주채무에 종속한 채무를 3개월 이상 이행하지 아니하는 경우
2. 주채무자가 이행기에 이행할 수 없음을 미리 안 경우
3. 주채무자의 채무 관련 신용정보에 중대한 변화가 생겼음을 알게 된 경우
③ 채권자는 보증인의 청구가 있으면 주채무의 내용 및 그 이행 여부를 알려야 한다.
④ 채권자가 제1항부터 제3항까지의 규정에 따른 의무를 위반하여 보증인에게 손해를 입힌 경우에는 법원은 그 내용과 정도 등을 고려하여 보증채무를 감경하거나 면제할 수 있다.
[본조신설 2015.2.3] [[시행일 2016.2.4]]

한편 채권자가 금융기관인 경우에는 "주채무자가 원본, 이자 그 밖의 채무를 1개월 이상 이행하지 않은 경우" 지체없이 그 사실을 보증인에게 알려야 할 의무가 있다(보증인 보호를 위한 특별법 제5조).

또한, 「보증인 보호를 위한 특별법」에는 금융기관이 채권자로서 보증계약을 체결하거나 갱신할 때에는 채무자의 신용관련 신용정보를 보증인에게 제시하고 그 서면에 보증인의 기명날인이나 서명을 받아야 하며, 보증인은 금융기관에 대하여 보증계약 체결 당시 채무자의 채무관련 신용정보를 제시하여 줄 것을 청구할 수 있고, 만약 금융기관이 그 요구에 응하지 아니하는 경우에는 보증인은 그 사실을 안 날로부터 1개월 이내에 보증계약의 해지를 통고할 수 있다고 정하고 있으므로 유의해야 한다(보증인 보호를 위한 특별법 제8조).

다. 보증계약의 내용

(1) 보증채무의 내용은 보증계약에 의하여 정하여 진다. 보증채무의 범위는 주채무와 동일함이 원칙이나 채권자와 보증인이 그와 다른 특약을 할 수는 있다. 다만 보증채무가 주채무보다 그 목적12)이나 형태13)에서 무거우면 주채무의 한도로 감축된다. 그러나

---

12) 보증금액
13) 주채무가 조건부인데 보증채무는 무조건인 경우, 주채무의 변제기보다 보증채무의 변제기가 먼

보증채무가 주채무보다 가벼운 것은 무방하다.

(2) 채권자와 보증인간의 특약이 없는 한 보증채무는 주채무의 이자, 위약금, 손해배상 기타 주채무에 종속한 채무를 포함하나(민법 제429조 제1항), 보증계약 성립 후에 주채무자와 채권자가 계약으로 주채무의 내용을 확장, 가중하더라도 보증채무가 확장, 가중되지 않는다.

라. 보증의 효력

채권자는 주채무자가 채무의 이행을 하지 않는 때에는 보증인에게 보증채무의 이행을 청구할 수 있다.

마. 보증인의 구상권

(1) 보증인의 변제는 채권자에 대한 관계에 있어서는 자신의 보증채무의 이행이지만, 주채무자에 대한 관계에 있어서는 주채무자의 채무를 대신 이행하는 것이다. 따라서 보증인의 변제 등으로 주채무자가 채무를 면하게 된 경우에는 보증인은 주채무자에 대하여 구상할 수 있는 권리를 가진다.

(2) 수탁보증인이 과실 없이 변제 기타의 출재(出財)로 주채무의 전부 또는 일부를 소멸하게 한 때에는 출재한 금액의 한도 내에서 주채무자에 대하여 구상권을 행사할 수 있다.

주채무자의 부탁 없이 보증인이 된 자가 변제 기타 자기의 출재로 주 채무의 전부 또는 일부를 소멸하게 한 때에는 채무를 면하게 한 행위 당시 또는 구상권을 행사할 당시에 주채무자가 이익을 받는 한도 내에서 구상권을 행사할 수 있다.[14]

(3) 보증인이 주채무자에게 통지하지 아니하고 변제 기타 자기의 출재로 주채무를 소멸시킨 경우, 주채무자가 채권자에게 대항할 수 있는 사유가 있었을 때에는 그 사유로 보증인에게 대항할 수 있기에 그 범위내에서 보증인의 구상권이 제한된다.

저 도래하는 경우
[14] 따라서 면책된 날 후의 이자나 손해배상은 구상의 범위에 포함되지 않는다.

한편, 주채무자가 면책행위를 하고 그 사실을 수탁보증인에게 통지를 게을리 하여 수탁보증인이 선의로 채권자에게 이중 변제한 경우에는 보증인은 주채무자에게 구상할 수 있다.

바. 연대보증

(1) 연대보증이라 함은 보증인이 주채무자와 연대하여 채무를 부담함으로써 주채무의 이행을 담보하는 보증채무를 말한다.

(2) 연대보증은 채권의 담보를 목적으로 하는 점에서 보통의 보증과 같으나 보증인에게 최고·검색의 항변권이 없으므로 채권자의 권리담보가 보다 확실하다. 채권자는 연대보증인이 수인인 경우 어느 연대보증인에 대하여서도 주채무액 전부를 청구할 수 있다. 연대보증은 보증인이 주채무자와 연대하여 보증할 것을 약정하는 경우에 성립한다. 연대보증인에게는 앞서 설명한 최고·검색의 항변권이 없으나 주채무자가 채권자에 대하여 가지는 항변권과 구상권 등은 가지고 있다.

사. 신원보증

신원보증은 고용계약에 부수하여 체결되는 보증계약이다.

신원보증에는 ① 노무자가 장차 고용계약상의 채무불이행으로 인하여 사용자에 대하여 손해배상채무를 부담하는 경우에 그 이행을 담보하는 일종의 장래채무의 보증 또는 근보증(根保證), ② 이보다 넓게 노무자가 사용자에 대하여 채무를 부담하는지 부담하지 않는지를 묻지 않고 노무자 고용에 의하여 발생한 모든 손해를 담보하는 일종의 손해담보계약(損害擔保契約), ③ 기타 모든 재산상의 손해뿐만 아니라 노무자의 신상에 관하여 노무자 본인이 고용상의 의무를 위반하지 않을 것과 질병 기타에 의하여 노무에 종사할 수 없는 경우에 사용자에게 일체의 폐를 끼치지 않을 것을 담보하는 신원인수(身元引受)가 있다.

그러나 보증인에게 과도한 부담을 주는 것을 방지하기 위해 「신원보증법」이 제정되어 시행되고 있고, 어떠한 명칭이나 내용으로도 「신원보증법」에 반하여 신원보증인에게 불리한 것은 효력이 없다(신원보증법 제8조). 신원보증계약의 기간은 2년이며 갱신하더라도 2년을 초과하지 못한다(신원보증법 제3조). 신원보증인은 피용자의 경과실로 발생한 손해에 대해서는 배상할 책임이 없으며, 피용자의 중과실이나 고의로 인해 발생한 손해에 대해서도 법원이 사용자의 과실 유무, 신원보증을 하게 된 사유, 피용자의 업무 또는 신원의 변화 등을 고려하여 감액할 수도 있다. 또한 사용자는 피용자가 업무상 부적격자이거나 불성실하여 신원보증인의 책임이 야기될 우려가 있을 때, 혹은 피용자의 업무 또는 업무수행의 장소를 변경하여 신원보증인의 책임이 가중될 우려가 있을 때, 이러한 사실을 신원보증인에게 통지해야 한다. 신원보증인은 이러한 통지를 받고 신원보증계약을 해지할 수 있고, 사용자가 고의 또는 중과실로 통지를 게을리한 경우 일정 부분 손해배상 책임을 면할 수 있다.

아. 보증보험제도

(1) 보증보험제도는 특수한 보증제도로서 보증보험회사와 이용자가 보증보험계약을 체결하고 그 보험증권으로 보증을 대신하는 제도이다.

인적담보제도는 보증인의 자력(資力)에 의존하는 것이므로 그 자력이 부족하면 채권을 담보할 수 없게 되므로 보증인의 자력확보가 문제였으나 이를 보완할 수 있는 제도가 보증보험제도이다.

(2) 보증보험은 가압류, 가처분 등의 보증공탁 시 공탁금을 보증보험증권으로 대체함으로써 비교적 많은 금액을 현금으로 납입해야 하는 불편을 덜어주며, 각종 할부구매, 신원보증의 경우는 물론 형사사건의 보석보증금 납부 시에도 이용된다.

(3) 보증보험계약 체결시 보증보험회사에 납부하여야 할 보험료는 보험상품에 따라 차등이 있으나, 공탁보증보험 및 보석보증보험의 경우 저렴한 보험료로 각종보증을 대신할 수 있는 편리한 제도이다.

5. 어음·수표의 거래

가. 어음·수표의 기능

(1) 금전이나 물품을 거래하면서 많은 경우 어음이나 수표를 주고받고 있다. 어음이란 일정한 금액을 지급함을 목적으로 하여 발행되는 유가증권을 말하고, 수표란 발행하는 사람이 은행에 대하여 그 수표를 가지고 오는 사람에게 일정한 금액의 지급을 부탁하는 형식의 유가증권을 말한다.

(2) 수표의 지급인은 은행이기 때문에 그 발행 전에 은행에다 자금을 맡겨놓아야 하는데 이를 위해 당좌예금이라는 것을 하여야 하나 어음은 당좌예금이 없이도 발행할 수 있다.

참고로 은행도(銀行渡) 어음(=지급지가 은행인 어음. 은행에서 인쇄한 어음 용지를 사용하여 발행한 어음)은 지급장소가 은행이므로 할인 등 유통이 비교적 용이하다는 장점이 있으나 채무불이행 사태가 발생하면 차용증서나 현금보관증과 하등 다를 바 없으므로 은행도 어음 거래 시에도 개인어음 거래 시와 같이 상대방의 자력을 미리 알아보아야 한다. 실제로 어음사기단은 개인어음이 아니라 은행도 어음을 이용하는 경우가 대부분이다.

나. 어음·수표 발행시 유의사항

어음·수표를 발행할 때에는 일정한 형식요건을 갖추어야 한다. 어음·수표를 발행함으로써 새로운 채권·채무관계가 생기며, 더욱이 발행된 어음·수표는 계속 유통될 것이 예상되므로 반드시 기재하여야 할 사항이 법으로 엄격히 규정되어 있다.

기재사항을 누락하면 어음·수표 자체가 무효로 되거나 발행인이 생각했던 바와는 전혀 다른 결과를 초래하는 수도 있다.

다. 어음·수표 취득시 유의사항

(1) 필요한 기재사항과 배서연속을 확인하고, 해당 은행에 어음·수표에 대한 사고계가 나와 있는가를 확인하여야 한다.

배서가 연속되어 있다 하여도 안심하고 취득하는 것은 금물이다. 가공의 회사를 내세워 어음을 발행하고 부도내는 경우가 있으므로 거래 상대방의 신용상태를 믿을 수 없다면 취득하지 말거나 자력 있는 사람의 배서를 받아 취득하여야 한다. 특히 법인이 기명날인한 증권인 경우에는 상법상 자기거래에 해당되지 않는가를 잘 조사해 보아야 한다.

(2) 이미 기재된 사항이 정정된 경우 위조·변조로 취급되어 생각지도 못했던 손해가 생길 수 있으므로 정정·말소가 정당한 권한이 있는 자에 의하여 이루어진 것인가를 확인해야 한다.

(3) 수표가 부도나는 경우에는 수표의 발행인은 어음의 경우와는 달리 민사책임 외에 은행의 거래정지 처분과 부정수표 단속법에 의한 형사적인 제재까지도 받게 되므로 어음보다는 수표를 취득하는 것이 그 대금지급을 보다 확실히 하는 방법이라고 할 수 있다.

참고로 어음에 대하여 공증인이나 법무법인 또는 공증인가합동 법률사무소에 가서 미리 공증을 받아두면, 굳이 소송을 하여 판결을 받지 않더라도 공증인이나 공증인가 합동법률사무소 등으로부터 공증한 어음에 집행문을 부여받아 곧바로 강제집행을 할수 있으므로 편리하다.

라. 어음·수표 양도시 유의사항

(1) 어음을 양도할 때는 배서에 의하게 된다. 배서란 어음의 유통을 증진시키기 위하여 법이 인정하고 있는 간편한 양도 방법을 말한다. 어음을 가지고 있는 사람이 보통 어음의 뒷면에 어음의 권리를 특정인에게 양도한다는 취지를 쓰고, 자기이름과 도장을 찍거나 서명하여 그 특정인에게 주는 것이다.

어음을 받을 자(피배서인)는 배서인에 의해 지정될 수도 있고, 지정되지 않고 백지인 상태로 그냥 양도(백지식 배서)될 수도 있다.

(2) 어음에 배서한다는 것은 마치 어음발행인의 채무를 보증하는 것과 같은 효과를 가져온다. 따라서 비록 발행인에게 신용이 없거나 돈이 없다 하여도 유력자가 배서하면 그 어음의 신용은 높아지는 것이다.

(3) 수표도 어음에서와 같은 배서가 인정되고 있다. 그러나 수표는 지급만을 목적으로 하는 특성 때문에 어음의 배서와는 다른 점이 있다. 즉, 수표배서인은 지급담보책임만을 부담하므로 지급인(보통은행)은 배서할 수 없고, 지급인에 대한 배서는 영수증의 효력만이 있다.

소지인 출급식 수표 또는 무기명식 수표(수표에 '위 수표금액을 수표소지인에게 지급하라'는 뜻의 문구가 있는 수표)는 양도함에 있어 배서할 필요가 없고 수표를 인도하면 된다. 보통 은행에서 이들 수표에도 전화번호 또는 주소와 이름을 쓰라고 요구하는데 이것은 수표의 입금경로를 명확히 하려는 것이지 법률상 필요에 의해 하는 것은 아니다.

기명식 수표 또는 지시식 수표(수표에 위 수표금액을 ○○○에게 또는 ○○○가 지시하는 사람에게 지급하라는 뜻의 문구가 있는 수표)는 어음과 같이 배서에 의하여 양도된다.

마. 어음·수표의 사고시의 조치

(1) 어음의 위조란 권한 없는 자가 다른 사람의 이름과 도장 또는 서명을 위조하여 마치 그 사람이 어음을 발행한 것처럼 하는 것이다. 명의를 도용당한 사람은 어떤 사람이 청구해 오든지 어음이 위조되었음을 내세워 이 청구를 배척할 수 있다.

(2) 어음의 변조란 권한 없는 자가 기명날인 또는 서명 이외의 어음의 기재사항을 변경·삭제하거나 새로운 내용을 추가하는 것을 말한다. 백지어음의 경우 소지인이 보충권을 남용하여 미리 합의한 바와 다른 내용을 보충한다 하여도 변조가 되는 것은 아니다. 어음이 변조된 경우 변조 전에 기명날인 또는 서명한 사람은 원래의 내용대로 책임을 지고, 변조 후에 배서한 사람은 변조 후의 내용에 따른 책임을 진다.

(3) 어음·수표를 분실하거나 도난당한 경우 소지인은 먼저 경찰서에 분실·도난신고를 하고 발행인 및 은행에 그 사실을 알림과 동시에 지급위탁을 취소하여 지급정지를 시켜야 한다.
그 후 새로운 취득자와 합의를 보거나 법원에 공시최고절차에 의한 어음·수표의 제권판결을 받아야 한다. 제권판결이 있으면 분실·도난된 어음과 수표는 무효가 되며

제권판결 신청인은 어음이나 수표가 없어도 위 판결문으로 권리를 행사하여 돈을 지급받을 수 있다. 어음·수표가 훼손되거나 불에 타는 등 멸실된 경우에도 제권판결을 받아 권리를 행사할 수 있다.

(4) 어음·수표의 부도란 어음·수표의 지급기일에 어음·수표금이 지급되지 아니하는 것을 말한다. 부도사유로는 예금 부족, 무거래, 형식불비(인감 누락, 서명·기명 누락, 인감 불분명, 정정인 누락·상이, 지시금지, 횡선조건 위배, 금액·발행일자 오기, 배서 위배), 사고계 접수(분실·도난), 위조·변조, 제시기일 경과 또는 미달(제시기일 미달은 수표의 경우는 제외), 인감·서명 상이, 지급지 상이, 법에 의한 지급 제한 등이 있다.

(5) 어음·수표의 소지인이 액면금액을 회수하려면 발행인이나 배서인 등 부도어음·수표의 채무자와 그 지급을 교섭하고 최종적으로는 민사소송을 하여야 한다. 주채무자인 약속어음의 발행인과 환어음의 인수인은 물론 배서인이나 보증인을 상대로 어음·수표의 소지인은 순서에 관계없이 그 중 누구에게도 청구할 수 있고 또 모두에 대하여 동시에 전액을 청구할 수도 있다.

이때 어음·수표에 관한 청구는 일반채권에 비하여 시효기간이 짧으므로 주의하여야 한다. 어음의 경우 발행인에 대하여는 지급기일로부터 3년 이내에, 배서인에 대하여는 지급기일로부터 1년 이내에 청구하지 않으면 시효가 완성되어 어음채권을 상실한다.[15]

---

15) 공증된 어음 수표채권의 소멸시효기간에 대하여도 어음·수표채권의 원래 소멸시효기간과 다르지 않다고 한다(대법원 1992.4.14. 선고92다169호 판결). 공증된 어음 수표상의 채권은 기판력이 없다는 점에서 판결과 동일한 효력이 있는 것에 의하여 확정된 채권으로 볼 수 없기 때문이다.

[어음·수표의 소멸시효기간]

	채권자	채무자	
어음	소지인	환어음의 인수인, 약속어음의 발행인	3년
		배서인, 환어음의 발행인	1년
	상환자	그 전자	6월
수표	소지인	발행인, 배서인, 기타의 채무자	6월
		지급보증인	1년

바. 형사책임

그러나 수표를 받아두었다고 하여 안심하여서는 안 된다. 소지인이 법에 정한 10일 이내에 수표를 은행에 제시하지 않은 경우에는 부도가 났다 하더라도 부정수표 단속법 위반죄로 처벌되지 않기 때문이다. 그리고 연수표라고 하는 선일자(先日字)수표가 있는데 이 경우에도 수표에 기재된 발행일자로부터 10일 이내에 제시되어야 한다.[16)]

---

16) 1993.12.10. 법이 개정되어 수표발행후 예금부족, 거래정지처분 등의 사유로 부도가 난 경우에는 제1심 판결 선고 전까지 그 수표가 회수되거나, 회수되지 아니하였다 하여도 수표 소지인의 명시한 의사에 반하여 발행인은 처벌되지 아니한다.

제2장 주요 계약서 작성방법 등

1. 매매계약

가. 매매계약의 의의

매매는 매도인이 『재산권을 이전』하고 매수인이 그 『대금을 지급』하는 것에 관해 합의를 하면 성립한다(제563조). 매매에서 어느 일방이 그 밖에 이행의 시기 및 장소·담보책임·계약의 비용 등을 계약의 내용으로 제시한 때에는, 상대방이 이에 동의한 때에 합의가 이루어져 매매가 성립한다. 그러나 당사자가 이를 매매계약의 내용으로 제시하지 않는 한, 그것이 매매의 성립요소는 아니므로 매매의 성립에 지장을 주지 않는다(대판 1996.4.26., 94다34432).

나. 부동산 매매시 주의할 사항

(1) 계약당사자(매도인, 매수인)를 확인하여야 한다.

① 계약 당사자가 자연인인지, 법인인지 확인할 것

자연인뿐만 아니라 법인[17]도 매매계약의 당사자가 될 수 있기 때문이다.

② 소유자를 확인할 것

매도인과 부동산 소유자가 동일한지는 반드시 부동산(토지 및 건물)등기사항증명서로 등기명의인이 매도인과 일치하는지 여부를 확인해야 한다.

매도인과 소유자가 다를 경우에 무권대리의 문제나 담보책임의 문제가 발생할 수 있음은 물론 종국적으로 매수인은 소유권을 취득하지 못할 수도 있기 때문이다.

③ 정당한 대리인인지 여부를 확인할 것

대리인이라고 칭하는 사람과 계약하는 경우에는 그가 정당하게 대리권을 수여받았는지 여부를 위임장(본인의 인감증명서 첨부)으로 확인해야 한다.

---

17) 하지만 △△△회사라든지, ○○상사, ㅁㅁㅁ공사, 라고 하는 간판이나 명함을 사용하고 있으나 설립등기가 되지 아니한 회사는 법률상 당사자가 될 수 없다.

④ 해당 목적물은 목적물이 있는 장소에 가서 직접 확인할 것

매수하려는 토지나 건물은 아래를 염두에 두고 충분히 조사·확인해야 한다.

(a) 위치, 경계, 주위환경상태 등의 조사

　　매매의 목적물이 토지인 경우에는 임장을 통해 목적물을 확인할 것.

(b) 토지의 형상이나 위치를 확인

　　해당 토지등기사항증명서(구 토지등기부등본), 지적도, 임야도 내용과 실제의 상황이 일치하는지 여부를 확인할 것.

(c) 가옥의 소재 등을 확인

　　건물등기사항증명서(구 건물등기부등본), 건축물대장을 비교 검토하여 상이한 점을 찾아내고 지적도상의 가옥의 위치를 확인할 것.

(d) 공부상의 제한을 확인

　　주택지의 이용은 일반적으로 도시계획 관계법규(도시계획법, 건축법, 도시 및 주거환경정비법 등)에 의하여 그 용도가 제한되기 때문에 그의 적용의 유무를 조사할 것[18]

(2) 공법상의 제한

① 토지에 대하여는 여러 가지의 이용상의 제한이 있으니 이를 조사할 필요가 있다. 토지와 관련한 공법상의 제한 법률로는 「공익사업을 위한 토지등의 취득 및 보상에 관한 법률」(약칭:토지보상법), 「도시계획법, 도시 및 주거환경정비법」(약칭:도정법), 「토지구획정리사업법」, 「건축법, 국토의 계획 및 이용에 관한 법률」(약칭:국토계획법), 「도로법」, 「하천법」 등 있다.

② 건물을 매입할 경우에는 그 건물이 무허가 건축물인지, 「건축법」을 준수하지 않은 건물인지에 대해서도 조사할 필요가 있다.

---

18) '토지이용 계획확인원' 등으로 도시계획 여부, 개발제한구역 여부, 토지거래허가구역 여부 등을 확인하여야 하며 특히 토지의 형질을 변경하여 이용하려면 변경 가능 여부를 먼저 조사하여야 한다.

(3) 사법상의 제한

① 권리의 등기가 있는 목적물인지 아닌지를 확인하고, 만약 권리의 등기(가등기, 가압류, 저당권, 근저당권, 전세권, 임차권, 경매신청 등)가 있다면 말소등기를 한 후 매수하여야 한다.[19]

② 매수할 토지에 제3자가 임차권자나 지상권자로 그 토지 위에 건물을 신축하고 이미 소유권 보존등기를 마쳤을 때에는 설사 그 토지를 매수하였다 할지라도 건물 소유자를 퇴거시킬 수가 없다. 또한, 이 경우에 그 건물마저도 매수한다 할지라도 그 건물 안에 또 다른 제3의 임차인이 있을 경우에는 그 보증금까지 반환하여 주어야 할 의무가 발생하므로 주의하여야 한다.

(4) 등기사항증명서[20]의 확인

① 등기사항증명서상의 소유자는 실제 소유자로 추정이 될 뿐이므로 이를 믿고 거래를 하여도 소유권을 취득하지 못하는 경우가 생길 수 있다. 따라서 소유권에 의심이 갈 경우에는 전소유자로부터의 취득경위 등을 확인해 볼 필요가 있다.

② 등기사항증명서는 위조 또는 변조된 것일 수 있으므로 본인이 직접 발급받아 확인하여야 하며, 단시일 내 소유자가 수명씩 바뀌거나 권리변동 관계가 복잡한 경우에는 일단 의심을 갖고 권리변동의 진정성을 확인해 보아야 한다.

등기사항증명서상 소유권 이외의 권리가 있을 경우에 권리관계의 정확한 확인이 필요하며, 또한 계약금, 중도금, 잔금 지급 직전에 등기사항증명서를 계속적으로 발급받아 이상 유무를 확인하여야 한다.

(5) 등기는 신속히 마쳐야 함

계약 내용이 끝나는 대로 미루지 말고 신속히 소유권이전등기를 하여, 잔금 지급 후 소유권이전등기완료 전에 제3자의 권리등기를 막아야 한다.

타인 명의의 등기(명의신탁)는 허용되지 않으므로 실소유자 명의로 등기하여야 하며[21], 잔금 지급일로부터 60일 이내에 등기하여야 한다(부동산등기특별조치법 제2조).[22]

---

19) 토지 또는 건물등기사항증명서 갑구(소유권에 관한 사항) 및 을구(소유권 이외의 권리에 관한 사항)으로 확인할 수 있다.
20) 실무에서는 등기부등본(토지, 건물)이라 칭하고 있다.
21) 이를 위반시에는 형사처벌을 받을 수 있다.
22) 이 기간 내에 등기신청을 하지 않았을 경우에 취득세액의 5배까지 등기신청 해태에 따른 과태

다. 매매계약서 작성요령

(1) 계약체결의 증거자료

매매계약은 청약과 승낙이 있으면 단순히 구두 약속으로도 계약이 성립하지만 나중에 이르러 약속한 내용이 불분명해지거나 분쟁이 발생하지 않도록 하기 위하여 서면으로 작성하여 증거를 남긴다는 의미가 있다.

(2) 계약서의 형식은 자유이다.

일반적으로 시중에서 판매하는 인쇄된 계약서 용지나 부동산 중개업자가 준비하고 있는 부동산매매계약서 용지가 사용되고 있으나 그 용지나 기재사항의 순서와는 관계없이 아래의 일정한 사항(약정내용)을 기재하면 된다.[23]

매매계약서에 기재할 중요사항

① 매도인, 매수인의 당사자 표시

② 매매대금(계약금, 중도금, 잔금)의 액과 그 지불방법과 시기

③ 목적물의 표시

④ 소유권이전등기의 시기

⑤ 목적물의 명도시기

⑥ 특약사항(특별히 약속한 사항, 조건 등을 명확히 기재)

⑦ 토지의 표시는 등기부상의 기재대로 하는 것이 일반적이나, 다만 실제 면적이 다르면 후에 분쟁의 여지가 있으므로 실제 면적을 반드시 기재해야 함.

⑧ 토지의 가격은 ㎡당 또는 평당 얼마로 할 것이며 총 금액이 얼마인지도 기재해야 함.[24]

⑨ 계약금으로 준 돈이 있으면 총 가격에 충당한다는 뜻을 기재하고, 매도인이나 매수인 중의 한 명이 계약을 불이행하는 경우에 따로 위약금의 약정을 할 수도 있으나 보통, 계약금을 준 사람(매수인)에게 책임이 있으면 계약금을 포기하고, 계약금을 받은 사람(매도인)에게 책임이 있으면 받은 금액의

료가 부과됨을 유의하여야 한다.

23) 가계약이라든지 각서, 약정서 등의 표제를 사용하여도 당해 계약내용이 정확히 기재되어 있다면 정식의 계약이 성립되는 것이므로 형식에 구애함이 없이 그 내용을 충실히 검토할 필요가 있다.

배액을 주는 것으로 약정

⑩ 소유권이전등기를 해야만 소유권이 매수인에게 옮겨지게 되는데, 일반적으로 잔금을 주는 날짜에 이전등기에 필요한 서류와 잔금을 맞바꾸고 소유권이전등기신청서를 접수하는 것으로 정하고 있다.

⑪ (근)저당권이 설정된 토지를 매매하는 경우에는 그 (근)저당권으로 담보된 채권을 매도인이 변제할 것인지 매수인이 변제할 것인지 분명히 해야 함.

⑫ 매매계약이 성립하면 증거를 확보한다는 의미에서 계약서 2통을 작성하여 매도인, 매수인 각각 1부씩 보관하는 것이 일반적이다.

⑬ 계약서를 작성한 연·월·일을 적고 매도인, 매수인 각자의 주소와 성명을 구체적으로 기재한다.

⑭ 건물은 반드시 일정한 토지 위에 존재하므로 건물의 소유나 사용을 위해서는 반드시 그 해당 토지의 사용권을 전제로 한다. 따라서 건물의 부지에 대해서는 그 토지를 사용할 수 있는 권리, 예를 들면 건물의 소유를 목적으로 하는 토지임차권을 설정해야 한다.[25]

⑮ 건물에 부속된 설비에 관한 권리관계도 기재하는 것이 좋다.

2. 임대차계약

가. 임대차계약의 의의

임대차란 임대인이 임차인에게 목적물을 사용·수익하게 할 것을 약정하고 임차인은 차임의 지급을 약정함으로써 성립하는 계약이다(민법 제618조).[26]

원칙적으로 임대차계약은 채권계약으로 계약당사자 간에서만 효력이 있고 제3자에 대해서는 효력이 없지만, 예외적으로 부동산의 경우 해당 부동산에 관하여 임차권 등

---

24) 등기부상의 면적과 실제면적이 다른 경우 어느 것을 기준으로 가격을 산정할 것인지를 분명히 해두는 것이 후일 분쟁의 해결에 도움이 된다.

25) 토지와 건물의 소유자와 동일인이면 토지상의 권리를 기재하지 않아도 되지만, 다르다면 반드시 그 토지상의 권리를 명시하는 것이 좋다.

26) 임대차계약의 목적물에는 동산과 부동산이 있으나, 이하에서는 부동산임대차계약에 대하여 설명한다.

기(민법 621조)를 한 때에는 그 등기의 효력으로써 제3자에게도 대항력이 생긴다.

임대차가 끝난 후 보증금이 반환되지 아니한 경우 임차인은 임차주택(임차건물)의 소재지를 관할하는 지방법원·지방법원지원 또는 시·군 법원에 임차권등기명령을 신청할 수 있다(주택임대차보호법 제3조의3, 상가건물임대차보호법 제6조).

나. 부동산 임대차 계약서를 작성하기 전에 알아두어야 할 일

임차인은 건물의 등기사항증명서를 발급받아 해당 건물의 소유관계, 권리관계를 확인해 보아야 한다.

다. 부동산 임대차 계약 시 주의할 점

(1) 계약체결은 건물소유주 혹은 대리권 있는 대리인과 하여야 한다.

간혹 임대인 측에서 남편 명의의 아파트나 건물을 부인 혹은 다른 사람이 대리인 자격으로 대신 계약하는 경우가 있는데, 이 경우 임차인은 대리인에게 건물소유주 명의의 위임장(인감증명서 첨부)을 요구하여 확인하여야 하며, 만약 위임장 요구가 어렵다고 판단되면 본인에게 직접 전화나 방문을 통하여 그 의사를 확인하여야 한다.[27]

한편, 임대인이든 임차인이든 모두 실명으로 계약서에 기재했는지 여부를 신분증 등 지참을 미리 요구한 후 확인하여야 한다.

(2) 임대차 계약 후 등기사항증명서를 발급받아 확인하여야 한다.

전세(월세 포함) 계약 직후 건물소유주가 은행 융자 등을 받는 등의 이유로 아직 임차인의 입주와 주민등록을 옮기지 않은 상태에서 근저당이나 담보, 가등기 등이 설정되는 경우가 있는데, 이런 경우에는 임차인은 불측의 손해를 입기 때문에 「민법」은 임대차 계약해지권과 손해배상청구권을 임차인에게 인정해주고 있다.

(3) 입주 후의 조치

주택임대차계약의 경우 전입신고와 더불어 동사무소 또는 온라인으로 확정일자를 받는 것이 중요하다. 이를 통하여 주택임대차계약은 대항력을 가지게 된다.

---

27) 대리권 없는 자와의 계약시 소유자로부터 계약무효, 무단점유로 인한 부동산의 인도 청구 등을 받을 수 있으며 보증금 반환시에도 곤란을 겪을 수 있다. 임차부동산이 공유로 되어 있을 경우에는 공유지분 과반수 이상을 가진 자와 계약을 해야 한다.

상가건물의 경우 「상가임대차보호법」의 적용을 받는 경우와 없는 경우가 있으며, 「상가임대차보호법」의 적용을 받는 경우 관할 세무서에서 사업자등록과 확정일자를 받을 수 있으며, 이를 통하여 대항력과 우선 변제권, 임대차 기간의 보장, 임대료 증감청구권, 차임 증액 제한, 권리금 회수 기회 보장 등의 보호를 받을 수 있다.

(4) 임대인의 책임

건물소유주는 임대시 임대목적 주택이나 건물에 대한 자세한 정보를 중개업자에게 제공해야 하며, 특히 권리관계, 다른 임차인의 유무, 전기[28], 수도[29], 가스 및 보일러[30]시설 상태, 여름철 습기 문제(곰팡이, 침수 여부), 가구 및 시설을 포함해서 임대하는 경우(시설물 내역에 관한 합의내용) 등을 정확하게 알려주어야 하며, 이를 알려주지 않은 경우 임대인은 손해배상의 책임을 질 수 있다.

(5) 비용부담의 주체

아파트의 경우 '관리비'항목 중 장기특별수선충당금은 원칙적으로 소유자 부담이며, 기타 관리비 이외의 아파트의 보존이나 보존을 위한 수선비용도 소유자 부담이다.[31]

(6) 계약서의 형식은 자유

매매계약서의 경우와 동일하다.

(7) 임차인의 임차기간

주택임대차 계약의 경우, 계약기간을 1년으로 했어도 임차인이 2년까지는 주거할 권리가 있으나 임대인은 1년 임대차계약기간을 2년으로 주장할 수 없다.[32]

「상가임대차보호법」의 적용을 받는 상가임대차계약의 경우 임차인이 한 장소에서 안정적으로 사업을 운영할 수 있도록 임대차 기간이 10년을 초과하지 않는 범위에서 임차인이 임대차기간이 만료되기 6개월 전부터 1개월 전까지 계약갱신을 요구할 수 있

---

28) 110/220V, 전기계량기가 공동 또는 자가 여부 등
29) 겨울철 수도 동파, 수압 문제, 급배수 시설의 종류 등
30) LP가스 또는 도시가스여부, 보일러의 종류
31) 예를 들어 아파트 내 옥상방수공사 비용은 소유자 부담이며, 세입자가 별도로 위성이나 인터넷 사용을 위한 비용은 임차인 부담이다
32) 다만, 임대차계약기간(1년)이 만료된 후에 1년을 더 주거할 것인지의 여부는 임차인의 선택할 수 있다.

고, 임대인은 정당한 사유없이 이를 거절할 수 없다.

(8) 주민등록이전의 함정

임대인이 은행으로부터 대출을 받아야 한다며 세입자에게 주민등록을 잠시 다른 곳으로 옮길 수 있느냐고 요구하여 임차인를 곤란하게 하는 경우가 있는데, 이 경우 임차인이 주소를 다른 곳으로 옮긴 사이에 해당 주택에 근저당이 설정된다면 임차인의 권리는 침해받게 되므로 임차인은 임대인의 요구를 거절하여야 한다.

계약기간이 끝나 이사를 가려고 하는데 집주인이 보증금(전세금)을 돌려주지 않는 경우 주민등록을 옮기면 대항력과 우선변제권을 잃게 된다. 이러한 경우 주택임차인은 법원에 '임차권 등기명령'을 신청해야 보호받을 수 있다. 임차권 등기명령은 계약이 종료됐는데도 보증금을 돌려받지 못한 임차인을 위해 등기부에 권리를 등기하는 제도로서 임차권 등기가 된 다음에는 이사를 가더라도 종전의 권리 즉, 대항력과 우선변제권은 계속 유지된다.[33]

(9) 동시이행의 문제

임대인은 임대차 기간 만료일에 전세금(보증금 포함)을 돌려주고 임차인은 주택을 명도해 주는 관계를 동시이행의 관계라 한다. 임대인이 임차인에게 보증금을 제때 돌려주지 못하는 경우 임차인은 임차권 등기명령신청 및 보증금채권에 대한 채권가압류 등으로 문제를 해결할 수 있다.

라. 임대차 시 특별히 유의해야 할 사항

(1) 토지 임대차 시 유의사항

임대인은 토지 임대차의 목적을 분명히 하여야 한다. 특히 임대차가 건축을 위한 것이라면 건축물의 종류를 명시할 필요가 있다.

임차인은 토지상의 규제사항을 확인하여 임차의 목적을 달성할 수 있는가를 사전에 확인하여야 한다. 가령 토지를 임차하여 건물을 지으려면 「건축법」이나 「도시계획법」 등에 제한사항이 없는가를 해당관청에 미리 확인을 하여야 한다.

---

33) 상가임대차계약의 경우에도 임차권등기명령을 신청할 수 있다(상가임대차보호법).

(2) 농지 임대차 시 유의사항

「농지법」상 임대할 수 있는 농지인지 여부, 임대인의 지위승계, 묵시적 갱신 등이 법으로 정하여져 있으면 농지의 임대차가 가능하지만, 특별히 「농지법」에서 허용하는 경우 외에는 임대할 수 없으므로 「농지법」의 검토가 사전에 이루어져야 한다.

농지와 관련하여 가장 많이 일어나는 분쟁이 임대차의 기간(묵시적으로 갱신된 경우)과 소유자의 변경에 따른 새로운 소유자의 농지 인도 청구이다. 분쟁의 발생시 「농지법」의 규정에 의해 해결하여야 할 것이나 계약서에 이를 명시하는 것도 불필요한 분쟁을 방지할 수 있는 방법이 될 것이다.

농지 임대차는 「농지법」상 서면계약을 원칙으로 하며 농림축산식품부에서 작성한 농지 임대차계약서가 각 행정기관에 비치되어 있다.

(3) 건물 임대차시 유의사항

보증금이 있는 임대차의 경우에는 건물의 권리관계를 명확히 확인한 후 계약을 하여야 하며 보증금을 회수할 수 있는 방법을 강구하여야 한다.

먼저 등기사항증명서에 가등기나 저당권의 설정, 압류, 가처분 등이 있는가를 확인하고 임대인의 신용상태와 이전 임차인들과의 분쟁 등에 관하여도 확인해 볼 필요가 있다. 보증금의 반환을 확보하는 방법으로 임차권의 등기나 전세권 등기, 보증인의 입회 및 확인 등의 방법을 생각할 수 있다.

주택임대차의 경우에는 「주택임대차보호법」의 적용을 받아 보증금의 회수가 일반 임대차의 경우보다 수월하긴 하나 역시 등기사항증명서를 확인해 보아야 하며, 다가구주택의 경우에는 임차보증금이 주택의 시가를 초과하는 경우가 있으므로 다른 임차인들의 보증금액 및 그들과의 권리관계(순위)를 확인해 보아야 한다.

「주택임대차보호법」의 적용을 받기 위해서는 주택의 인도 및 주민등록과 계약서상에 확정일자34)를 받아 두어야 한다.

---

34) 보통 전입신고를 한 주민센타(동사무소)에서 하면 별도의 비용이 발생하지 않는다.

주택임차인은 주택을 점유 직전 또는 직후에 전입신고(주민등록주소 이전)를 하고 동시에 주민센터(동사무소)를 방문 또는 온라인(인터넷등기소)으로 반드시 확정일자를 받아야 한다.

한편 전월세 신고제도(2021년 6월 1일부터 시행)를 이용하면 확정일자를 받을 수 있는데, 보증금 6천만원 또는 월세 30만원을 초과하는 경우가 대상이며, 전월세신고를 하면 자동으로 확정일자가 부여 된다.

확정일자 신청	
방문신청	인터넷 신청
관할 동 주민센터	대법원 인터넷등기소
임대차계약서, 신분증, 대리신청 가능	임대차계약서 스캔본, 공인인증서
업무시간 내	24시간 신청 가능 확정일자 표시된 계약증서 출력 가능

마. 주택·상가건물임대차 분쟁해결제도

분쟁을 해결하는 제도에는 크게 조정절차, 소송절차, 주택임대차분쟁조정위원회, 상가건물임대차분쟁조정위원회의 조정절차가 있다.

조정절차는 조정담당판사 또는 조정위원회가 분쟁당사자로부터 주장을 듣고 여러 사정을 참작하여 조정안을 제시하고 서로 양보와 타협을 통하여 합의에 이르게 함으로써 분쟁을 평화적이고 간이·신속하게 해결하는 제도이다.

이에 반하여 소송절차는 분쟁당사자 쌍방이 권리를 주장하고 다툼이 있는 사실관계에 대한 증거를 제출하면 법원이 어느 당사자의 주장이 옳은지를 판단하여 판결로써 분쟁을 강제적으로 해결하는 제도이다.

한편, 주택임대차분쟁조정위원회의 조정절차는 「주택임대차보호법」 개정(2016.5.29) 시행[35])에 따라 2017.5.30. 대한법률구조공단에 『주택임대차분쟁조정위원회』가 설치되

---

35) [시행 2017.5.30.] [법률 제14175호, 2016.5.29., 일부개정]

었으며, 상가건물임대차분쟁조정위원회의 조정절차는 상가건물 임대차보호법 개정(2018.10.16.)시행[36])에 따라 2019. 4. 대한법률구조공단에 『상가건물임대차분쟁조정위원회』가 설치되었다.

바. 주택임대차 보증금 반환 조정절차

(1) 조정신청방법

조정은 분쟁의 당사자 일방 또는 쌍방이 조정신청을 하거나 소송사건을 심리하고 있는 판사가 직권으로 그 사건을 조정에 회부함으로써 시작된다. 조정은 피신청인(상대방)의 주소지, 사무소 또는 영업소의 소재지, 근무지, 분쟁목적물의 소재지 또는 손해발생지를 관할하는 지방법원, 지방법원지원, 시·군법원에 신청할 수 있다.

당사자는 합의에 의하여 관할법원을 정할 수도 있다. 따라서 당사자 쌍방이 합의한 경우에는 어느 곳이든 편리한 법원에 조정을 신청할 수 있다. 조정신청은 본인 스스로 또는 변호사(법무사 포함) 의뢰하여 작성한 조정 신청서를 관할법원이나 당사자가 합의하여 정한 법원에 제출하거나 법원직원에게 구술로 신청할 수 있다.

조정을 신청할 때에는 당사자의 성명, 신청의 취지 및 분쟁의 내용을 명확히 하여야 한다. 조정절차가 진행되려면 당사자 쌍방에게 소환장 등이 송달되어 야 하므로 신청인 본인과 상대방의 주소 또는 송달장소를 정확히 기재하고 우편번호와 전화번호도 함께 기재하는 것이 좋다.

조정을 서면으로 신청하는 경우에는 상대방 인원수만큼의 신청서 부본을 함께 제출하여야 하며, 조정절차가 신속히 처리되게 하려면 분쟁에 관련된 증거서류를 조정신청 시 함께 제출하는 것이 좋다. 조정신청을 할 때에는 조정수수료를 수입인지로 납부하여야 하는데 그 금액은 민사소송을 제기할 때 내는 금액의 10분의 1이다. 그밖에 대법원예규가 정한 일정금액의 송달료를 예납하여야 한다.

(2) 조정절차

당사자 쌍방이 법원에 출석하여 조정신청을 한때에는 특별한 사정이 없는 한 그 신

---

36) [시행 2019.4.17.] [법률 제15791호, 2018.10.16., 일부개정]

청당일이 조정기일이 된다. 조정기일로 지정된 일시, 장소에 당사자 본인이 직접 출석하여야 하며, 다만 조정담당판사의 허가가 있으면 당사자의 친족이나 피용자 등을 보조인으로 동반하거나 대리인으로 출석하게 할 수 있다.

조정기일에 당사자 사이에 합의가 이루어지면 그 내용이 조서에 기재됨으로써 조정이 성립된다. 다만 예외적으로 당사자의 합의내용이 상당하지 아니한 경우에는 조정전담판사가 합의를 무시하고 조정이 성립되지 아니한 것으로 하여 사건을 종결시키거나 합의내용과 다른 내용으로 조정에 갈음하는 결정을 할 수도 있다.

(3) 소송으로 이행

조정결정에 대하여 당사자는 그 내용이 기재된 조서정본 또는 결정서정본을 송달받은 날로부터 2주일 내에 이의신청을 할 수 있고 이의신청이 있으면 그 결정은 효력을 상실하고 사건은 자동적으로 소송으로 이행된다. 조정신청시에 소가 제기된 것으로 처리되므로 그때를 기준으로 소멸시효중단 등의 효력이 생기고 한편 소송으로 이행됨에 따라 소제기시 붙여야 할 인지에서 조정신청시 붙인 인지액을 공제한 차액만 붙이면 된다.

조정이 성립되었거나 조정에 갈음하는 결정이 확정되었는데도 상대방이 그 의무를 이행하지 아니한 때에는 확정판결과 마찬가지로 위 조정 또는 결정을 가지고 강제집행을 할 수 있으며, 또한 채무내용이 금전채무인 경우에는 법원에 채무자의 재산관계의 명시를 요구하는 신청을 하거나 일정한 경우 채무자를 채무불이행자명부에 등재하여 줄 것을 요구하는 신청을 할 수 있다. 또한 전세보증금반환소송에서 상환이행판결을 받거나 조정신청을 하여 상환이행의 조정조서가 작성된 경우 임차인은 주택을 비우지 아니하고도 경매를 신청할 수 있다.

사. 주택임대차 보증금 반환 소송절차

임차인은 조정신청을 하지 않고 곧바로 보증금반환청구소송을 법원에 제기할 수도 있다.

(1) 소송제기방법

본인 스스로 또는 변호사(법무사 포함)에게 의뢰하여 작성한 소장을 상대방의 주소지, 사무소 또는 영업소의 소재지, 근무지, 분쟁목적물의 소재지 또는 손해 발생지를 관할하는 지방법원, 지방법원지원, 시·군법원이나 본인 주소지 법원에 제기할 수 있다. 소장에서 당사자의 성명, 청구취지 및 분쟁의 내용을 명확히 하여야 한다.

소송절차가 진행되려면 당사자 쌍방에게 소환장 등이 송달되어야 하므로 소송을 제기하는 본인과 상대방의 주소 또는 송달장소를 정확히 기재하고 우편번호와 전화번호도 함께 기재하는 것이 좋다. 상대방 인원수만큼의 소장부본을 함께 제출하여야 하며 소송절차가 신속하게 처리되게 하려면 분쟁에 관련된 증거서류를 함께 제출하는 것이 좋다. 소장을 접수할 때에는 인지 및 송달료를 예납하여야 한다.

(2) 소송절차

소장이 접수되면 법원은 재판기일 등을 지정하여 양 당사자에게 통지하며, 당사자는 지정된 일시, 장소에 출석하여야 하는데 변호사가 선임된 경우에는 대리인인 변호사가 출석하므로 본인이 직접 출석하지 않아도 되며, 본인이 직접 소송을 수행하는 때에는 일정한 경우에는 법원의 허가를 받아 당사자의 친족 등이 대리인으로 출석하여 소송을 진행할 수 있다. 사실에 대해서는 서증, 증인신문 등을 통하여 입증하여야 한다.

(3) 조정으로 회부

소송을 제기한 원고가 소송 중에 조정신청을 하거나 담당판사가 당사자간 합의·조정하여 원만하게 해결함이 좋다고 판단하여 직권으로 조정에 회부한 때에는 조정절차에 따라 처리되게 된다. 조정에 회부되었으나 당사자간 원만하게 합의되지 않을 경우에는 다시 소송절차로 이행된다.

(4) 소송의 종료

법원이 심리를 완료한 때에는 변론을 종결하고 판결을 선고한다. 판결에 불복할 경우에는 판결문이 송달된 날로부터 14일 이내에 1심법원에 항소할 수 있다. 상대방이 판결내용에 따른 의무를 이행을 하지 않을 때에는 승소판결을 받은 원고는 법원에 판결확정 증명이나 판결정본송달증명을 받고, 판결에 집행문을 부여받아 강제집행을 실시하여 보증금을 돌려받을 수 있다.

아. 주택임대차분쟁조정위원회

(1) 최근 주택임대차과 관련된 분쟁[37]을 신속하고 효율적으로 해결하기 위해 주택임대차보호법 개정(2016.5.29.) 및 그 시행에 따라 2017. 5. 30. 『주택임대차분쟁조정위원회』가 설치·운영되고 있다.

각계 전문가들이 참여하는 『주택임대차분쟁조정위원회』는 임대차보증금, 임대차기간, 임차주택의 수리 등 주민들의 주거생활과 밀접하게 관련된 주택임대차관련 각종분쟁을 저렴한 비용으로 신속하게 해결하게 되는데, 주택임대차 관련 분쟁발생시 분쟁의 당사자인 임대인 또는 임차인은 가까운 조정위원회에 서면 또는 조정위원회 사무실에 출석하여 구두로 분쟁조정 신청하고 조정신청의 상대방이 조정절차의 진행을 수락하면 조정절차가 개시되며, 조정위원회는 사실조사와 법률검토를 거쳐 분쟁조정을 60일 이내에 마쳐야 한다(다만, 부득이한 경우 30일 범위에서 그 가간을 연장할 수 있다).

(2) 조정위원회 설치는 「주택임대차보호법」 개정안 시행에 따른 것으로 「법률구조법」에 따른 대한법률구조공단(6개 지부), 공사(2개 본부), 「한국부동산원법」에 다른 한국부동산원(10개 지사)에 조정위원회가 설치되었다.

조정위원회에 조정 신청할 수 있는 분쟁유형은 ① 차임 또는 보증금의 증감에 관한 분쟁, ② 임대차 기간에 관한 분쟁, ③ 보증금 또는 임차주택의 반환에 관한 분쟁, ④ 임차주택의 유지·수선의무에 관한 분쟁 등 주택임대차에 관한 분쟁이라면 조정을 신청할 수 있다.

(3) 한편, 조정위원회의 심의·조정을 거쳐 조정안이 작성되면, 조정위원회는 이를 지체 없이 각 당사자에게 통지하고, 통지받은 각 당사자는 통지받은 날로부터 7일 이내에 수락의 의사를 서면으로 표시하면 조정이 성립된다.[38]

---

37) 현재 서울시는 전·월세 종합지원센터를 운영중인데, 이곳에서는 일반 주택임대차 상담, 이사시 기불일치대출 지원, 신혼부부임차보증금 상담, 주택 임대차 분쟁조정 등 주택임대차와 관련된 사항을 상담·지원하고 있다. 또한 전세사기·깡통전세 피해관련 무료법률상담 및 정부·시 지원대책 등을 안내받을 수 있다.
38) 만약, 각 당사자가 7일 이내에 수락의 의사를 서면으로 표시하지 않으면, 조정은 불성립하게 된다.

각 당사자가 조정안을 수락한 경우에는 조정안과 동일한 내용의 합의가 당사자 간에 이루어진 것으로 보게 되고 조정위원회는 조정안의 내용을 조정조서로 작성한다. 한편, 각 당사자 간에 금전, 그 밖의 대체물의 지급 또는 부동산의 인도에 관하여 강제집행을 승낙하는 취지의 합의가 있는 경우, 조정위원회 위원장은 그 내용을 조정조서에 기재하여야 하는데, 그 조정조서의 정본은 집행권원과 같은 효력이 있어 이를 가지고 강제집행을 할 수 있다.

자. 상가건물임대차분쟁조정위원회

(1) 2018. 10. 16. 개정전 「상가건물임대차보호법」은 상가임차인·임대인간 지속적인 갈등에도 불구하고 상가건물 임대차 분쟁을 위한 분쟁조정위원회제도가 도입되지 아니하여 2017. 5. 이를 도입한 「주택임대차보호법」과의 형평성 논란이 제기되었다. 이에 국회는 2018. 10. 16. 「상가건물임대차보호법」을 일부개정하여 상가건물 임대차에 관한 분쟁을 조정하기 위한 「법률구조법」에 따른 대한법률구조공단(6개 지부), 공사(2개 본부), 「한국부동산원법」에 다른 한국부동산원(10개 지사)에 상가건물임대차분쟁조정위원회를 설치하여 임대인과 임차인 간의 분쟁이 신속하게 해결될 수 있도록 하여 상인들의 안정적인 생업영위를 도모하는 관련 조항을 신설하였다(제20조부터 제22조까지 신설).

(2) 2019. 4. 대한법률구조공단에 설치된 『상가건물임대차분쟁조정위원회』는 서울, 수원, 대전, 대구, 부산, 광주 등 총 6개의 지방별 각 지부가 현재 운영 중에 있다. 조정위원회는 ① 차임 또는 보증금의 증감에 관한 분쟁, ② 임대차 기간에 관한 분쟁, ③ 보증금 또는 임차상가건물의 반환에 관한 분쟁, ④ 임차상가건물의 유지·수선 의무에 관한 분쟁, ⑤ 권리금에 관한 분쟁, ⑥ 그 밖에 대통령령으로 정하는 상가건물임대차에 관한 분쟁 등에 관한 사항을 심의·조정한다(상가건물임대차보호법 제20조).

(3) 『상가건물임대차분쟁조정위원회』를 통한 조정절차는 조정신청 → 조정개시 → 조사 등 → 조정의 성립 등으로 이루어지고 있는데 해당 조정절차를 포함하여 조정위원회의 구성 및 운영,[39] 처리(조정)기간, 조정의 효력 등 조정위원회에 대하여는 「상

---

39) 상가건물임대차분쟁조정위원의 조정위원의 위촉 자격요건은 주택임대차분쟁조정위원회의 경우와 동일하다.

가건물임대차보호법」에 규정한 사항 외에는 주택임대차분쟁조정위원회에 관한 「주택임대차보호법」 제14조부터 제29조까지의 규정이 준용되고 있다(상가건물임대차보호법 제21조).

아래 도표는 주택임대차분쟁 조정절차40)이다.

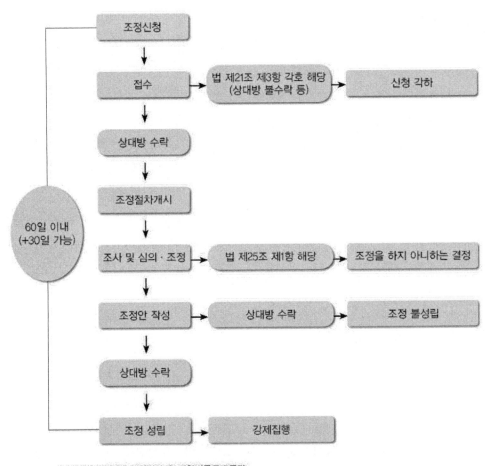

▲ 주택임대차분쟁 조정절차 ⓒ 대한법률구조공단

---

40) 대한법률구조공단 홈페이지 주택임대차분쟁조정위원회 절차 등

3. 소비대차계약(차용증)

가. 금전소비대차에서 주의할 사항

소비대차(차용)계약이란 금전 기타 대체물을 빌려주고 갚겠다는 의사의 합치로 일반적으로 일상생활에 있어 금전을 차용하는 경우 차주는 대차관계를 분명히 하지 못하는 경우가 많아 금전대차계약은 여러 가지 분쟁을 일으키기 쉬운 계약이다. 이와 같은 분쟁을 막기 위해서는 우선 다음과 같은 점에 주의하여야 한다.

금전을 차용(빌려받는)하는 입장

① 금전차용시 미리 현실가능한 변제계획을 마련한다.

② 상대방이 작성을 요구하는 서류의 내용을 충분히 꼼꼼하게 검토한다.
계약서를 읽어보지 아니하고 금전을 차용하거나 상대방에게 백지의 차용증서에 날인하여 교부하지 않도록 한다.

③ 채무자입장에서 해당 차용금과 관련하여 부담으로 작용될 수 있는 필요 이상의 것은 상대방인 채권자에게 교부할 필요는 없다.

금전을 대여(빌려주는)하는 입장

① 차주(금전을 빌리는 사람)가 누구인가를 확인한다.

② 차주의 재산 및 신용상태를 조사한다.

③ 차용증(서) 등 문서를 작성한다.

④ 가능한 한 담보를 설정한다.

나. 계약서 작성요령

① 금전을 빌려주는 사람을 (소비)대주(貸主)라고 하며, 빌려간 사람을 (소비)차주(借主)라고 한다.

② 빌려주는 금전의 액수를 특정해야 한다.

③ 소비대차는 당사자간의 특약이나 법률규정이 없으면 무상이 원칙이나 일반적으로는 이자약정을 하게 되는데 이를 일정비율에 의할 것인지, 일정액으로 할 것인지를 분명히 정해 놓아야 후일 당사자간 다툼을 방지할 수 있다.

④ 대여금을 변제하는 날짜, 방법, 장소, 이자의 약정이 있다면 이자를 지급하는 날짜, 방법, 장소 등을 기재하여 정확히 하는 것이 좋다.

⑤ 이자 있는 금전대차의 경우 그 반환시기에 변제하지 못하였을 때에는 당사자 사이에 특별한 약정이 없는 한 차주는 그 이자 상당을 지연손해금으로, 이자 없는 금전대차라 할지라도 차주는 그 반환시기로부터는 「민법」・「상법」 또는 「소송촉진등에관한특례법」 소정의 지연손해금을 지급하여야 한다.

⑥ 담보로 보증인을 세우기로 하였거나 저당권을 설정하기로 한 경우에는 그 내용을 모두 기재하여야 한다.

⑦ 당사자의 계약의사를 확인하기 위하여 차용증서 등 증서에는 그 작성자의 서명・날인을 받아야 한다.

4. 화해계약(합의서)

가. 화해계약의 의의

민법상 화해계약이란 당사자가 상호・양보하여 당사자간의 분쟁을 종지할 것 약정하는 것(민법 제731조)으로 교통사고나 불법행위 등으로 손해가 발생하였을 경우에 당사자가 합의를 하는 경우가 여기에 해당한다. 즉 화해는 당사자가 서로 양보하여 당사자간의 분쟁을 끝낼 것을 약정하는 계약이기 때문에, 당사자간에 분쟁이 있을 것을 전제로 한다. 따라서 분쟁은 없으나 당사자간의 법률관계를 명확히 하기 위하여 서로 양보하는 계약은 화해에 유사한 무명계약이지 화해계약이라고는 할 수는 없다.

나. 화해계약의 효력

① 민법 제732조는 화해계약이 성립되면 특별한 사정이 없는 한 당사자 일방이 양보한 권리는 소멸되고 상대방이 그 권리를 취득하는 효력이 있다고 규정하고 있는 바, 이는 화해 후 새로운 확증이 나타난다 하더라도 화해를 무효로 볼 수 없는데 이를 창설적 효력이라 한다.

② 화해의 내용을 조서에 기재하면 확정판결과 동일한 효력을 갖게 된다.

다. 화해계약의 취소문제

① 화해계약의 의사표시에 착오가 있더라도, 당사자의 자격이나 목적인 분쟁 이외의

사항에 관한 것이 아니고 분쟁의 대상인 법률관계 자체에 관한 착오인 때에는 화해계약을 취소할 수 없다. 따라서 존재하지 않는 권리를 존재하는 것으로 또는 존재하는 권리를 존재하지 아니하는 것으로 착오를 일으켰다 하더라도 이러한 착오를 이유로 하여 화해계약을 취소하지 못한다.

② 그러나 화해계약은 화해당사자의 자격 또는 화해의 목적인 분쟁 이외의 사항에 착오가 있는 때에는 취소할 수 있다.

③ 화해의 목적인 분쟁 이외의 사항이라 함은 분쟁의 대상이 아니지만 분쟁의 대상인 사항의 전제 또는 기초되는 사항으로 양 당사자가 예정한 것이어서 상호 양보의 내용으로 되지 않고, 다툼이 없는 사실로서 양해가 된 것을 말한다. 예를 들면, 망인의 사망이 원고의 의료과실에 기인한 것이어서 원고에게 책임이 있음을 전제로 하여 손해배상액수에 관하여 원·피고 간에 화해가 이루어진 경우 망인의 사인에 관한 착오는 이 사건 화해의 목적인 손해배상의 액수, 민·형사사건의 처리문제 등에 관한 것이 아니라 분쟁내용 및 상호 양보의 전제 내지 기초에 관한 착오이므로 이를 이유로 위 화해계약을 취소할 수 있다고 할 것이다(대판 1990. 11. 9. 90다카22674).

라. 화해계약서 작성요령

① 종래의 법률관계를 확정하거나 새로운 권리의 발생·소멸을 목적으로 하려는 것이라면 당사자가 이의 분쟁을 보다 구체적으로 명시하여야 한다.

② 서로 양보한 내용을 구체적으로 기재하여야 한다.

③ 화해계약 성립 후에 당사자간에 대하여 분쟁이 생길 경우, 그 처리에 관해서도 이를 기재[41]하면 된다.

마. 합의서

소송으로 하지 않고 가해자와 피해자가 화해하여 서면을 작성하여 해결하는 방법이다. 이때의 서면을 보통 '합의서'라고 하는데 일반적으로 각종 사고, 특히 교통사고로 인한 손해배상 해결방안으로 많이 이용되고 있다.

---

41) 예를 들면, "당사자 및 입회인 참석하여 서로 협의하여 결정하기로 한다."

바. 합의서 작성요령

① 가해자와 피해자를 특정하고 사고의 경위, 어떠한 손해를 어떻게 배상하기로 했는지 확실하게 기재해야 한다. 즉, ㉠ 가해자 및 피해자의 성명, 주소 ㉡ 사고발생의 시간, 장소 ㉢ 사고 내용 및 피해 상황 ㉣합의의 내용, 조건, 방법 ㉤합의의 성립 연월일 등을 기재해야 한다.

② 손해에는 재산적 손해로서 적극적 손해(장례비, 입원비, 치료비 등)와 소극적 손해(휴업손해, 일실이익 등)가 있고, 정신적 손해로서 위자료가 있다.

③ 보통 합의서에는 '이후 이에 관하여 일체 민·형사상의 소송이나 일체의 이의를 제기하지 않겠습니다.'라는 문구를 넣는 것이 일반적인데 이는 나중에 추가적인 분쟁을 방지하기 위한 것이다.

④ 가해자가 회사원 또는 종업원인 경우 민법상 사용자 배상책임의 요건을 갖추면 그 사용자인 회사 또는 업주도 손해배상 책임을 지게 되므로 회사 또는 업주에게도 손해배상 청구를 할 수 있다(민법 제756조).

⑤ 피해자가 미성년자인 경우에는 그 법정대리인인 친권자, 부 또는 모가 대신 합의를 하게 된다(민법 제755조).

⑥ 손해배상금, 즉 합의금을 확실하게 받기 위해서는 연대보증금 또는 물적 담보를 제공받는 것이 바람직하다.

⑦ 나중에 합의한 대로 이행되지 않아서 합의금을 받지 못하는 경우를 대비해서 합의 내용을 공정증서 또는 제소전 화해조서로 하는 것도 좋은 방법이다.[42]

5. 고용계약(근로계약)

가. 고용계약의 의의

고용은 당사자 일방이 상대방에 대하여 근로를 제공할 것을 약정하고 상대방이 이에 대하여 보수를 지급할 것을 약정함으로써 그 효력이 생기는 계약을 말한다(민법 제655조).

나. 근로계약과의 관계

근로계약은 민법상의 고용계약에서 분리·독립된 새로운 개념으로 노동법의 영역에

---

42) 왜냐하면 별도의 판결문 없이 곧바로 강제집행을 할 수 있기 때문이다.

서 다루는 것인데, 노동법은 민법의 고용 규정에 대한 특별법적 성격을 가진다.

따라서 민법의 고용에 관한 규정은 노동법에서 규율하지 아니하고 있는 지극히 제한적인 부분에서만 적용된다.

다. 고용계약의 내용

고용계약은 보수액, 지급시기 또는 고용기간을 따로 정하지 않더라도 유효하며, 이들 조건이 없다면 구체적 내용은 관습에 의하여 정하여 진다. 고용의 해지에 대하여도 고용 안정기간이 3년을 넘거나 당사자의 일방 또는 제3자의 종신으로 되어 있을 때에는 각 당사자는 3년을 넘으면 언제든지 계약을 해지할 수 있고[43], 고용기간의 약정이 없을 때에는 언제든지 해지를 할 수 있다. 이때 고용해지의 효력은 해지의 통고를 받은 날로부터 1월이 경과하면 해지의 효력이 생긴다(민법 제660조 제2항).

고용 계약기간이 만료한 후에도 노무자가 계속하여 그 노무를 제공한 경우에 사용자가 상당한 기간 내에 이의를 제기하지 않으면 전 고용과 동일한 조건으로 다시 고용한 것으로 보나, 이때에는 언제든지 고용계약의 해지를 통고할 수 있다(민법 제662조 제1항).

민법의 경우에는 당사자 간의 자유로운 계약을 통하여 고용계약이 가능하지만, 이러한 고용계약에 대해서 특별한 제약을 두어 경제적 약자인 근로자를 보호하는 특별법으로 「근로기준법」이 있다.

라. 고용계약서 작성요령

① 노동력을 제공하는 사람을 노무자, 보수를 지급하는 사람을 사용자라고 한다.

② 제공하는 노동력의 내용 및 보수에 관한 약정은 기본으로 기재한다.

특히 근로계약 체결 시 임금, 소정근로시간, 휴일, 연차 유급휴가, 취업의 장소와 종사하여야 할 업무에 관하여 근로자에게 명시하여야 하고, 임금의 구성항목, 계산방법, 지급방법은 피용자에게 교부까지 하여야 함을 염두에 두어야 한다(근로기준법 제17조 참조).

③ 노무자의 직위에 맞는 권한이 있으면 이를 구체적으로 기재한다.

④ 사용자의 승낙을 받아야할 사항들을 명시하여 기재한다.

⑤ 노무자의 해임사유, 보증(인)이 필요한 경우에는 그 조항 및 내용 등 기타 약정

---

43) 이 경우 상대방이 해지의 통고를 받은 날로부터 3개월이 지나면 해지의 효력이 생긴다(제659조 제2항).

된 사항들을 기재한다.

마. 근로기준법상의 내용

「근로기준법」은 상시 5인 이상의 근로자44)를 사용하는 모든 사업 또는 사업장에 적용한다. 다만, 동거의 가족만을 사용하는 사업 또는 사업장과 가사사용인에 대해서는 적용되지 아니한다(근로기준법 제11조 제1항).

그러나, 상시 4명이하의 근로자를 사용하는 사업 또는 사업장에 대해서는 대통령령으로 정하는 바에 따라 「근로기준법」의 일부를 적용할 수 있다(근로기준법 제11조 제2항).

상시 근로자 4인 이하 사업장에 적용되지 않는 대표적인 사항은 정당한 이유 없는 해고, 휴직, 전직, 감봉 등의 처분, 해고 서면통지(근로기준법 제23조, 제27조)45), 노동위원회 부당해고 구제신청(근로기준법 제28조), 휴업수당(근로기준법 제46조)46), 법정근로시간(근로기준법 제50조)47), 연장·야간·휴일근로 가산수당(근로기준법 제56조),48) 연차유급휴가·생리휴가(근로기준법 제60조, 제73조)49), 기간제근로자 사용제한(기간제법 제4조) 등이 있다.

반면 상시근로자 4명 이하 사업장에도 근로기준법의 일부 규정이 적용될 수 있는데, 적용되는 주요 규정으로는 주휴일(근로기준법 제55조), 휴게시간(근로기준법 제54조),

---

44) 상시근로자수 산정 방법과 관련하여 근로기준법 시행령은 '상시 사용하는 근로자 수'는 해당 사업 또는 사업장에서 법적용 사유발생일 전 1개월 동안 사용한 근로자의 연인원을 같은 기간 중의 가동일수로 나누어서 산정한다고 규정하고 있다(근로기준법시행령 제7조의2 제1항). 주의할 점은 상시근로자란 근로계약이 형식상 일정기간 계속되어야 하는 것은 아니며, 상시 사용되는 것이 객관적으로 판단될 수 있는 상태의 근로자를 말하므로 해당 사업 또는 사업장에서 사용하는 통상 근로자 뿐만 아니라 기간제 및 「단시간근로자보호등에관한법률」 제2조제1호에 따른 기간제근로자, 단시간근로자 등 고용형태를 불문하고 하나의 사업 또는 사업장에서 근로하는 모든 근로자가 포함되고(근로기준법시행령 제7조의2 제4항제1호), 근로자수 산정에 사업주는 제외되나 해당 사업 또는 사업장에 동거하는 친족과 함께 다른 근로자가 1명이라도 있으면 동거하는 친족인 근로자도 근로자수에 포함된다는 점이다(근로기준법 시행령 제7조의2 제4항제2호).

45) 5인 이상의 사업장에서는 특별한 사유없이 임의로 근로자를 징계하거나 해고 할 수 없다. 그러나 4인 이하 사업장에서는 위와 같은 내용이 적용되지 아니하므로 사용자는 정당한 이유가 없더라도 근로자를 임의로 해고하거나 징계할 수 있다.

46) 사용자측 사정으로 근로하지 못하였던 기간에 대하여 평균임금의 70%를 휴업수당으로 지급하지 않아도 된다.

47) 1일 8시간, 1주 40시간의 법정근로시간제의 제한이 없다. 연장근로에 대한 제한도 없다.

48) 연장, 야간, 휴일근로에 대한 할증임금 50%를 지급하지 않아도 된다.

49) 4인 이하 사업장은 연장·야간·휴일근로에 대하여 이에 대한 임금을 지급하지 않아도 된다.

출산휴가(근로기준법 제74조 제1항), 임금(근로기준법 제43조), 해고의 예고(근로기준법 제26조), 업무상 요양기간이나 출산휴가기간 및 이후 30일간 해고제한 규정(근로기준법 제23조 제2항), 근로시간·휴게·휴일의 적용제외(근로기준법 제63조), 임산부의 취업제한(근로기준법 제65조, 근로기준법 제70조) 등이 있다.(근로기준법 시행령 제7조【별표 1】참조)

■ 근로기준법 시행령 [별표 1] 〈개정 2018. 6. 29.〉

상시 4명 이하의 근로자를 사용하는 사업 또는 사업장에 적용하는 법 규정(제7조 관련)

구분	적용법규정
제1장 총칙	제1조부터 제13조까지의 규정
제2장 근로계약	제15조, 제17조, 제18조, 제19조제1항, 제20조부터 제22조까지의 규정, 제23조제2항, 제26조, 제35조부터 제42조까지의 규정
제3장 임금	제43조부터 제45조까지의 규정, 제47조부터 제49조까지의 규정
제4장 근로시간과 휴식	제54조, 제55조제1항, 제63조
제5장 여성과 소년	제64조, 제65조제1항·제3항(임산부와 18세 미만인 자로 한정한다), 제66조부터 제69조까지의 규정, 제70조제2항·제3항, 제71조, 제72조, 제74조
제6장 안전과 보건	제76조
제8장 재해보상	제78조부터 제92조까지의 규정
제11장 근로감독관 등	제101조부터 제106조까지의 규정

제12장 벌칙	제107조부터 제116조까지의 규정(제1장부터 제6장까지, 제8장, 제11장의 규정 중 상시 4명 이하 근로자를 사용하는 사업 또는 사업장에 적용되는 규정을 위반한 경우로 한정한다)

바. 근로계약서 작성요령

① 근로계약은 반드시 서면계약을 그 요건으로 하는 것은 아니지만, 당사자 사이의 분쟁을 예방하기 위해서는 계약을 서면으로 체결하고 계약 내용을 명확히 하는 것이 필요하다.

② 근로계약의 성립시기는 근로계약 체결일이나 퇴직금, 연차휴가 산정을 위한 기산일 등의 확정과 관련되므로 근로관계의 성립시점을 구체적으로 판단해야 한다.

③ 취업규칙은 단체협약과는 달리 사용자가 작성·변경토록 되어 있다. 더욱이 종래의 취업규칙은 사용자의 이러한 일방적인 작성·변경으로 인해 근로자가 모르는 사이에 가혹한 근로조건이 정하여 지거나 또는 근로자가 모르는 규정에 의하여 제재를 받게 되는 경우가 흔히 있었다. 이러한 폐해를 제거하기 위하여 취업규칙을 작성·변경함에 있어 근로자의 단체적 의사를 반영하는 제도가 있다. 즉 사용자는 취업규칙의 작성·변경에 관하여 당해 사업장에 근로자의 과반수로 조직된 노동조합이 있는 경우에는 그 노동조합, 근로자의 과반수로 조직된 노동조합이 없는 경우에는 근로자의 과반수의 의견을 들어야 하며, 이 의견은 서면화하여 취업규칙의 신고 시에 첨부하여야 한다. 그러나 사용자가 취업규칙을 근로자에게 불이익하게 변경하는 경우에는 의견청취가 아닌 동의를 얻어야 하며, 이러한 동의를 얻지 못한 취업규칙의 불이익한 변경은 기존 취업규칙의 적용을 받던 근로자에 대하여 아무런 효력이 없다.

④ 근로계약과 취업규칙과의 관계를 규정한 것으로 취업규칙에 정한 기준에 미달한 근로조건을 정한 근로계약은 그 부분에 한하여 무효로 되며 이 경우 무효로 된 부분은 취업규칙에 정한 기준에 의하도록 하였다. 먼저 적용의 순서를 보면, 강행법규(근로기준법)-단체협약-취업규칙-근로계약의 순위이며 하위 규정 및 계약은 상위 규범을 반할 수 없으며, 위반한 부분은 무효가 되어 당연히 상위법규 및 규범이 적용된다.

6. 위임계약

가. 위임계약의 의의

위임계약이란 당사자 일방이 상대방에 대하여 사무의 처리를 위탁하고 이를 상대방이 이를 승낙함으로써 그 효력이 생기는 계약을 말한다(민법 제680조).

나. 위임계약서 작성요령

① 사무의 처리를 맡기는 사람을 위임인, 사무의 처리를 하는 사람을 수임인이라고 한다.

② 사무의 처리를 본질로 하기 때문에 사무의 내용을 구체적으로 기재한다.

③ 위임계약은 무상(대가 없이 다른 사람의 사무를 처리)이 원칙이지만, 일반적으로는 보수의 약정을 하고 있다. 보수의 약정이 있는 경우에는 보수의 지급액, 지급시기, 지급방법 등을 구체적으로 기재해야 한다.

④ 위임계약에서 수임인은 유상이든 무상이든 불문하고 선량한 관리자로서의 주의의무를 부담하므로 주의의무를 명시하는 것도 의미가 있다.

⑤ 사무처리에 필요한 범위 내에서 대리권을 수여하는 것이 일반적이다

7. 도급계약

가. 도급계약의 의의

도급계약은 당사자의 어느 일방이 어느 일을 완성할 것을 약정하고 상대방이 그 일의 결과에 대하여 보수를 지급할 것을 약정함으로써 성립하는 계약을 말한다. 축사나 주택의 신축공사계약, 운송계약, 토목공사계약 등이 이에 해당한다.

나. 도급계약 시 유의사항

① 도급인(일을 맡기는 자)과 수급인(일을 맡는 자)은 서로의 신용상태를 사전에 충분히 확인하여야 한다. 공사대금이 부족하다며 공사를 지연시킬 염려가 있는 수급인이나, 공사의 완성 후에도 하자가 있다고 불평하며 공사대금의 지급을 지연시킬 염려가 있는 도급인과는 계약하지 아니하는 것이 좋다.

② 수급인의 선정은 건축지식과 경험이 풍부한 사람으로 하여야 하며, 기존 공사에

서의 하자와 보수·도급인과의 분쟁유무 등을 조사할 필요가 있다.

③ 도급계약서에는 공사물의 상세한 표시, 착공 및 완성일시, 총공사대금과 그 지급방법, 공사완성까지의 사고에 대하여 누가 책임을 질 것인가 하는 것 등 비교적 구체적인 부분까지 기입하는 것이 좋다.

④ 공사가 지연된다거나 완공된 건물에 하자가 있을 경우에는 어떻게 할 것인가를 사전에 약정해 두어야 한다.

⑤ 건물을 건축하는 데는 「도시계획법」 및 「건축법」 등에 의한 제한이 있다는 점을 유의하여 사전에 행정관청에 제한사항 유무를 확인해야 한다.

⑥ 토지를 구입하여 건물을 지으려고 할 때에는 우선 토지의 지형, 지반, 교통, 주위환경과의 관계를 확인한 후에 토지를 구입하여야 한다. 또한 토지이용계획확인서, 토지대장, 지적도 등을 발급받아 목적용도에 사용할 수 있는 토지인가를 확인하여야 한다.50)

⑦ 농지(임야)상에 건물을 건축하려 할 때에는 농지전용신고(또는 허가)나 임야 형질변경(또는 전용허가)을 받아야 하며 이에 따른 공과금(대체농지조성비, 농지전용부담금, 대체조림비, 임야전용부담금)이 부과될 수 있음을 주의하여야 한다.

다. 도급계약서 기재사항

① 도급계약에 있어서 일을 완성하는 사람을 수급인, 그 완성 결과에 대해서 보수를 지급하는 사람을 도급인이라고 한다.

② 건축 도급계약에 있어서는 ㉠ 건축공사의 내용 ㉡ 건축공사의 대금액 및 대금지급일, 지급방법 등 ㉢ 건축공사의 착수시기, 완공시기 및 도급인에게 인도시기 ㉣ 천재지변 기타 불가항력에 의한 손해부담에 관한 규정(위험부담) ㉤ 위약금 기타 손해배상에 관한 규정 ㉥ 하자담보책임 기간 및 그 담보의 방법 ㉦ 계약에 관한 분쟁의 해결방법 등을 기재한다.

---

50) 도로계획에 저촉되지 않는가, 개발제한 구역인가, 건축이 제한되어 있지 않은가 등

8. 증여계약

가. 증여계약의 의의

증여계약은 당사자 일방이 무상으로 재산을 상대방에 수여하는 의사를 표시하고 상대방이 이를 승낙함으로써 그 효력이 생기는 계약을 말한다(민법 제554조).

나. 증여계약서 작성시 알아두어야 할 점

① 증여의 목적물이 부동산, 동산, 채권 등 무엇을 대상으로 할 것인지를 분명히 하여야 한다.

② 증여의 대상이 부동산이라면 건물인지 토지인지 혹은 둘 다인지도 명료하게 기재하고 해당 등기사항증명서를 보고 그 표제부의 표시대로 표시해야 한다.

③ 증여에는 정기적으로 재산을 주는 정기증여, 그리고 증여자의 사망으로 효력이 발생하는 사인증여와 수증자가 증여를 받으면서 일정한 부담을 이행할 것을 내용으로 하는 부담부 증여 등이 있다.

다. 증여계약서 작성 요령

① 재산을 주는 사람을 증여자, 받는 사람을 수증자라고 한다.

② 증여의 내용을 구체적으로 기재한다.

③ 증여계약의 이행시 발생하는 비용의 부담자도 정하는 것이 일반적이다.

④ 증여자와 수증자의 협의로 해제사유를 정할 수 있는데, 일반적으로 증여의 해제 원인에 따라 구별하자면 ㉠ 서면에 의하지 않은 증여의 해제 ㉡ 은혜를 배신하는 행위에 의한 증여의 해제 ㉢ 재산상태의 악화로 인한 해제로 3가지가 있다.

⑤ 부담부 증여는 일반적인 증여와는 달리 수증자도 증여자에게 일정한 부담을 안게 되므로 그 부담을 이행하지 않으면 해제할 수 있는 것으로 약정하는 것이 보통이다.

⑥ 부담부 증여에서는 그 부담의 내용을 구체적으로 기재하고, 부담을 이행하지 않는다면 어떻게 할 것인지를 기재하는 것이 중요하다.

⑦ 증여계약의 목적이 채권인 경우에는 그 채권의 표시를 구체적으로 기재하고, 채권의 양도가 이루어지므로 채권양도 통지가 필요하다.

9. 상사계약

가. 상거래는 모두 계약에 의하여 성립하며 '계약자유의 원칙'이 가장 광범위하게 적용되는 영역이다. 회사의 원자재 구입, 종업원 고용, 제품 판매 등 이 모두가 계약에 의하여 이루어지는바, 상사계약을 전제로 하지 아니하는 상거래는 있을 수 없다.

나. 상인으로서 혹은 상인과 체결하는 모든 계약을 상사(商事)계약이라 하고, 기본적으로는 물품 또는 용역 서비스를 대상으로 하여, 일정 급부에 대한 대가를 받기로 하는 계약을 말하지만, 상사에 관한 모든 계약을 의미하기도 하다.

다. 다수 당사자 사이의 상거래에 적용할 적당한 법규가 없는 은행·운송·보험 및 증권거래 등에 대하여 거래 때마다 상세한 계약을 하여야 하나, 대량의 거래에 있어서는 그때마다 매번 계약사항을 교섭하는 것이 번거로우며, 신속한 거래를 위하여 기업은 보통거래약관을 미리 만들어 모든 거래에 공통으로 적용하고 있다.

10. 채권양도계약

가. 채권양도는 계약인가

채권양도라 함은 종래의 채권자(양도인)가 채무자에 대한 채권을 동일성을 유지하면서 새로운 채권자(양수인)에게 이전하는, 종래의 채권자와 새로운 채권자 사이의 계약을 말한다. 즉 채무자가 제3채무자[51]에 대해 가지는 각종 채권을 채권자가 양도받아 채권을 회수하는 방법을 말한다.

다만, 모든 채권이 양도의 대상이 되는 것은 아니고 채권의 성질, 당사자의 의사표시, 법률 등에 의하여 양도가 제한되는 채권이 아니어야 하며, 보통의 경우 채무자의 제3채무자에 대한 채권에는 상품 판매대금, 보증금, 기타채권 등이 포함된다.

실제로 채무자가 부도징후가 보이면 제3채무자의 가치 있는 재산은 거의 없는 것이 현실이므로 채무자의 제3채무자에 대한 채권을 확보하는 것이 채권회수의 중요한 변수가 되므로 채권자입장에서는 채무자의 제3채무자에 대한 채권을 양수받으면 공증하여

---

51) 제3채무자는 채권자의 입장에서 채무자의 채무자를 의미한다.

바로 집행하고, 응하지 않을 경우에는 가압류 등 법적 조치를 취하여 채권을 회수하여
야 한다.

나. 채권양도의 성질

채권양도는 채권의 이전을 종국적으로 가져오는 법률행위(계약)로서 처분행위에 속
한다. 양도인이 가진 채무자에 대한 채권이 동일성을 유지하면서 양수인에게 이전되는
것으로 그 모양이 부동산소유권 등 물권의 변동을 가져오는 물권적 합의와 비슷하다고
하여 준물권계약이라고 부른다.

즉, 채권양도는 ①채권의 양도는 양도인(채무자)과 양수인(채권자)의 계약이고, ②채
권이 귀속되는 주체를 직접 변경시키는 계약이다.

다. 채권양도의 대항요건(민법 제450조)

① 제3채무자에 대한 대항요건은 양도인이 제3채무자에 양도사실을 통지하거나 제3
  채무자의 승낙이 있어야 한다.
② 제3채무자 이외의 제3자에 대한 대항요건은 제3채무자에게 확정일자 있는 증서
  (주로 내용증명)로 통지하는 것이며, 채권의 이중양도가 문제될 때에는 확정일자
  도달의 선후에 따라 우선권이 결정된다.
③ 채권양도증서를 작성하면 작성 즉시 계약서상에 확정일자를 받아야 한다.
④ 양도인으로 하여금 즉시 내용증명우편으로 제3채무자에게 채권양도통지서를 발송
  하게 하거나 제3채무자의 승낙서에 확정일자를 받아 두어야 한다.

라. 채권양도계약시 유의사항

① 양수인은 양수받은 채권이 이중 양도된 채권이 아닌지, 양도인과 제3채무자간에
  상계적상에 있는 반대채권이 없음을 확인하고 양도받아야 한다.
② 제3채무자에게 통지하는 것 보다 제3채무자의 승낙을 받는 것이 좋다. 왜냐하면
  제3채무자가 이의 없이 승낙을 한 경우에는 채권의 불성립, 존속여부, 변제 등으
  로 인해 제3채무자가 양도인에게 대항할 수 있는 사유가 있더라도 양수인에게는
  대항하지 못하기 때문이다.
③ 제3채무자와 양도인 간에 계약상 양도금지 특약이 있는 경우는 제3채무자 측에
  서 채권양도의 효력을 부인하는 경우가 발생하므로 주의하여야 한다. 이 경우 양

수인이 선의, 무과실이 아닌 경우에는 채권양도의 효력을 주장하지 못한다.

11. 공정증서(公正證書)[52]

가. 공정증서란 무엇인가

공정증서란 일반적으로 공증인이 사인의 촉탁에 의해 공증인법이나 기타 법령의 정하는 바에 따라 계약 등의 법률행위 기타 사권에 관한 사실에 대하여 작성한 증서를 말한다.

공정증서는 법률행위에 관하여 작성된 증서라는 점에서는 사서증서(私書證書)와 차이가 없으나, 사서증서는 법률행위를 한 당사자가 작성한 것인데 반하여 공정증서는 공증인이 직접 작성한 것이라는 점에서 다르다.

나. 공정증서의 활용

최근 들어, 공정증서에 의한 계약이나 법률행위가 증가하고 있는데, 금전대차에 있어서의 차용증서나 소비대차계약서와 같은 사서증서는 당사자 간에 임의로 작성되므로 차후에 당사자 간의 의견이 불일치나 주장의 대립으로 인해 발생한 법적 분쟁의 방지에 비효율적이기 때문이다. 반면에 공정증서는 분쟁의 발생시 과다한 시간, 비용 및 노력의 투입되는 재판으로 진행되는 것을 사전에 방지하고 증서의 내용대로 사건을 해결할 수 있다.

다. 공정증서의 종류

(1) 법률행위와 사실실험

공정증서는 크게 법률행위를 내용으로 하는 것과 사권에 관한 사실을 내용으로 하는 것으로 구별된다. 전자는 각종 계약서나 유언장, 어음 등이고, 후자는 사실실험이라는

---

52) 공정증서(공증)과 구별하여 인증이라는 제도가 있다. 인증이란 공증인 면전에서 사서증서(개인이 서명 또는 기명날인한 사문서)에 서명 또는 날인하게 하거나(면전인증), 사서증서의 서명 또는 날인을 본인이나 그 대리인으로 하여금 확인케 한(자인인증) 후 공증인이 그 사실을 증서에 기재함으로써 그 증명력을 보강하는 제도이다. 사문서로서 현재 흔히 인증의 대상이 되는 것은 해외여행 또는 입국에 관하여 필요한 보증서, 초청장, 각종 계약서, 위임장 등이 있다. 또한 외국어 사서증서 인증(해난보고서, 초청장, 신원보증서, 각종계약서), 정관인증, 의사록인증 등도 인증의 종류이다.

것인데 현재 작성되는 공정증서의 대부분은 전자이다.

(2) 법률행위에 관한 공정증서

법률행위에 관한 공정증서는 민법 제3편에 규정된 각종 계약을 필두로 하여 어음, 수표, 유언 기타 모든 법률행위에 관하여 작성하는 공정증서이다. 소비대차 공정증서를 위시하여 준소비대차, 채무변제계약, 임대차계약, 담보권설정계약, 채권양도, 채무인수계약, 매매, 증여계약 공정증서는 물론이고 이혼에 따른 위자료, 재산분할, 양육비 지급약정 공정증서와 유언공정증서 등이 있다.

(3) 사실실험 공정증서

사실실험 공정증서는 법률행위가 아닌 '사실'을 공증인이 목격하여 그 상황을 증서에 기재하여 후일의 증거로 하는 공정증서이다.

라. 공정증서의 효력

(1) 강력한 증거력

공정증서는 공문서로서 가장 강력한 증거의 하나이다.

(2) 진정문서의 추정

「민사소송법」에서도 공정증서는 진정한 문서로 추정을 받는다(동법 제365조). 사문서(私文書)는 그 성립의 진정이 증명되어야 하는(동법 제357조)것에 비하면 현격한 차이가 있으며 소송에 있어서 위력을 발휘하는 것이다.

(3) 집행권원

「민사집행법」 제56조는 강제집행 승낙 조항이 있는 공정증서를 강제집행이 가능한 집행권원의 하나로 규정하고 있다.

즉, 공증인이 일정한 금액의 지급이나 대체물 또는 유가증권의 일정한 수량의 급여를 목적으로 하는 청구에 관하여 작성한 공정증서로서 채무자가 강제집행을 승낙한 취지가 적혀 있는 것은 확정판결과 유사한 효력이 있어 그대로 강제집행에 사용할 수 있다.

그러므로 금전을 대여하면서 금전소비대차 공정증서를 작성한다든지, 매매 또는 임대차 계약에 관하여 공정증서를 작성하여 두면 대여금, 매매대금, 월세 등을 제때에 지급하지 아니할 경우 강제집행이 가능하여 소송의 번잡과 비용을 절약할 수 있다. 때문에 금융기관이나 할부 판매업자들에게는 공정증서가 효과적인 채권 확보수단으로 흔히 이용되고 있다.

(4) 증거능력
「형사소송법」에서 서증의 증거능력에 각종의 제한을 가하고 있으나, 공정증서 등본은 당연히 증거능력이 있는 서류라고 규정하고 있다(형사소송법 제315조).

12. 제소전 화해(계약)

가. 제소전 화해란 무엇인가
(1) 제소전 화해라 함은 일반 민사분쟁이 소송으로 발전하는 것을 막기 위하여 소송을 제기하기 전에 지방법원 단독판사 앞에서 화해신청을 하여 해결하는 절차를 말한다. 다만 소송 진행 중 소송을 종료시키기 위한 화해인 소송상 화해 또는 화해권고결정과는 다르나, 그 법적 효력은 같다고 할 수 있다.

(2) 제소전 화해는 현존하는 민사상의 다툼의 해결보다도 이미 당사자 간의 다툼 없는 계약내용을 화해조서에 기재하여 받아두었다가 후일 별도의 소송절차 없이 집행문을 부여받아 바로 강제집행절차를 밟을 수 있는 큰 장점이 있다.
특히 금전채권의 경우 공정증서(ex 약속어음공증, 금전소비대차공증)를 집행권원으로 할 수 있으므로 이와 같이 공정증서로 집행권원을 만들 수 없는 임대건물(상가점포) 명도 청구에 있어서 공정증서의 대용물로 제소전화해가 많이 이용되고 있다.

나. 제소전 화해제도의 활용
이 제도의 본래 취지는 현존하는 민사분쟁의 해결을 위한 것이지만, 실제로는 이러한 목적보다도 이미 당사자간에 성립된 계약내용을 법원의 조서에 기재하여 공증의 효과를 얻음과 동시에 집행명의를 얻고자 하는 목적으로 이용되는 예가 훨씬 많은 실정이다.

다. 제소전 화해조서[53)의 효력

(1) 제소전 화해가 성립하면 확정판결과 동일한 효력을 가지고, 기판력과 집행력을 갖는다는 점에 있어서는 소송상 화해와 동일한 것이다(민사소송법 제220조).

따라서 화해조항에 해당하는 사유가 발생하면 신청인은 별도의 소제기 없이 제소전 화해를 신청한 법원으로부터 집행문을 부여받아 강제집행을 할 수 있다. 통상 명도의 화해조서인 경우 집행관사무실에게 건물명도의 강제집행을 위임할 수 있다.

(2) 제소전 화해신청서 작성시 강행법규에 반하는 내용(예를 들어 임차인 보호를 위한 편면적 강행규정)은 무효가 되므로 주의하여야 한다.

(3) 화해조항에 포함시켜야 할 내용은 다음과 같다.

신청인의 입장: ①임대차계약관계가 종료된 경우 피신청인에 대하여 명도집행을 할 수 있도록 하고, ②임료 등의 연체 또는 계약규정(화해규정)을 위반한 경우 계약을 해지할 수 있고, 해지한 경우 명도집행을 할 수 있도록 하여야 할 것이다.

피신청인의 입장: ①임대차계약관계가 종료된 경우 보증금 등의 반대급부를 받을 수 있도록 하고, ②강행규정으로 정해진 임차인의 권리가 침해되지 않도록 확인하고, ③ 부당한 화해조항에 대하여는 분명한 거부의사를 밝혀야 할 것이다.

13. 내용증명

가. 내용증명이란

발송인이 수신인에게 어떤 내용의 문서를 언제 발송하였다는 사실을, 우체국이 등기 취급우편제도를 통해 공적으로 증명하는 것이다. 이러한 내용증명은 나중에 주장 또는 사실 등의 존재에 관한 다툼의 발생시 증거로서의 기능을 할 수 있다.

내용증명 우편을 보내기 위해서는 동일한 내용의 문서 3통이 필요한데, 3통 중 1통

---

53) 신청인이 상대방인 피신청인의 보통재판적 소재지 지방법원에 제소전 화해신청서(소장 첨부인지 액의 1/5의 인지 붙임) 접수하고 법원에 의해 부본이 상대방에게 송달되면 법원은 심리기일을 지정해 쌍방당사자를 소환하여 적절한 화해권고가 있게 된다. 심리기일에 화해가 성립되면 법원 은 화해조서를 작성한 후 7일이내에 그 정본을 쌍방 당사자에게 송달하게 된다.

은 우체국이 보관, 1통은 발신자가 보관, 나머지 1통을 수신자에게 발송함으로써 해당 내용의 문서가 발송되었음을 증명할 수 있다. 발송인은 3년 이내의 기간에 한하여 우체국에 관련 증명을 요구할 수 있다.

내용증명은 그 자체로 특별한 효력은 없으며, 우체국은 해당 내용의 문서를 해당 일에 발송한 사실 정도만 증명해 줄 수 있을 뿐 내용증명 우편 안에 담긴 내용이 진실인지 여부는 판단해 주지 않는다.

다만 내용증명 우편은 가장 기본적인 증거 확보방법이자 소송 제기 전 전초단계가 되는 경우가 많으므로 내용증명을 받은 경우에는 해당 내용을 수신인이 인정하지 않거나 발신인의 요구사항에 따르지 않을 경우 소송제기가 충분히 가능하다는 점을 인식하고, 발신인의 주장이 일리 있는 경우 합의와 화해를 꾀하여 분쟁을 방지하는 것이 바람직하다.

나. 주로 행하여지고 있는 내용증명의 내용(예)

1. 가압류금 지급청구
2. 선급금 반환청구 / 약정금 청구 / 각서금 청구/ 차용금 이행청구
3. 양수금 이행독촉 / 임료 등 청구 독촉
4. 손해배상금 청구등 소송예정 통보
5. 채무이행 독촉 및 경매진행예정통보
6. 합리적 산출에 위한 보험금 지급청구
7. 비용상환청구와 유치권행사예정 통지
8. 재산분할금 지급요청
9. 건축비 및 용도변경과 관련된 비용 및 세금 청구
10. 부당이득금 반환청구
11. 간접보상청구 요청
12. 휴업손실보상금 청구
13. 농업손실보상금 청구

14. 계약이행 및 계약해제 예고통지

15. 말소예고 등기 통지

16. 영업 양·수도 계약체결 독촉의 건

17. 양수도 계약 해제 등 확인

18. APT확장개조로 인한 결로현상 및 건축이행강제금 부과처분 해결 독촉

19. 계약의 중요내용에 관한 의사표시확정 최고

20. 부당한 가맹비와 소개비 무효확인

21. 납품(이행완료) 통고

22. 조합장선출 및 인수인계 촉구

23. 통지인 명의로 산업단지 입주가능여부 확인

24. 임차건물에 대한 영업방해금지 등 요청

25. 임대차계약 갱신금지 청구

26. 자동차 인도청구

1. 대여금을 정한 날짜에 받지 못하고 있는 경우(대여금 반환청구)

2. 채무자대신 보증인에게 대여금을 받고자 할 경우(대여금 반환청구)

3. 물품납품 후 그 물품대금을 제때에 지급받지 못하고 있는 경우(물품대금청구)

4. 물품대금미지급을 이유로 매매계약을 해제하고자 할 경우

5. 물품구입 후 사정변경으로 인한 계약해제를 하고자 하는 경우

6. 연체된 임대료청구와 함께 해당임대차계약을 해지하고자 하는 경우(임대차계약해지)

7. 건물수리 청구를 하고자 하는 경우(하자보수청구)

8. 전세(임차)보증금을 제3자에게 양도한 경우에 채권양도통지를 하는 경우

9. 대여금의 이자의 지급청구

10. 전세보증금 반환청구

11. 물품교환을 요구하고자 하는 경우

12. 전세계약기간이 만료로 인한 임차건물 명도청구

13. 상표의 무단도용금지를 요구하고자 하는 경우

13. 임대료체납에 대한 지불독촉 및 관리비체납에 대한 지급청구를 하고자 하는 경우

14. 잔금미지급을 이유로 공급계약을 해제하고자 하는 경우

15. 약정된 물건의 사용기간 경과로 반환청구를 하고자 하는 경우

16. 자동차사고로 인한 손해배상을 청구하고자 할 경우

17. 공사완료에 따른 공사대금을 청구하는 경우(공사대금 청구)

18. 약속어음금을 청구하고자 할 경우(약속어음금 청구)

19. 체불 임금 또는 미지급 임금을 청구하고자 하는 경우(체불임금 청구)

20. 회사에 퇴직금청구를 하고자 할 경우(퇴직금 청구)

21. 동업계약의 해제

22. 부동산소유권이전 등기신청 청구

23. 사과문 정정광고의 게재 요청

24. 계금납입 독촉

25. 공장의 소음·진동 등의 규제 요청

26. 경미한 교통사고로 예상치 못한 후유증 발생시 치료비청구

27. 약혼불이행으로 인한 손해배상(위자료)을 청구하고자 할 경우

28. 양육비청구

29. 외상대금 청구

30. 채권·채무의 상계를 요청

31. 채무변제를 대리하는 경우

32. 치료비청구의 경우(치료비 청구)

33. 미납된 할부금을 청구할 경우(할부금 청구)

34. 전세(임대차)계약해지 통보 및 전세(임차)보증금 반환을 청구

35. 도급계약의 해제

36. 착오에 의한 계약취소통지

37. 신축중인 건물의 창문방향 이전 요청

38. 주문한 물건과 배달 물건의 상이를 이유로 하는 교환청구

14. 강제집행

확정판결이나 공정증서 등 집행권원을 가지고 채권자가 국가권력에 대하여 그 집행을 신청할 경우에 국가가 채무자의 의사에 반하여 실력으로 그 청구권을 실현시켜 주는 절차를 말하는데 이것은 국가기관이 자발적으로 행하는 것이 아니고 집행을 구하는 채권자 신청이 있어야만 비로소 개시되는 것이다.

실무상 채권자는 신청인 신분으로 관할법원에 채권압류 및 추심(전부)명령신청, 부동산 강제경매신청, 유체동산 강제경매신청, 재산명시신청, 재산조회신청, 채무불이행자 등재명령신청서를 접수하여 해당 신청에 대한 각각의 결정문을 받아 채권회수를 하게 된다.

위 각종의 신청서 양식은 각 지방법원(지원 포함) 민사신청과 내지 민원실에 비치되어 있는 서식함에서 구할 수 있고, 인터넷을 이용해 대법원 전자민원센터 양식 모음란에서도 확보할 수 있다.

[강제집행절차도]

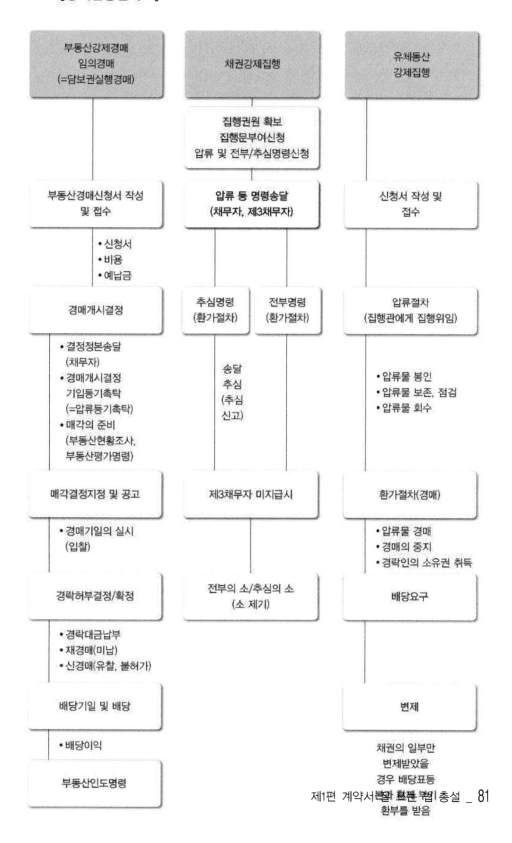

제2편
분야별 각종 계약서 작성(서식)

제1장 경제 · 경영

경제·경영 편에서 주로 다룰 계약서는 M&A 관련 계약서, 합작 투자 계약서, 동업계약서, 업무 등 각종 제휴 관련 계약서, 영업양도 계약서 등 '사업을 영위하고 투자하고 양도하는 일련의 과정'에 관한 내용들이다.

이 중 우리 주변에서 흔하게 볼 수 있는 동업과 관련하여 계약서 작성 시 주의 사항 및 관련 판례를 살펴본다.

1. 동업계약서

(1) 의 의

동업이란 2인 이상이 금전 기타 그 밖의 재산, 노무 등을 사용해 공동으로 사업을 경영하는 형태를 말하는 것으로서, 군이 법인의 형태로 이뤄지지 않더라도 개인과 개인 또는 개인사업자 간에서도 많은 형태로 이뤄지고 있다.

(2) 필수적 기재사항

계약서 일반의 필수적 기재사항 외에 동업계약서에는 그 성격상 '사업의 목적, 출자대상물, 출자방법, 출자금액, 지분교부일, 손익분배방법, 사업의 존속기간, 운영상의 특약사항, 그리고 사업을 종료할 경우 존속자산 및 채무의 귀속 방법' 등이 반드시 기재되어야 한다.

또한 동업자 모두의 모든 정보, 즉 이름, 주민등록번호, 주소지, 연락처 등이 정확하고도 명확하게 기재되어야 보다 안전한 계약서가 된다.

❚ 동업계약서의 필수적 기재사항 ❚

출자 대상물	•금전 또는 기타 재산인지 여부 •노무제공 여부
출자 방법	•금전 : 출자금액, 전달방법, 출자일 •현물출자 : 부동산의 현황에 관한 사항, 출자 규모, 부동산 가액, 인도일, 등기 기타 권리이전 서류 교부일 •지분교부일 기재
손익분배방법	•동업자 간 손익정산시기, 분배금액, 분배일을 명확히 적시 •손실이 난 경우의 처리방법도 명확히 기재
직무에 관한 권한과 책임	•회사의 대표 •각 동업자의 직무 범위와 책임
사업의 존속기간	•동업계약의 유효기간 기재 •묵시적 갱신 조항
지분의 양도	•지분양도가 가능한지 여부를 명확히 기재
손해배상책임	•계약의무 위반 시 발생하는 손해배상에 관한 사항 기재
동업계약 해지 사유	•어떤 경우에 동업 계약이 해지되는지를 명확히 기재 •해지 후 채권채무의 처리 방법 기재
사업 해체 후 처리	•사업 종료 시 보유하고 있는 현존 자산의 처리 방법 •사업 종료 시 부담하는 채무의 처리 방법

2. 관련 판례

(1) 무효인 동업약정

구 세무사법(2009.1.30. 법률 제9348호로 개정되기 전의 것) 제12조의3, 구 세무사법(2003.12.31. 법률 제7032호로 개정되기 전의 것) 제6조 제1항, 제20조 제1항 본문, 구 세무사법(2002.12.30. 법률 제6837호로 개정되기 전의 것) 제22조 제1항 제1호, 제22조의2 제1호의 입법 취지는 세무대리를 할 수 있는 사람을 세무사 자격을 가진 사람으로 엄격히 제한함으로써 건전한 세무질서를 확립하고 납세자의 정당한 권익을 보호하며 세무대리행위의 적정성과 공정성을 확보하고자 하는 데 있다.

이러한 입법 취지에 더하여, 세무사 자격이 없으면서 세무대리를 하는 행위 및 세무사가 다른 사람에게 명의를 대여하는 등의 행위는 형사처벌의 대상이 되는 범죄행위에 해당할 뿐 아니라 거기에 따를 수 있는 국민의 재산권과 정부의 재정수입에 대한 악영향에 비추어 사회통념상 쉽게 용인되기 어렵고, 위와 같은 위반행위에 대하여 단순히 형사처벌하는 것만으로는 세무사제도를 확립하여 세무행정의 원활과 납세의무의 적정한 이행을 도모할 목적으로 제정된 세무사법이 실효를 거둘 수 없어 그 위반행위로 인한 경제적 이익이 귀속되는 것을 근본적으로 방지하여야 할 필요가 있는 점 등을 종합적으로 고려하면, 위 각 규정은 세무사 자격이 없는 사람이 세무대리를 하는 경우에 초래될 세무행정의 원활과 납세의무의 적정한 이행상의 중대한 위험을 방지하기 위한 강행법규에 해당한다. 따라서 이를 위반하여 세무사와 세무사 자격이 없는 사람 사이에 이루어진 세무대리의 동업 및 이익분배 약정은 무효이고, 나아가 그와 같이 무효인 약정을 종료시키면서 기왕의 출자금의 단순한 반환을 넘어 동업으로 인한 경제적 이익을 상호 분배하는 내용의 정산약정을 하였다면 이 또한 강행법규인 위 각 규정의 입법 취지를 몰각시키는 것으로서 무효이다(대판 2015.4.9., 2013다35788).

(2) 동업지분권 확인

갑, 을, 병이 상호 출자하여 병원을 설립·운영하는 공동사업을 경영하고 이익을 분배하기로 하는 동업약정을 체결한 후 의사 정을 영입하여 병원을 공동으로 운영하였는데, 병원 운영 및 추가 자금 출자 등과 관련하여 갑과 을이 서로 대립하게 되어 을이 갑을 상대로 퇴거소송을 제기하는 등 갑과 정을 병원 업무에서 배제하려고 하였고, 이에 갑이 을에게 동업약정 해지를 통고한 사안에서, 위 해지 통고는 을의 귀책사유로 병원의 원활한 운영을 기대할 수 없는 상황이라고 판단한 갑이 불법적인 동업사업을 종료할 것을 전제로 동업재산을 정산할 것을 요구하는 해산청구로 보아야 한다(대판 2015.6.11., 2013다29714).

(3) 동업계약 해지 시 투자금 반환

예식장 및 뷔페사업이 최소한 84개월 동안은 반드시 유지·존속될 것이라는 점에 관하여 피고가 원고에게 어떠한 신의를 공여하였다거나 객관적으로 보아 원고가 위와 같은 점에 관하여 신의를 가지는 것이 정당하다고 보기 어려울 뿐만 아니라, 동업사업이 영업부진 등으로 인하여 임대차 기간을 채우지 못하고 중간에 중단되었다는 등의 동업지분 양도계약에서 약정한 내용과 전혀 관련이 없는 사정이 발생하였다는 이유만으로 동업지분 양도계약에 따른 의무를 모두 이행한 피고의 위 양도계약에 따른 권리주장이 정의관념에 비추어 용인될 수 없다고 볼 수도 없다.

그럼에도 원심은 이와 달리 피고가 적어도 84개월간 동업으로 예식장 및 뷔페 사업을 계속 유지·존속하기로 하는 신의를 원고에게 공여하였다고 보아, 원고가 피고에 대하여 동업지분 양수대금으로 지급한 돈 중 5,000만 원에 관하여 신의칙에 기한 반환청구권을 가진다고 판단하였으니, 이러한 원심의 판단에는 신의성실의 원칙에 관한 법리를 오해하거나, 논리와 경험의 법칙을 위반하고 자유심증주의의 한계를 벗어나 판결에 영향을 미친 위법이 있다(대판 2013.5.9., 2012다81401).

【동업계약서】

동업계약서

○○○ (이하 "갑"이라 한다)과 ○○○ (이하 "을"이라 한다)은 물품을 제조하여 판매하는 영업에 대한 동업에 관하여 아래와 계약(이하 "본 계약"이라 한다)을 체결한다.

제1조(목적)

"갑"은 "을"에게 현금을 출자하고, "을"은 물품을 제조하여 판매하는 영업(이하 "본 영업"이라 한다)을 경영하여 그로 인해 생기는 이익을 "갑"과 "을"이 공동으로 분배함에 있어 필요한 제반사항을 정함을 그 목적으로 한다.　　　└ 동업계약의 목적

제2조(출자)

① "갑"은 2000년 0월 0일까지 금 (　　)원을, 2000년 0월 0일까지 금 (　　)원을 각 현금으로 "을"에게 지급하여야 한다. → 출자 대상물, 출자방법

② "을"은 제1항에 따라 "갑"으로부터 현금을 지급 받는 즉시 "갑"에게 영수증을 교부해 주어야 한다.

제3조("을"의 현존재산)

"을"이 현재 본 영업을 위해 공여하고 있는 설비 등 현존 재산은 별지 목록기재와 같고, 그 가액은 금 (   )원으로 평가한다.

제4조(경영)

"을"은 선량한 관리자의 주의로써 본 영업을 경영하고 재산을 관리하여야 한다.

제5조(이익분배)

① "을"은 2000년 O월 O일부터 본 계약의 종료에 이르기까지 **본 영업으로 인한 매월의 이익 중 O%에 해당하는 이익금을 "갑"에게 다음달 5일까지 지급**하여야 한다.
　　　　　　　└ 손익분배 방법
② "을"은 제1항의 이익금 지급시 "갑"에게 매월의 대차대조표를 제시하여야 한다.

제6조(대표)

본 영업을 경영함에 있어 필요한 제3자와의 거래, 영업명의 기타 본 영업에 부수되는 대외적인 행위는 "을"이 대표한다. → 직무에 관한 권한과 책임

제7조(손실에 대한 책임)

본 영업의 경영으로 인하여 손실을 본 경우에도 "을"은 "갑"의 출자액의 O%에 해당하는 금액을 매월 제5조에서 정한 기일에 "갑"에게 지급하여야 한다.

제8조(보고의무)

"을"은 "갑"의 요구에 따라 언제든지 서면으로 경리에 관한 사항과 영업 및 거래에 관한 대차대조표를 제시하고 영업전반에 관한 사항을 보고하여야 한다. → 직무에 관한 권한과 책임

제9조(경업금지의무)

"갑"은 "을"이 경영하는 본 영업과 동종부류에 속하는 업을 경영할 수 없으며, 이를 위반하는 경우 "갑"은 "을"이 입은 손해를 배상하여야 하고 제5조에서 정한 이익분배를 청구할 수 없다.

제10조(비밀준수의무)
"갑"과 "을"은 본 계약기간 중은 물론 본 계약의 종료나 해지이후에도 본 계약의 이행과 정에서 알게 된 상대방의 영업비밀 또는 고객관련정보를 상대방의 서면동의 없이 제3 자에게 유출하거나 본 계약의 이행 이 외의 목적으로 이용하여서는 안 된다.

제11조(계약기간)
본 계약의 유효기간은 계약체결일부터 1년으로 하고, 계약기간 만료일 1월 전까지 별도 서면에 의한 의사표시가 없는 한 동일한 조건으로 1년씩 자동 연장되는 것으로 한다.

제12조(계약의 변경)
본 계약의 일부 또는 전부를 변경할 필요가 있는 경우에는 "갑"과 "을"의 서면 합의에 의하여 이를 변경하고, 그 변경내용은 변경한 날 그 다음날부터 효력을 가진다.

제13조(권리 등의 양도 등 금지) → 지분양도 금지
"갑"과 "을"은 상대방의 서면동의 없이 본 계약상의 일체의 권리·의무 등을 제3자에게 양도·증여·대물변제·대여하거나 담보로 제공할 수 없다.

제14조(해지) → 동업계약 해지 사유
① "갑"또는 "을"은 다음 각 호의 사유가 발생한 경우에는 계약기간에 관계없이 상대방 에 대한 서면통지로써 본 계약을 해제 또는 해지할 수 있다.
  1. 상대방이 정당한 사유없이 본 계약에서 정한 사항을 위반하고 서면으로 시 정요구를 받은 날로부터 7일 이내에 해당 위반사항을 시정하지 않은 경우
  2. 자신 또는 상대방의 주요재산에 대한 보전처분결정 및 강제집행, 화의, 회 사정리, 파산 등의 개시로 더 이상 계약유지가 곤란한 경우

3. 본 영업으로 인하여 2월 이상 손실이 발생하는 경우

4. 기타 본 계약을 수행하기 어려운 중대한 사유가 발생한 경우

② 제1항의 해제 또는 해지는 "갑"과 "을"의 손해배상 청구에 영향을 미치지 아니한다.

제15조(계약의 유보사항)

① 본 계약에서 정하지 아니한 사항이나 해석상 내용이 불분명한 사항에 대해서는 관계법령 및 상관습에 따라 상호 협의하여 결정한다.

② 제1항과 관련하여 필요한 경우 "갑"과 "을"은 별도의 약정을 할 수 있으며, 이는 본 계약의 일부를 이룬다.

제16조(관할법원)

본 계약과 관련하여 소송상의 분쟁이 발생한 때에는 서울지방법원을 관할로 한다.

본 계약의 내용을 증명하기 위하여 계약서 2부를 작성하고, "갑"과 "을"이 서명 또는 날인한 후 각 1부씩 보관한다.

20○○년 ○월 ○일

"갑"	주소	:	
	성명	:	○ ○ ○ ㊞
	주민등록번호	:	
	연락처	:	
"을"	주소	:	
	성명	:	○ ○ ○ ㊞
	주민등록번호	:	
	연락처	:	

【동업해지계약서】

동업해지계약서

동업 계약일 : 20○○년 ○월 ○일

동업 회사명 : ○○주식회사

　"갑"

　성명 :　　　　○○○ ㉑

　주민번호 :

　주소 :

　"을"

　성명 :　　　　○○○ ㉑

　주민번호 :

　주소 :

해약사유 : 자금 분쟁

상기 "갑"○○○과 "을"○○○ 은 20○○년 ○월 ○일부로 모든 사업에 관한 계약을 해지하며, "을"○○○의 모든 지분을 "갑"이 인수한다.

20○○년 ○월 ○일

동업해지계약자

"갑" ○○○ ㉑

"을" ○○○ ㉑

동업계약서(지분양도)

"갑" 성명 :
      주소 :

"을" 회사명 :
      성명 :
      주소 :

상기인 "갑"과 "을"은 아래와 같이 지분양도(동업)계약을 체결한다.

- 아 래 -

1. 상기인 "갑"은 "갑"이 소유하고 있는 회사 (사업자등록번호)의 지분 ◯%을 "을"에게 양도하고 "을"은 이를 양수한다.

2. "갑"이 "을"에게 양도한 지분의 대금은 일금 (   )원 정으로 하고 "을"은 "갑"에게 200◯년 ◯◯월 ◯◯일까지 지불한다.

3. 회사의 공식서류의 대표 기재 순서는 1번을, 2번 "갑"의 순서로 기재한다.

4. 계약일 이전까지의 영업활동 및 기타 행위에 의하여 발생한 모든 세금은 "갑"이 책임진다.

5. 계약서 작성일 이후의 영업활동으로 인하여 발생한 모든 세금은 "을"이 책임진다.

6. "갑"과 "을"은 본 계약서 체결이후 회사 운영 중에 상호 합의하여 "갑"의 남은 지분을 "을"에게 양도할 수 있으며, 양도금액은 별도 상의하여 결정하도록 한다.

7. 회사 대외적인 공문 및 계약서상의 대표자 날인 또는 서명은 "갑"과 "을"이 상호 합의하여 공동으로 하는 것을 원칙으로 한다.

20○○년 ○월 ○일

	주소 :	
"갑"	성명 :	○ ○ ○ ㊞
	연락처 :	

	주소 :	
"을"	성명 :	○ ○ ○ ㊞
	연락처 :	

공동 투자계약서

(주)◯◯◯◯(이하 "갑"이라 칭한다)와 ◯◯◯(이하 "을"이라 칭한다)는 ◯◯사업(이하 "◯◯사업"이라고 약칭한다)과 관련한 자금투자 및 사업진행에 관련된 투자 계약을 다음과 같이 작성하면서 상호 신의 성실의 원칙에 의거하여 이를 준수한다.

제1조(목적)

본 계약은 "갑"의 사업과 관련하여 "을"이 "갑"과 공동 투자를 행하고, 동 사업에서 발생하는 수익을 분배하는 것을 목적으로 한다.

제2조(정의)

1. "◯◯사업"이라 함은 "을"의 자금투여가 이루어져서 "갑"의 사업대한 전체 인테리어 및 주방기기시설 확충을 포함한 매장의 신설을 통한 "갑"과 "을"이 공동으로 경영하는 사업을 말한다.
2. "투자"라 함은 "을"이 "갑"의 "매장사업"을 위하여 약정된 투자금을 지급하고 해당 "◯◯사업"으로부터 발생하는 매출의 일정률을 투자수익으로 회수하는 것을 말한다.

제3조(투자금)

1. 본 계약에 따라 "을"은 VAT를 포함한 일금 (   )원정을 현금으로 투자하며 자금은 "◯◯사업" 매장의 공사계획에 따라 준공 예정일인 20◯◯년 ◯월 ◯일까지 "갑"의 지정된 은행계좌로 완납한다.
2. 제1항의 자금의 입금 및 출금의 관리를 위하여 당사자 쌍방은 "갑"의 지정된 은행계좌로 자금의 입출금을 관리하며 전산 POS시스템을 운영하여 입출금을 공동관리한다.

제4조(수익분배)

1. "갑"과 "을"은 제3조의 "을"의 투자에 대한 수익의 분배를 "갑"의 "매장사업"의 총 매출액에 대하여 매월 "갑": "을" = ◯% : ◯% 의 비율로 분배한다.

2. 제1항의 "을"에게로의 지급계좌는 다음으로 한다.

   1) 예금주 : ◯◯◯ / ◯◯ 은행 123-456-7890-001233

제5조(업무분담)

1. "갑"은 "◯◯사업"경영 전반에 대한 모든 업무를 처리하도록 하며 "을"은 "◯◯사업" 을 개설하기 위해 필요한 전체 인테리어 및 주방기기비용을 "갑"에게 투자한다. 단, "갑"의 투자는 보증금 및 임대료를 투자 자금으로 보고 "◯◯사업" 영업 총매출 액에 대하여 매월 부과되는 임대료를 "을"에게 부과하지 않는다.

2. "갑"은 "을"에게 매일의 매출내역을 정리하여 고지하여야 하며 "을"이 요구하는 경우 언제든지 매출상황을 고지하여야 한다.

3. 제2항의 사항에 허위 또는 누락 등이 있을 경우 그로 인한 모든 손해의 배상 및 정신적 위자료를 "갑"은 "을"에게 배상하여야 한다.

제6조(신의성실)

1. "갑"과 "을"은 본 사업에 관한 투자와 경영에 있어서 상호 신의성실에 의거하여 업무를 진행한다.

2. "을"은 "갑"의 "매장사업"의 안정화를 위하여 정해진 투자금을 제3조 1항의 정해진 기간 이내에 성실히 이행하도록 한다.

2. "을"은 "갑"의 사업의 안정화를 위하여 정해진 투자기간 이내에 투자금의 "갑작스런 회수를 행하지 아니하도록 한다.

3. "갑"은 "을"의 투자에 대한 손실이 발생하지 아니하도록 "매장사업"의 경영에 만전을 기하여 "을"의 투자금 회수 및 수익의 발생에 기여한다.

제7조(투자기간)

1. "갑"과 "을"은 본 투자계약의 계약기간을 세계박람회관과 임대 계약한 3년을 기준으로 하고 기간만료 후 세계박람회관과 재 임대 계약이 확정되면 특별한 사유가 없을시

세계박람회관과 계약이 유지되는 기간 동안 "○○사업"을 공동 운영하도록 한다.

2. 제1항의 투자기간이 경과된 후에도 "을"의 투자금의 전액 회수가 되지 아니할 시에는 "갑"이 운영하는 "매장사업"의 경영권을 "을"에게 양도하기로 한다.

3. 제2항의 경우 "갑"은 "을"이 경영권을 양수받은 "매장사업"의 지속적인 영업이 가능하도록 최대한 지원하도록 하며 "을"은 "갑"에게 제4조 제1항의 수익분배를 지급하고 당해 업무의 담당을 지속하게 할 수 있다.

4. 제2항의 경우 계약의 만료 시 "을"은 투자금 손실분에 대해 "갑"에게 어떠한 이의제기도 하지 아니한다.

제8조(해지)

"갑"과 "을"은 다음 각1호의 경우에 본 사업약정을 해지할 수 있다. 이 경우 각 당사자는 이 계약과 관련하여 각자 지출, 부담한 비용을 상대방에게 청구할 수 없다. 다만, 상대방의 귀책사유로 인하여 손해를 입은 경우에는 예외로 한다.

1. "갑"또는 "을"당사자 중 일방이 이 약정서상의 중대한 의무를 이행하지 아니하거나 위반하여 사실상 사업수행이 어려운 경우

2. 인ㆍ허가 등으로 인한 사업계획의 변경이나 인/허가조건상의 이행에 과다한 비용의 소요 또는 추가적 비용부담요인의 발생으로 당초 예상 사업수익의 현저한 감소가 예상되는 경우

3. 사업진행에 있어 장기간 지연되는 등 사업수행이 어려워져 "갑", "을"간에 상호 협의에 의하여 약정을 해지하기로 한 경우

4. "갑"또는 "을" 중 1인의 금융거래정지 및 경제여건 변동이나 천재지변, 기타 부득이한 사유가 발생하여 사업수행이 현저히 곤란한 경우

5. "을"의 불가피한 사정으로 인하여 투자금의조기 회수가 필요할 시에는 계약기간 대비 투자금을 산정하여 기 진행된 기간의 대금은 공제한 잔액을 반환한다.

6. "갑"의 불가피한 사정으로 투자금의조기반환을 하는 경우에는 제1항의 산정방법에 의하여 잔여기간의 대금을 반환한다.

7. 제5항 및 제6항의 경우 "갑"과 "을"은 각각 상대방에 대해 별도로 총 투자금액의 %에 상응하는 해지 위약금을 상대방에게 지불한다.

제9조(일반사항)

1. 본 계약과 관련하여 상호 지득하게 된 모든 영업상의 비밀은 외부로 유출되지 아니하며 본 계약기간 동안 "갑"과 "을"은 "매장사업" Km 이내 동종의 투자 혹은 동종의 사업을 영위하지 아니한다.
2. 본 계약에 정하여 지지 아니한 사항은 일반적인 상관습에 따르며 별도의 특약사항은 서면으로 작성하여 본 계약서에 첨부한다.
3. 계약기간 내 계약의 변경은 "갑"과 "을"상호간 합의에 의하여 이루어질 수 있다.

제10조(분쟁해결)

1. 본 계약과 관련하여 양 당사자 간의 분쟁이 발생한 경우, 원칙적으로 "갑"과 "을" 상호간의 합의에 의해 해결한다.
2. 제1항에도 불구하고 분쟁이 해결되지 않을 경우 "갑"또는 "을"의 주소지 관할 지방법원을 그 관할로 하여 재판함으로써 해결한다.

위와 같이 본 계약이 유효하게 성립하였음을 각 당사자는 증명하면서 본 계약서 2통을 작성하여, 각각 서명(또는 기명)날인 후 "갑"과 "을"이 각각 1통씩을 보관한다.

20○○년 ○월 ○일

"갑"	주소	:	
	회사명(대표자)	:	○ ○ ○ ㊞
	법인등록번호(사업자번호)	:	
	연락처	:	
"을"	주소	:	
	성명	:	○ ○ ○ ㊞
	주민등록번호	:	
	연락처	:	

현물출자계약서

부동산의 표시

1) ○○시 ○○구 ○○동 ○○번지 대 ○○㎡
2) ○○시 ○○구 ○○동 ○○번지대 ○○㎡
끝.

주식회사 ○○○○를 "갑"이라 하고 ○○○ 를 "을"로 하여 다음과 같은 계약을 체결한다.

1. "갑"은 "을"의 신주발행의 모집에 관한 정관 및 주식청약서의 기재내용을 승인하고 위 부동산을 금원으로 환산하여 "갑"에게 현물출자하기로 하고 "을"은 "갑"이 발행 하는 신 주식의 보통주식(1주의 금액 ○○원) ○○주를 부여받기로 한다.

2. "을"은 위 부동산을 상법소정절차가 완료되는 즉시로 "갑"명의로 소유권을 이전할 수 있도록 등기절차에 소요되는 일체의 서류를 "갑"에게 제공한다.

위 계약의 성립을 입증하기 위하여 본 증서 2통을 작성하고 당사자는 각자 서명 날인하 여 갑"· "을" 각 1통씩 소지한다.

20○○년 ○월 ○일

	주소	:
"갑"	상호	:
	대표이사	: ○○○ ㊞
	주소	:
"을"	성명	:
	대표이사	: ○○○ ㊞

현금투자계약서

김○○(이하 "갑"이라 한다.)과 서울시 ○○동 ○○번지 ○○빌딩에 소재한 주식회사 김○○(이하 "을"이라 한다.)은 "을"의 경영안정과 발전을 위하여 "갑"의 현금투자에 대해 다음과 같이 계약을 체결한다.

- 다 음 -

제1조("갑"의 투자의무)

"갑"은 "을"에게 일금(₩   )원정을 아래의 조건으로 투자한다.

① 2002년 월 일까지 일금(₩   )원정을 현금 투자한다.

② 2002년 월 일까지 일금(₩   )원정을 현금 투자한다.

제2조("을"의 의무)

"을"은 "갑"이 1조 1항과 1조 2항의 투자의무를 완료 시, "을"의 회사주식 ___%를 "갑"에게 지급한다.

제3조("갑"의 영업에 대한 감사)

"을"은 "갑"의 요구에 따라 언제든지 서면으로 경리에 관한 사항과 영업 및 거래에 관한 대차대조표를 제시하고 영업전반에 관한 사항을 보고하여야 한다.

제4조(권리의 양도 및 처분 금지)

"갑"또는 "을"은 서로 상대방의 서면 동의가 있는 경우를 제외하고는 어떠한 이유로도 이 계약상의 자신의 권리나 의무를 다른 제3자에게 이전, 양도하거나 처분을 할 수 없다.

제5조(계약의 해지)

정당한 사유 없이 "갑"이 위 제1조 제1항과 제1조 제2항의 의무를 이행하지 않을 경우, "을"은 서면통보 후 계약을 해제 또는 해지 할 수 있다.

"갑"또는 "을"은 계약해지에 해당하는 정당한 사유가 발생할 경우 서면의 통지로써 이 계약을 해지할 의사를 전해야 한다.

제6조(비밀유지)

"갑"과 "을"은 투자협상 및 투자계약체결 등 투자와 관련하여 입수한 제반 정보에 대하여 비밀을 준수하며 이를 상호협의 없이 절대 누설할 수 없다.

제7조(일반조항)

① 이 계약은 "갑"과 "을" 쌍방의 서면 합의에 의해서만 변경될 수 있다.

② 이 계약에 규정되어 있지 않거나 해석상 이견이 있는 사항은 "갑"과 "을" 양 당사자의 상호 합의에 의하거나 일반 상관례에 따르기로 한다.

본 계약의 내용을 증명하기 위하여 본 계약서 2통을 작성하여 "갑"과 "을"이 각각 1통씩 보관한다.

20○○년 ○월 ○일

"갑"	이름	:	○○○	㉑
	주민등록번호	:		
	주소	:		
		:		
"을"	대표이사	:	○○○	㉑
	상호	:		
	주소	:		

[참고 1] 계약서의 용어와 문자

1. 내국인 사이의 계약
횡서(橫書)·종서(縱書) 어느 것이든 무방하겠으나, 다만 당사자 사이에서 다르게 해석될 가능성이 있는 용어의 사용은 피해야 할 것이 며, 자구(字句)의 변조(變造)를 막기 위하여 가급적이면 워드를 사용한다든가 또는 한자를 함께 사용(특히 금액 등을 숫자로 표시하는 경우)하는 것이 좋을 것이다.

2. 외국인과의 계약
원문(原文)과 역문(譯文)과의 관계를 계약서에 명기하여야 한다. 즉, 원문과 역문의 의미가 다를 때 어느 것이 우선인가 하는 등의 조치사항을 기재하는 것이다. 또한, 원문상의 문자가 모국어가 아닌 외국인 당사자(예를 들면, 한국어가 원문으로 된 경우의 외국인)가 그 계약의 내용을 이해하는데 있어서 원문으로 직접 이해시키는 방법을 택하는 한편, 그 뜻을 계약서에 기재하는 것이 좋다.

대한상사중재원

합작투자계약서(외국인투자)

계약은 (내국투자가의 주소)에 주 사무소를 둔 대한민국(이하 "한국"이라 약칭한다) 법률에 따라 설립되어 존속중인 (내국투자가 회사명) (이하 "갑"이라 약칭한다)와 (외국투자가의 주소)에 주 사무소를 둔 (외국투자국명) 법률에 따라 설립되어 존속중인 (외국투자가 회사명) (이하 "을"이라 약칭한다) 사이에 2000년 O월 O일자로 체결되었다.

- 증략 -

"갑"은 한국에서 OOOO을, "을"은 (투자국명)에서 OOOO을 영위하고 있는 바, 양 당사자는 OO 을 주목적으로 하는 회사를 한국 내에 설립하고자 본 계약에 포함된 상호간의 합의와 약속을 약인으로 하여 다음과 같이 합의한다.

제1조(신 회사의 설립)

1. 본 계약의 당사자는 한국법률에 따라 본 계약의 발효 후 지체 없이 본 당사자에 의하여 공동으로 소유되며 또한 경영되는 회사(이하 "신 회사"라 칭한다)를 설립한다.
2. 신 회사의 상호는 OO 주식회사라 칭하고, 영문으로는 (신 회사의 영문표기)라 표기한다.
3. 신 회사의 본점을 한국 (신 회사의 주소)에 두고, 필요에 따라 국내·외 지점 또는 기타 영업소등을 설치할 수 있다.
4. 본 계약의 당사자는 신 회사의 설립 및 등기에 관련한 절차 및 명세에 대하여 서로 협의하고 협력하여야 한다.

제2조(사업목적)

신 회사의 사업목적은 다음과 같다.

1.

2.

제3조(정관)

신 회사의 정관(이하 "정관"이라 칭한다)은 계약당사자가 한국상법에 따라 협의하여 작성한다. 다만, 정관내용이 본 계약에 반하는 부분은 본 계약에 일치하게끔 정관을 수정한다.

제4조(각 당사자 출자금액 및 출자비율)

1. 본 계약에 따라 당사자들이 신 회사에 투자할 금액 및 그 소유주식수와 지주비율은 다음과 같다.

   "갑" : 원 (주) %

   "을" : 원 (주) %

2. 신 회사 설립시의 납입자본금은 금 원으로 하고 "갑": "을"이 위 출자비율에 따라 출자한다.

제5조(주식의 종류)

신 회사가 발행하는 주식은 전부 금 원의 의결권부 기명식 보통주식으로 한다.

제6조(주금의 납입)

1. 본 계약 당사자는 본 계약 제4조 제2항의 기재에 따라 신 회사 주식을 인수하며 본 계약 발효 후 ○일 이내에 주금 총액을 납입하여야 한다.

2. "갑"의 주금납입은 현금 또는 현물출자로 납입한다.

3. "을"의 주금납입은 한화 원에 상당하는 외화(전신환 또는 자본재매입율)으로 납입한다.

제7조(주식의 양도)

1. 신 회사의 주식은 쌍방 당사자 간의 사전 승낙 없이는 담보제공 등 그 주식 상에

따른 권리의 설정을 할 수 없다.

2. 본 계약의 어느 당사자가 소유하는 신 회사의 주식을 양도하고자 할 때에는, 그 취지를 이사회에 통보함과 동시에 양도조건을 제시하여야 한다. 통보를 받은 이사회는 지체없이 잔여주주에게 양수의사확인통지를 하여야 한다. 통지를 받은 잔여주주가 양수의사를 표시한 경우에는 잔여주주 사이의 주식보유비율에 따라 양도하고자 하는 주식을 배분하기로 한다. 통지를 받은 잔여주주 모두가 통지일로부터 O일 이내에 전기조건에 따른 양수의사를 표시하지 아니할 때 또는 야수를 거부할 때에는 양도희망자는 제3자에게 자유롭게 양도할 수 있다. 단, 제3자에 대한 양도조건(가격을 포함하나 이에 한정되지 아니함)은 잔여주주에 제시한 조건에 비하여 유리한 것이 되어서는 안 된다.

3. 주식을 취득하는 제3자는 본 계약의 모든 규정을 준수하고 매도당사자와 똑같은 범위로 본 계약의 모든 규정에 구속을 받겠다는데 합의하는 약정서를 본 계약의 타방당사자 및 신 회사에게 제출하여야 한다.

4. 제7조 제2항에 의한 주식양도의사표시 및 양도조건은 문서로 이루어져야 한다.

5. 본 조문에 의한 주식의 양도는 필요한 경우 정부의 인가허가 등을 받는 것을 조건으로 한다.

제8조(신주 인수권)

1. 신 회사가 신주를 발행할 때는 본 계약당사자는 주식발행 시에 있어서 각기 가진 주식비율에 따라 신주를 우선적으로 인수할 권리가 있다. 다만, 주주전원의 동의가 있으면 주식발행시의 지주비율과 다르게 신주를 인수할 수 있다.

2. 어느 당사자가 우선적으로 이수할 권리가 있는 신주의 전부 또는 일부에 대하여 인수를 희망하지 않을 때에는 신주배정을 받은 날로부터 30일 이내에 취지를 이사회에 통보하여야 하며 상대방 당사자는 그러한 신주에 대하여 우선 인수권이 있는 것으로 한다.

3. 인수가 불가능한 신주는 이사회에서 결정하는 조건에 따라 본 계약의 조건을 승인한 자에게 우선 배정한다.

제9조(주주총회)

1. 신 회사의 주주총회(이하 "주주총회"라 칭한다)의 의결방법은 정관에 달리 규정된 경우를 제외하고
   발행 주식총수의 과반수에 해당하는 주식을 가진 주주의 출석으로 그 의결권의 과반수에 해당하는 다수의결로 한다.
2. 대표이사가 주주총회의 의장이 되며, 대표이사가 유고시에는 이사회에서 정한 이사가 주주총회의 의장이 된다.

제10조(이사회)

본 계약의 당사자는 각자의 투표권을 행사하여 다음의 사항을 결정한다.

1. 신 회사는 OO명의 이사를 두고, "갑"이 지명한 OO명과 "을"이 지명한 OO명을 주주총회에서 선임하기로 한다.
2. 본 계약의 어느 당사자가 이유여하를 불문하고 그가 지명한 이사를 변경할 경우에는 타방의 당사자가 이에 동의하여야 한다. 다만, 이사의 변경이 정당한 이유 없이 이루어질 경우, 그 이사의 변경을 제안한 당사자는 신 회사나 타방의 당사자로 하여금 그러한 조치에서 발생할 수 있는 모든 손실이나 기타의 비용에 대하여 책임을 지지 않도록 하여야 한다.
3. 이사회 결의는 이사과반수의 출석과 출석이사의 과반수로 하여야 한다.
4. 이사회는 대표이사가 필요하다고 판단하는 경우 또는 다른 이사의 요청이 있을 때 대표이사가 소집한다.
5. 이사회의 의장은 대표이사로 한다.

제11조(이사의 업무분장)

신 회사의 이사의 업무분장은 이사회에서 결정하며 OO명의 공동대표 또는 (전무이사, 상무이사 및 비상임 이사)를 두고 대표이사는 "갑" 또는 "을"이 지명한 이사 중에서 이사회가 선임한다.

제12조(감사)

신 회사에 OO명의 감사를 두되 OO명은 "갑"이 OO명은 "을"이 지명한 자로 한다.

제13조(운영자금)

신 회사가 운영자금을 조달할 필요가 있는 경우에 본 계약의 당사자는 신 회사에 대한 대출 및 신 회사 거래은행에 대한 지급, 보증 등 필요한 협조를 하여야 한다.

제14조(배당금)

신 회사는 정관규정에 따라 회사의 재무상태를 고려하여 주식배당금을 정기적으로 배당하는 것을 원칙으로 한다.

제15조(회계기간 및 회계장부)

1. 신 회사의 회계기간은 매년 O월 O일 시작되어 그 해 O월 O일 종료된다. 다만, 첫 회계기간은 신 회사가 설립되는 날에 시작되어 그 해 또는 그 다음해 O월 O일에 종료된다.
2. 신 회사는 한국 내에서 일반적으로 인정된 회계관행, 기준절차에 따른 회계, 경리장부와 그에 관련된 서류를 보유하여야 한다.
3. 각 회계기간의 종료 즉시 신 회사는 (한국, 투자국, 한국 및 투자국)어로 된 당해 회계기간 동안의 대차대조표와 손익계산서를 각 당사자에게 제출하여야 한다. 나아가 신 회사는 각 당사자가 요청할 때에는 각 당사자나 그 대리인이 열람할 수 있도록 회계장부와 서류를 본점에 비치하여야 한다.

제16조(설립비용)

신 회사의 제반 설립비용은 신 회사가 발생시켰거나 또는 부담하는 부분을 제외하고는 본 계약의 당사자들의 각기 부담으로 한다.

제17조(지급설립비용)

1. 신 회사가 "을"에게 행하는 일체의 지급은 계약상에 달리 규정하는 경우를 제외하고는 OOO로 "을"이 신 회사에 서면으로 지정하는 은행 또는 기타 주소로 지급한다.

2. "을"에게 지급될 금액에 대하여 신 회사가 원천 징수하여야 할 세금은 신 회사가 "을"로부터 원천 징수하여 즉시 세무당국에 납부한다. 또한 계약당사자들은 신 회사로 하여금, 위 원천징수세액과 관련하여 "을"이에 의해 외국납부세액의 공제를 받음에 있어 충분한 근거가 될 수 있는 한국 세무당국발행의 납세필영수증 또는 기타 적절한 증빙을 "을"에게 제공한다.

제18조(양도의 금지)
본 계약에 의한 어떠한 권리 또는 의무도 제7조에 따른 주식양도절차를 밟은 경우를 제외하고는 타방당사자의 사전 서면 동의 없이 어떤 당사자에 의해 직접 또는 간접으로 양도될 수 없다.

제19조(발효)
본 계약은 한국정부와 OO정부의 필요한 인·허가가 취득된 최종일을 기준으로 하여 발효한다.

제20조(해지)
1. 어느 쪽의 당사자가 본 계약서에 규정된 조항을 위반하여 상대방 당사자로부터 서면에 의한 최고를 받고 30일 이내에 위반사항이 시정되지 아니할 때는 상대방의 당사자는 본 계약의 해지 할 수 있다.
2. 전항의 규정에 의하여 본 계약이 해지되는 경우에는 당해 귀책 당사자는 그가 보유하고 있는 주식을 이사회가 합리적으로 정하는 조건에 의거 상대방 당사자 또는 제3자에게 양도하여야 한다.

제21조(계약의 변경)
본 계약내용의 변경, 가감, 삭제, 정정 등은 정당하게 수권된 대표자의 서명을 필요로 하며, 관청의 인·허가가 필요한 경우에는 당해 인·허가 시점부터 효력이 발생한다.

제22조(적용법)

본 계약은 대한민국의 법률에 준거하여 해석되는 것으로 한다.

제23조(중재)

1. 본 계약과 관련하여 발생되는 분쟁은 중재에 의하여 최종적으로 해결되는 것으로 한다.
2. 동 중재는 한국 서울 소재 사단법인 대한상사중재원의 중재규칙에 의거 해결하도록 한다.(또는 "갑"이 제기한 경우 (외국 투자가국 중재기관 소재지)에 소재한 (외국투자가국 중재기관)에서 "을"이 제기한 경우 한국소재 사단법인 대한상사중재원의 중재규칙에 의거 해결하도록 한다.) 또는 (제3국)에 소재 하는 (국제중재기관명) 중재규칙에 의거 해결하도록 한다.)

제24조(경업금지)

1. 계약당사자는 자신이나 그 계열회사가 신 회사의 제품과 경쟁이 될 물품을 직접 혹은 간접으로 한국 내에서 제조하거나 판매하지 않도록 할 것에 동의한다.
2. 계열회사의 범위에 대하여는 양 계약당사자가 별도 합의하기로 한다.

제25조(정보의 비밀유지)

본 계약의 당사자는 상대당사자 또는 신 회사로부터 얻은 것으로 상대당사자 또는 신 회사에 의해서 비밀로 지정되거나 비밀로 유지되어야 한다고 판단되는 정보를 비밀로 유지하는 데 동의하며, 본 계약서에 명시된 목적 이외로는 사용하지 않을 것에 동의한다.

제26조(불가항력)

불가항력에 의한 본 계약조항의 불이행에 대하여는 쌍방 모두가 그 책임을 부담하지 않으며, 불가항력이란 호재, 폭발, 천재지변, 전쟁, 정부의 조치, 기타 당사자가 지배할 수 없는 유사원인을 의미한다.

제27조(인·허가 취득의무)

"갑"은 신 회사의 설립과 관련한 한국정부의 인·허가취득에 최대한 협조하여야 하며, (투자가국) 정부의 인·허가취득은 "을"이 책임을 진다.

제28조(완전 계약조항)

본 계약서는 본 계약의 내용과 관련하여 양당사자가 합의한 사항의 전부이며, 양당사자 간에 그 이전에 이루어진 모든 협정 또는 합의들에 우선하며 종전협정 등은 폐기한다.

제29조(적용국어)

본 계약서는 한국어, 투자국어, 한국 및 투자국어로 작성하며, 한국어 본을 정본으로 하고 해석상 상이점이 있을 때에 한국어 본을 기준으로 한다.

제30조(통지)

1. 본 계약에 따른 통지는 서면으로 하여야 하며, 다음에 기재된 주소에 항공등기우편, 직접교부, 팩시밀리에 의해 발송하는 경우에는 유효하다.

   한국 투자가측 주소 :

   외국 투자가측 주소:

2. 각 당사자는 위에 규정된 방식에 따라 상대방에 대하여 통지함으로써 위의 주소를 변경할 수 있다.

3. 본조에 의한 통지는 우편발송일로부터 30일, 직접 교부 시에는 교부일에, 팩시밀리에 의한 경우에는 발송일에 수령된 것으로 본다.

이를 증하기 위하여, 본 계약의 양 당사자는 각기 정당한 권한을 가진 대표자에 의하여 첫머리에 기재한 날짜에 서명하여 본 계약을 체결한다.

20○○년 ○월 ○일

"갑" 성명 : ○○○ ㉑
      직위 :

"을" 성명 : ○○○ ㉑
      직위 :

[참고 2] 자구의 수정

1. 계약서의 작성중에는 오자(誤字)·탈자(脫字) 또는 불필요한 부분이 발생할 수가 있다. 이에 대하여는 자구(字句)의 삭제(削除)·추가(追加)·정정(訂正) 등의 수정을 하게 되는데, 어느 경우에든 깨끗하고 알기 쉽게 해당 부분을 수정한 후, 그 뜻을 기재하고 당사자 쌍방의 정정인(訂正印)을 압날(押捺)한다. 그 방법은 해당 부분이 있는 행(行)의 양 여백에 삭○자·가(添)○자·정정○자(삭제와 추가의 자수가 동일할 때) 등으로 표시한다. 여기서 특히 수정되는 자수(字數)를 위의 양(兩) 한자(漢字) 사이에 끼워 놓는 것이 중요하다.

2. 자구(字句)의 수정이라고 하더라도, 대금액이나 확정일부(確定日附) 이행시기 그리고 인도수량(引渡數量)과 같은 중요한 부분의 정정은 가급적이면 하지 않는 것이 좋다. 만일 그 수정이 필요한 때에는 해당 조항 전부를 다시 정서하는 것이 바람직하다.

대한상사중재원

[참고 3] 목적물의 표시

가. 계약서작성에 있어서, 그 대상이 되는 재산을 명시하는 작업은 가장 중핵이 되는 작업의 하나이다. 따라서 대상이 되는 물건을 특정하여 이것을 정확하게 또한 요령 있게 표시하여야 한다.

나. 부동산(不動産)·자동차·선박 등과 같이 등기 내지 등록을 필요로 하는 물건은, 해당 공부(公簿)에 표시되어 있는 대로 정확하게 표시하는 것이 원칙이다. 공부(公簿)와 실제가 다른 것이 해당거래에 있어서 중요한 의미를 갖는 경우, 예를 들어 토지거래에서 공부상(公簿上)의 지적(地積)과 실측상(實測上)의 면적이 상이한 경우에는 함께 써야 할 뿐만 아니라 어느 것으로 거래를 할 것인가를 확실하게 정하는 것이 좋다.

다. 보통의 동산(動産)에 관해서는 재조자·제조년월일·형식·품종·등급·품명·상품명·중량·측정치·수량·가격 등을 상호 조합하여 표시한다. 도면·카탈로그 또는 사진 등을 첨부 내지 인용하는 것도 좋은 방법이다.

라. 물건 이외의 재산에 있어서도, 공업소유권 등과 같이 공부(公簿)에 등재된 재산은 공부상(公簿上)의 표시대로 표시하는 것이 좋다.

대한상사중재원

사업포괄양수도계약서

"갑"

주소   : ○○시 ○○구 ○○동 ○○○○소재

상호   : ○○○○

사업자등록번호 :

주민등록번호   : ○○○○○○ - ○○○○○○○

성명   : ○ ○ ○

"을"

주소   : ○○시 ○○구 ○○동 ○○○○소재

주민등록번호   : ○○○○○○ - ○○○○○○○

성명   : ○ ○ ○

"갑"과 "을"은 사업의 포괄양수도 계약을 다음과 같이 체결한다.

제1조 본 계약은 "갑"이 운영하고 있는 회사의 사업에 관한 일체의 권리와 일체의 의무를 "을"이 양수하고자 하는데 그 목적이 있다.

제2조 "갑"은 부가가치세법 제6조 제6항의 규정에 의한 사업양도에 따른 부가가치세의 면제를 받기 위하여 20○○년 ○월 ○일 현재의 장부상 사업용 자산총액에서 부채총액을 차감한 잔액을 대가로 하여 "을"에게 사업 일체를 포괄적으로 양도한다.

제3조 "을"은 "갑"이 제출한 20○○년 ○월 ○일 현재의 대차대조표를 감리한 후 특별한 사항이 없는 한 양수할 자산(토지와 건물 제외)과 부채를 장부가액대로 평가해야 한다.

제4조 "갑"이 "을"에게 사업 전부를 양도하는 기일은 20○○년 ○월 ○일로 하고, "을"은 사업양도가 종료되는 날까지 "갑"에게 대금을 완불하여야 한다. 다만, 기일까지 사업 양도에 따른 제반 법적절차가 종료되지 않을 때에는 "갑" "을"쌍방협의로 이를 연장할 수 있다.

제5조 "갑"은 본 계약 체결후사업인수를 완료할 때 까지 그 재산의 관리운영에 있어 선량한 관리자의 주의를 게을리 하지 말 것이며, 또한 정상의 거래를 제외하고 재산에 영향을 미치는 중요한 사항에 관하여는 "을"의 사전승인에 의하도록 한다.

제6조 사업양수일 현재 "갑"과 거래중인 모든 거래처는 "을"이 인수하여 계속 거래를 보장하도록 한다.

제7조 본 계약규정 이외에 사업 양도, 양수에 관하여 협정할 사항이 발생한 경우에는 본 계약서 조항의 본뜻에 위배되지 않는 한 "갑" "을" 쌍방 협의 하에 이를 시행한다.

제8조 "갑"은 "을"이 사업을 양수함에 따른 제반 절차를 수행하는데 적극 협조하여야 한다.

제9조 "을"은 "갑"의 전 종업원을 신규채용에 의하여 전원 인수, 계속 근무케 함은 물론 "을"이 사업양수한 이후 퇴직자가 발생할 경우에는 종전 "갑"의 사업에서 근무하던 근속년수를 통산 인정하여 퇴직금을 지급키로 한다.

제10조 "갑"은 사업양수일 이전에 발생한 제세공과금(국세 및 지방세 포함) 일체를 책임 지며, "을"은 "갑"의 사업양도에 따른 비용전부를 부담키로 한다. 이상의 계약내용을 "갑" "을"쌍방은 성실히 이행할 것을 약속하며 후일을 증명키 위하여 본 계약서 2통을 작성 각 1통씩 보관키로 한다.

별첨
○○○○회사의 대차대조표(○○○○년 ○○월 ○○일 현재)

○○○○회사의 자산부채명세서(○○○○년 ○○월 ○○일 현재)

20○○년 ○월 ○일

"갑" 성명 :　　　○ ○ ○ ㉰

"을" 성명 :　　　○ ○ ○ ㉰

대차대조표
○○○○년 ○○월 ○○일 현재
○○○○회사

(단위:원)

자산		부채와자본	
계정과목	금액	계정과목	금액
토지		임대보증금	
건물		자 본 금	
자산총계		부채와자본총계	

자산, 부채명세서
○○○○년 ○○월 ○○일 현재

A회사

(단위:원)

구분	계정과목	내 역	금 액
자산	토 지		
	건 물		
부채	임대보증금		
		소계	

상호 및 영업양도계약서

"양도인"

주소 : ○○시 ○○구 ○○동 ○○○○소재

"양수인"

주소 : ○○시 ○○구 ○○동 ○○○○소재

1. 상 호:
2. 영업의 종류:
3. 영 업 소 : ○○시 ○○구 ○○동 ○○번지

  1. 위 상호 및 영업은 이번 위 양도인으로부터 양수인에게 양도함에 있어 양도인은 점포와 상품일체를 현상대로 양수인에게 인도하고 동시에 대금 원정을 양도인이 양수인으로부터 받는다.

  2. 이후 양도인은 동일 또는 유사한 상호를 사용하지 아니하며, 또한 종전의 신용으로 인하여 양수인에게 손해를 입히지 않는다.

  (양수인은 양도인의 종래 채무에 대하여 책임을 지지 아니한다.)

20○○년 ○월 ○일

"양도인" 성명 : ○ ○ ○ ㉙

"양수인" 성명 : ○ ○ ○ ㉙

계약서 작성 시 유의할 점의 하나는 강행규정(强行規定)과 임의규정(任意規定)이다. 강행규정이란, 그 규정과 다른 내용으로 당사자가 약정을 하면 무효로서 효력이 발생되지 아니하는 규정이며, 임의규정은 당사자가 그 규정을 배제하고 다른 내용의 약정을 하더라도 그 약정내용에 따른 법률효과가 발생하는 규정이다. 물권법(物權法)의 각 규정, 이자제한법(利子制限法) 등의 규정과 채권법(債權法) 중에서도 임대차에 있어서의 임차인 보호를 위한 규정, 소비대차(消費貸借)에 있어서의 대물반환예약(代物返還豫約)의 규정 등은 강행규정에 속한다.

계약서를 작성할 때 문제가 되는 것은 강행규정의 여부를 충분히 연구·검토하지 않으면 아니된다.
부동산(不動産)의 임대차계약서(賃貸借契約書)를 작성하는 경우는 임대차에 관한 규정을, 농지의 매매계약서를 작성하는 경우는 농지개혁법(農地改革法)을, 금전소비대차계약서(金錢消費賃借契約書)를 작성할 때는 이자제한법(利子制限法)을 각별히 참조해야 한다.

대한상사중재원

【주식매매계약서】

주식매매계약서

○○○○(주)의 주주인 ○○○(이하 "갑"이라 한다)과 ○○○(이하 "을"이라 한다)간에 다음과 같이 주식매매계약을 체결한다.

- 다 음 -

제1조(양도 목적물)
"갑"은 소유하고 있는 ○○(주)의 발행 보통주식 ○주(액면가액: ○원)를 "을"에게 양도하고 "을"은 이를 양수한다.

제2조(주식양도대금 및 대금지급)
"을"은 전후에 정한 주식의 대금으로 일금 O만 원을 "갑"에게 지급한다.

제3조(현물 인도 및 명의 개서)
"갑"은 "을"에게 이 계약과 동시에 주식 현물의 인도와 명의개서를 하여야 한다.

제4조(주주권리의 양도)
"갑"은 "갑"이 가지고 있는 주식에 관한 일체의 권리를 이 계약과 동시에 "을"에게 양도하여야 한다.

제5조(해석)
이 계약서 각 조항에 대하여 해석상 이론이 있는 때에는 법규 및 상관례에 따르기로 한다.

위 약정사항을 증명하기 위하여 이 증서를 작성하고 "갑"과 "을"이 기명 날인하여 각각 1통씩 보관하기로 한다.

20○○년 ○월 ○일

양도인 "갑"	양수인 "을"
주소	주소
주민등록번호	주민등록번호
성명 ○ ○ ○ ㉘	성명 ○ ○ ○ ㉘

제2장 인사·고용·노무

인사·고용·노무계약에서는 주로 다양한 형태의 근로계약서 작성례와 파견근로자 근로계약서, 연봉계약서 등 여러 유형의 고용 및 노무제공 계약서가 수록되어 있다.

최근 계속되는 고용불안의 사회 분위기 속에서 근로계약서의 작성 여부가 사회적 문제로 대두되기도 하는데, 특히 청년 및 단시간 근로자 등이 근로계약서 미작성으로 인한 피해를 입고 있기도 하다. 이에 근로계약서를 중심으로 반드시 기재해야 하는 필수 사항과 미작성 시 어떠한 제재가 있는지, 그리고 사업주와 근로자 모두 어떤 사항을 주의해야 하는지 등을 살펴본다.

1. 근로계약서

(1) 근로기준법 규정사항의 준수

우리나라 「근로기준법」은 동법에 위반한 근로계약의 경우 그 부분에 한해 무효로 한다고 규정하고 있다(근로기준법 제15조 제1항). 이 조항은 강행규정으로서 당사자 간 임의로 배제하거나 이와 다른 약정을 체결할 수 없다. 따라서 근로계약을 체결할 때는 「근로기준법」과 동법 시행령에서 규정하고 있는 제반 사항들을 준수해야 한다.

(2) 근로조건의 명시

사용자가 근로자와 근로계약을 체결할 때에는 근로자에게 다음의 사항을 명시하여야 하는데, 이 명시의무는 다음의 사항을 변경하는 경우에도 그대로 적용된다.

● 임금 ● 휴일 ● 취업의 장소와 종사하여야 할 업무에 관한 사항	● 소정 근로시간 ● 연차 유급휴가 ● 사업장의 부속 기숙사에 근로자를 기숙하게 하는 경우에는 기숙사 규칙에서 정한 사항

(3) 상시 근로자 10인 이상의 사업장의 경우

상시 근로자가 10인 이상인 사업장의 경우에는 (2)항에서 적시한 사항 이외에도 다음의 사항을 규정한 취업규칙을 작성하여 고용노동부장관에게 신고하여야 한다.[54]

- 업무의 시작과 종료 시각, 휴게시간, 휴일, 휴가 및 교대 근로에 관한 사항
- 임금의 결정·계산·지급 방법, 임금의 산정기간·지급시기 및 승급(승급)에 관한 사항
- 가족수당의 계산·지급 방법에 관한 사항
- 퇴직에 관한 사항
- 근로자퇴직급여 보장법 제4조에 따라 설정된 퇴직급여, 상여 및 최저임금에 관한 사항
- 근로자의 식비, 작업 용품 등의 부담에 관한 사항
- 근로자를 위한 교육시설에 관한 사항
- 출산전후휴가·육아휴직 등 근로자의 모성 보호 및 일·가정 양립 지원에 관한 사항
- 안전과 보건에 관한 사항
- 근로자의 성별·연령 또는 신체적 조건 등의 특성에 따른 사업장 환경의 개선에 관한 사항
- 업무상과 업무 외의 재해부조(재해부조)에 관한 사항
- 직장 내 괴롭힘의 예방 및 발생 시 조치 등에 관한 사항
- 표창과 제재에 관한 사항
- 그 밖에 해당 사업 또는 사업장의 근로자 전체에 적용될 사항

2. 단시간 근로자의 근로조건

단시간근로자의 근로조건은 그 사업장의 같은 종류의 업무에 종사하는 통상 근로자의 근로시간을 기준으로 산정한 비율에 따라 결정되어야 하는데, 그 구체적인 사항은 다음과 같다.

---

54) 근로기준법 제93조(개정 2019.1.15.)

3. 단시간 근로자의 근로조건 결정기준

(1) 근로계약의 체결
사용자는 단시간근로자를 고용할 경우에 임금, 근로시간, 그 밖의 근로조건을 명확히 적은 근로계약서를 작성하여 근로자에게 내주어야 한다. 또한 근로일 및 근로일별 근로시간을 반드시 명시하여야 한다는 점을 주의해야 한다.

예 1) 주5일, 일 6시간(근로일별 근로시간 같음)
- 근로일 : 주 5일, 근로시간 : 매일 6시간
- 시업 시각 : 09시 00분, 종업 시각: 16시 00분
- 휴계 시간 : 12시 00분부터 13시 00분까지
- 주휴일 : 일요일

예 2) 주 5일, 근로일별 근로시간이 다름

	월요일	화요일	수요일	목요일	금요일
근로시간	4시간	–	6시간	–	5시간
시업	14시 00분	–	10시 00분	–	14시 00분
종업	18시 00분	–	17시 00분	–	20시 00분
휴계 시간	–	–	13시 00분 ~ 14시 00분	–	18시 00분 ~ 19시 00분

(2) 명시사항
단시간근로자의 근로계약서에는 계약기간, 근로일, 근로시간의 시작과 종료 시각, 시간급 임금, 그 밖에 고용노동부장관이 정하는 사항이 명시되어야 한다.

(3) 임금의 계산
- 단시간근로자의 임금산정 단위는 시간급을 원칙으로 하며, 시간급 임금을 일급 통상임금으로 산정할 경우에는 나목에 따른 1일 소정근로시간 수에 시간급 임금을 곱하여 산정한다.
- 단시간근로자의 1일 소정근로시간 수는 4주 동안의 소정근로시간을 그 기간의 통

상 근로자의 총 소정근로일 수로 나눈 시간 수로 한다.

(4) 초과근로

– 사용자는 단시간근로자를 소정 근로일이 아닌 날에 근로시키거나 소정근로시간을 초과하여 근로시키고자 할 경우에는 근로계약서나 취업규칙 등에 그 내용 및 정도를 명시하여야 하며, 초과근로에 대하여 가산임금을 지급하기로 한 경우에는 그 지급률을 명시하여야 한다.

– 사용자는 근로자와 합의한 경우에만 초과근로를 시킬 수 있다.

(5) 휴일·휴가의 적용

– 유급휴일과 연차유급휴가의 부여
– 유급휴가 계산식(1시간 미만은 1시간으로 봄)

$$통상\ 근로자의\ 연차휴가일수 \times \frac{단시간근로자의\ 소정근로시간}{통상\ 근로자의\ 소정근로시간} \times 8시간$$

– 생리휴가 및 산전후 휴가 부여

※ 기간제·단시간근로자 주요 근로조건 서면 명시 의무 위반 적발 시 과태료(인당 500만 원 이하) 즉시 부과에 유의해야 함

4. 관련 판례

(1) 사용자가 교부해야 할 서면의 의미

「근로기준법」 제17조에 의하면, 사용자는 근로계약을 체결할 때에 근로자에게 임금, 소정근로시간, 주휴일, 연차 유급휴가 그 밖에 대통령령으로 정하는 근로조건을 명시하여야 하고, 그중 임금의 구성항목·계산방법·지급방법 및 소정근로시간, 주휴일, 연차 유급휴가에 대해서는 그 사항이 명시된 서면을 교부하여야 하며, 근로계약 체결 후 단체협약 또는 취업규칙의 변경 등의 사유로 인하여 위 사항이 변경되는 경우에는 근로자의 요구가 있으면 그 근로자에게 교부하여야 한다. 이는 근로계약을 체결할 때 뿐만 아니라, 이를 변경하는 경우에도 위 법에서 열거하고 있는 중요한 근로조건에 대

해서는 서면으로 명시하도록 하고, 사용자로 하여금 변경된 근로조건이 명시된 근로계약서를 교부하도록 하여 근로자의 법적 지위를 강화하고자 하는 데 그 입법 취지가 있으므로, 위 규정에서 근로자의 요구에 따라 사용자가 교부하여야 하는 것은 '변경된 사항이 명시된 근로계약서 등 서면'을 의미하는 것이지, 변경된 단체협약이나 취업규칙 자체를 말하는 것이 아니다(대판 2016. 1. 28, 2015도11659).

(2) 사이닝 보너스의 성격

기업이 경력 있는 전문 인력을 채용하기 위한 방법으로 근로계약 등을 체결하면서 일회성의 인센티브 명목으로 지급하는 이른바 사이닝보너스가 이직에 따른 보상이나 근로계약 등의 체결에 대한 대가로서의 성격만 가지는지, 더 나아가 의무근무기간 동안의 이직금지 내지 전속근무 약속에 대한 대가 및 임금 선급으로서의 성격도 함께 가지는지는 해당 계약이 체결된 동기 및 경위, 당사자가 계약에 의하여 달성하려고 하는 목적과 진정한 의사, 계약서에 특정 기간 동안의 전속근무를 조건으로 사이닝보너스를 지급한다거나 기간의 중간에 퇴직하거나 이직할 경우 이를 반환한다는 등의 문언이 기재되어 있는지 및 거래의 관행 등을 종합적으로 고려하여 판단하여야 한다. 만약 해당 사이닝보너스가 이직에 따른 보상이나 근로계약 등의 체결에 대한 대가로서의 성격에 그칠 뿐이라면 계약 당사자 사이에 근로계약 등이 실제로 체결된 이상 근로자 등이 약정근무기간을 준수하지 아니하였더라도 사이닝보너스가 예정하는 대가적 관계에 있는 반대급부는 이행된 것으로 볼 수 있다(대판 2015.06.11., 2012다55518).

(3) 근로계약 갱신의 부당한 거절

기간을 정하여 근로계약을 체결한 근로자의 경우 그 기간이 만료함으로써 근로자로서의 신분관계가 당연히 종료하고, 근로계약을 갱신하지 못하면 갱신 거절의 의사표시가 없어도 당연 퇴직하는 것이 원칙이다. 다만 근로계약, 취업규칙, 단체협약 등에서 기간 만료에도 불구하고 일정한 요건이 충족되면 당해 근로계약이 갱신된다는 취지의 규정을 두고 있거나, 그러한 규정이 없더라도 근로계약의 내용과 근로계약이 이루어지게 된 동기 및 경위, 계약 갱신의 기준 등 갱신에 관한 요건이나 절차의 설정 여부 및 그 실태, 근로자가 수행하는 업무의 내용 등 당해 근로관계를 둘러싼 여러 사정을 종합하여 볼 때 근로계약 당사자 사이에 일정한 요건이 충족되면 근로계약이 갱신된다는 신뢰관계가 형성되어 있어 근로자에게 근로계약이 갱신될 수 있으리라는 정당한 기대권이 인정되는 경우에는, 사용자가 이를 위반하여 부당하게 근로계약의 갱신을 거절하는 것은 부당해고와 마찬가지로 아무런 효력이 없고, 이 경우 기간만료 후의 근로관계는 종전의 근로계약이 갱신된 것과 동일하다(대판 2014.02.13., 2012두1402).

(4) 상여금 지급의 관행이 근로계약의 내용인지 여부

기업의 내부에 존재하는 특정의 관행이 근로계약의 내용을 이루고 있다고 하기 위하여는 그러한 관행이 기업 사회에서 일반적으로 근로관계를 규율하는 규범적인 사실로서 명확히 승인되거나 기업의 구성원에 의하여 일반적으로 아무도 이의를 제기하지 아니한 채 당연한 것으로 받아들여져서 기업 내에서 사실상의 제도로서 확립되어 있다고할 수 있을 정도의 규범의식에 의하여 지지되고 있어야 한다.

원심은, 피고가 2003년경 상여금 귀속기간에 관하여 정기 상여의 경우에는 전전월 21일부터 당월 20일까지로, 구정 상여의 경우에는 전년도 12. 21.부터 당해 연도 6. 20.까지로 하는 내부기준을 수립한 사실은 인정되지만, 위 내부기준은 2003년 노사협의회에서 합의점을 찾지 못하여 추후 임금 단체협상에서 논의하기로 하고 종결되었고, 그 이후 임금 단체협상에서 위 내부기준에 관하여 논의되었거나 이를 승인하였다는 자료가 없는 등 노사관행이 명백히 존재한다고 보기 어렵고, 단체협약이나 취업규칙에 상여금의 귀속기간이 명시되어 있지 아니한 경우 상여금의 산출기초 및 지급시기를 감안하여 이를 정함이 상당하다거나, 위 상여금도 다른 임금과 마찬가지로 근로자가 과거에 제공한 근로의 대가로 지급되는 후불임금의 성격을 가지고 있는 점 등에 비추어, 원고 및 선정자들이 그 지급일을 기준으로 전월 급여의 귀속기간을 모두 근무한 뒤 퇴직하였다는 이유로, 이 사건 구정 상여금과 2010년 3월 상여금의 귀속기간에 관하여 위 내부기준이 적용되어야 한다는 피고의 주장을 배척하였다.

원심판결 이유를 위 법리와 기록에 비추어 살펴보면, 원심의 이유설시에 일부 부적절한 점이 있으나, 피고로서는 삭감된 각 상여금을 지급할 의무가 있다고 본 결론에 있어서는 정당하고, 거기에 상고이유 주장과 같이 논리와 경험의 법칙에 위배하여 자유심증주의의 한계를 벗어나거나 임금의 귀속기간 또는 노사관행에 관한 법리를 오해한 위법이 없다(대판 2013.12.12., 2011다51434).

【표준근로계약서(기간의 정함이 없는 경우)】

표준근로계약서
(기간의 정함이 없는 경우)

_____(이하 "사업주"라 함)과(와) _____(이하 "근로자"라 함)은 다음과 같이 근로계약을 체결한다.

1. 근로개시일 :   년   월   일부터

2. 근 무 장 소 :

3. 업무의 내용 :

4. 소정근로시간 : __시__분부터 __시__분까지 (휴게시간 : 시 분~ 시 분)

5. 근무일/휴일 : 매주 __일(또는 매일단위)근무, 주휴일 매주 __요일

6. 임 금

   - 월(일, 시간)급 : _____원

   - 상여금 : 있음 (   ) _____원, 없음 (   )

   - 기타급여(제수당 등) : 있음 (   ),   없음 (   )

     · _____원,   _____원

     · _____원,   _____원

   - 임금지급일 : 매월(매주 또는 매일)   일(휴일의 경우는 전일 지급)

   - 지급방법 : 근로자에게 직접지급(   ), 근로자 명의 예금통장에 입금(   )

7. 연차유급휴가

   - 연차유급휴가는 근로기준법에서 정하는 바에 따라 부여함

8. 사회보험 적용여부(해당란에 체크)

   □ 고용보험   □ 산재보험   □ 국민연금   □ 건강보험

9. 근로계약서 교부

- 사업주는 근로계약을 체결함과 동시에 본 계약서를 사본하여 근로자의 교부 요구와 관계없이 근로자에게 교부함(근로기준법 제17조 이행)

10. 근로계약, 취업규칙 등의 성실한 이행의무
- 사업주와 근로자는 각자가 근로계약, 취업규칙, 단체협약을 지키고 성실하게 이행하여야 함

11. 기 타
- 이 계약에 정함이 없는 사항은 근로기준법령에 의함

년   월   일

(사업주)
사업체명 :   (전화 :   )
주   소 :
대 표 자 :   (서명)

(근로자)
주   소 :
연 락 처 :
성   명 :   (서명)

표준근로계약서
(기간의 정함이 있는 경우)

_____(이하 "사업주"라 함)과(와) _____(이하 "근로자"라 함)은 다음과 같이 근로계약을 체결한다.

1. 근로계약기간 :   년   월   일부터   년   월   일까지

2. 근 무 장 소 :

3. 업무의 내용 :

4. 소정근로시간 : ___시__분부터 __시__분까지 (휴게시간 : 시 분~ 시   분)

5. 근무일/휴일 : 매주 __일(또는 매일단위)근무, 주휴일 매주 __요일

6. 임 금

   - 월(일, 시간)급 : _____원

   - 상여금 : 있음 (   ) _____원, 없음 (   )

   - 기타급여(제수당 등) : 있음 (   ),   없음 (   )

     · _____원, _____원
     · _____원, _____원

   - 임금지급일 : 매월(매주 또는 매일) ____일(휴일의 경우는 전일 지급)

   - 지급방법 : 근로자에게 직접지급(   ), 근로자 명의 예금통장에 입금(   )

7. 연차유급휴가

   - 연차유급휴가는 근로기준법에서 정하는 바에 따라 부여함

8. 사회보험 적용여부(해당란에 체크)

□ 고용보험 □ 산재보험 □ 국민연금 □ 건강보험

9. 근로계약서 교부

 - 사업주는 근로계약을 체결함과 동시에 본 계약서를 사본하여 근로자의 교부
   요구와 관계없이 근로자에게 교부함(근로기준법 제17조 이행)

10. 근로계약, 취업규칙 등의 성실한 이행의무

 - 사업주와 근로자는 각자가 근로계약, 취업규칙, 단체협약을 지키고 성실하게
   이행하여야 함

11. 기 타

 - 이 계약에 정함이 없는 사항은 근로기준법령에 의함

년   월   일

(사업주)

사업체명 :   (전화 :   )

주   소 :

대 표 자 :   (서명)

(근로자)

주   소 :

연 락 처 :

성   명 :   (서명)

연소근로자(18세 미만인 자) 표준근로계약서

_____(이하 "사업주"라 함)과(와) _____(이하 "근로자"라 함)은 다음과 같이 근로계약을 체결한다.

1. 근로개시일 :   년   월   일부터

   ※ 근로계약기간을 정하는 경우에는 "   년   월   일부터   년   월
      일까지" 등으로 기재

2. 근 무 장 소 :

3. 업무의 내용 :

4. 소정근로시간 : ___시___분부터 ___시___분까지 (휴게시간 : 시 분~ 시   분)

5. 근무일/휴일 : 매주 __일(또는 매일단위)근무, 주휴일 매주 __요일

6. 임 금

   - 월(일, 시간)급 : _____원

   - 상여금 : 있음 (   ) _____원, 없음 (   )

   - 기타급여(제수당 등) : 있음 (   ),   없음 (   )

     · _____원, _____원

     · _____원, _____원

   - 임금지급일 : 매월(매주 또는 매일) _____일(휴일의 경우는 전일 지급)

   - 지급방법 : 근로자에게 직접지급(   ),   근로자 명의 예금통장에 입금(   )

7. 연차유급휴가

   - 연차유급휴가는 근로기준법에서 정하는 바에 따라 부여함

8. 가족관계증명서 및 동의서

- 가족관계기록사항에 관한 증명서 제출 여부: _____

- 친권자 또는 후견인의 동의서 구비 여부 : _____

9. 사회보험 적용여부(해당란에 체크)

　□ 고용보험　□ 산재보험　□ 국민연금　□ 건강보험

10. 근로계약서 교부

- 사업주는 근로계약을 체결함과 동시에 본 계약서를 사본하여 근로자의 교부요구와 관계없이 근로자에게 교부함(근로기준법 제17조, 제67조 이행)

11. 근로계약, 취업규칙 등의 성실한 이행의무

- 사업주와 근로자는 각자가 근로계약, 취업규칙, 단체협약을 지키고 성실하게 이행하여야 함

12. 기타

- 13세 이상 15세 미만인 자에 대해서는 고용노동부장관으로부터 취직인허증을 교부받아야 하며, 이 계약에 정함이 없는 사항은 근로기준법령에 의함

년　　　월　　　일

(사업주)

사업체명 :　　　　　　　　　(전화 :　　　　　　　)

주　　소 :

대 표 자 :　　　　　　　　　(서명)

(근로자)

주　　소 :

연 락 처 :

성　　명 :　　　　　　　　　(서명)

【친권자(후견인) 동의서】

친권자(후견인) 동의서

○ 친권자(후견인) 인적사항
  성   명 :
  생년월일 :
  주   소 :
  연 락 처 :
  연소근로자와의 관계 :

○ 연소근로자 인적사항
  성   명 :   (만   세)
  생년월일 :
  주   소 :
  연 락 처 :

○ 사업장 개요
  회 사 명 :
  회사주소 :
  대 표 자 :
  회사전화 :

  본인은 위 연소근로자 _____가 위 사업장에서 근로를 하는 것에 대
하여 동의합니다.

                          년   월   일

                          친권자(후견인)   (인)

첨 부 : 가족관계증명서 1부

【건설일용근로자 표준근로계약서】

건설일용근로자 표준근로계약서

_____(이하 "사업주"라 함)과(와) _____(이하 "근로자"라 함)은 다음과 같이 근로계약을 체결한다.

1. 근로계약기간 :   년 월 일부터   년 월 일까지

   ※ 근로계약기간을 정하지 않는 경우에는 "근로개시일"만 기재

2. 근 무 장 소 :

3. 업무의 내용(직종) :

4. 소정근로시간 : __시__분부터 __시__분까지 (휴게시간 : 시 분~ 시 분)

5. 근무일/휴일 : 매주 __일(또는 매일단위)근무, 주휴일 매주 __요일(해당자에 한함)

   ※ 주휴일은 1주간 소정근로일을 모두 근로한 경우에 주당 1일을 유급으로 부여

6. 임 금

   - 월(일, 시간)급 : _____원(해당사항에 ○표)

   - 상여금 : 있음 (   ) _____원, 없음 (   )

   - 기타 제수당(시간외·야간·휴일근로수당 등):   원(내역별 기재)

     · 시간외 근로수당:_____원(월   시간분)

     · 야 간 근로수당:_____원(월   시간분)

     · 휴 일 근로수당:_____원(월   시간분)

   - 임금지급일 : 매월(매주 또는 매일)   일(휴일의 경우는 전일 지급)

   - 지급방법 : 근로자에게 직접지급(   ), 근로자 명의 예금통장에 입금(   )

7. 연차유급휴가

   - 연차유급휴가는 근로기준법에서 정하는 바에 따라 부여함

8. 사회보험 적용여부(해당란에 체크)

    ☐ 고용보험   ☐ 산재보험   ☐ 국민연금   ☐ 건강보험

9. 근로계약서 교부

  - "사업주"는 근로계약을 체결함과 동시에 본 계약서를 사본하여 "근로자"의 교부요구와 관계없이 "근로자"에게 교부함(근로기준법 제17조 이행)

10. 근로계약, 취업규칙 등의 성실한 이행의무

  - 사업주와 근로자는 각자가 근로계약, 취업규칙, 단체협약을 지키고 성실하게 이행하여야 함

11. 기 타

  - 이 계약에 정함이 없는 사항은 근로기준법령에 의함

년   월   일

(사업주)

사업체명 :   (전화 :   )

주   소 :

대 표 자 :   (서명)

(근로자)

주   소 :

연 락 처 :

성   명 :   (서명)

단시간근로자 표준근로계약서

_____(이하 "사업주"라 함)과(와) _____(이하 "근로자"라 함)은 다음과 같이 근로계약을 체결한다.

1. 근로개시일 :   년   월   일부터

   ※ 근로계약기간을 정하는 경우에는 "   년   월   일부터   년   월   일까지"
   등으로 기재

2. 근 무 장 소 :

3. 업무의 내용 :

4. 근로일 및 근로일별 근로시간

	( )요일	( )요일	( )요일	( )요일	( )요일	( )요일
근로시간	시간	시간	시간	시간	시간	시간
시업	시 분	시 분	시 분	시 분	시 분	시 분
종업	시 분	시 분	시 분	시 분	시 분	시 분
휴게 시간	시 분 ~ 시 분	시 분 ~ 시 분	시 분 ~ 시 분	시 분 ~ 시 분	시 분 ~ 시 분	시 분 ~ 시 분

○ 주휴일 : 매주 __요일

5. 임 금

   - 시간(일, 월)급 : _____원(해당사항에 ○표)

   - 상여금 : 있음 (   ) _____원, 없음 (   )

   - 기타급여(제수당 등) : 있음 : _____원(내역별 기재), 없음 (   ),

   - 초과근로에 대한 가산임금률:_____ %

   ※ 단시간근로자와 사용자 사이에 근로하기로 정한 시간을 초과하여 근로하
   면 법정 근로시간 내라도 통상임금의 100분의 50%이상의 가산임금
   지급('14.9.19. 시행)

- 임금지급일 : 매월(매주 또는 매일) _____ 일(휴일의 경우는 전일 지급)

- 지급방법 : 근로자에게 직접지급(   ), 근로자 명의 예금통장에 입금(   )

6. 연차유급휴가: 통상근로자의 근로시간에 비례하여 연차유급휴가 부여

7. 사회보험 적용여부(해당란에 체크)

　　□ 고용보험　□ 산재보험　□ 국민연금　□ 건강보험

8. 근로계약서 교부

- "사업주"는 근로계약을 체결함과 동시에 본 계약서를 사본하여 "근로자"의
　　교부요구와 관계없이 "근로자"에게 교부함(근로기준법 제17조 이행)

9. 근로계약, 취업규칙 등의 성실한 이행의무

- 사업주와 근로자는 각자가 근로계약, 취업규칙, 단체협약을 지키고 성실하게
　　이행하여야 함

10. 기　타

- 이 계약에 정함이 없는 사항은 근로기준법령에 의함

　　　　　　　　　　　　　년　　　　월　　　　일

(사업주)

사업체명 :　　　　　　　　　(전화 :　　　　　　　　)

주　　소 :

대 표 자 :　　　　　　　　　(서명)

(근로자)

주　　소 :

연 락 처 :

성　　명 :　　　　　　　　　(서명)

◁ 단시간 근로자의 경우 "근로일 및 근로일별 근로시간"을 반드시 기재하여야 합니다. 다양한 사례가 있을 수 있어, 몇 가지 유형을 예시하오니 참고하시기 바랍니다. ▷

○ (예시①) 주5일, 일 6시간(근로일별 근로시간 같음)
 - 근로일 : 주 5일, 근로시간 : 매일 6시간
 - 시업 시각 : 09시 00분, 종업 시각: 16시 00분
 - 휴게 시간 : 12시 00분부터 13시 00분까지
 - 주휴일 : 일요일

○ (예시②) 주 2일, 일 4시간(근로일별 근로시간 같음)
 - 근로일 : 주 2일(토, 일요일), 근로시간 : 매일 4시간
 - 시업 시각 : 20시 00분, 종업 시각: 24시 30분
 - 휴게 시간 : 22시 00분부터 22시 30분까지
 - 주휴일 : 해당 없음

○ (예시③) 주 5일, 근로일별 근로시간이 다름

	월요일	화요일	수요일	목요일	금요일
근로시간	6시간	3시간	6시간	3시간	6시간
시업	09시 00분	09시 00분	09시 00분	09시 00분	09시 00분
종업	16시 00분	12시 00분	16시 00분	12시 00분	16시 00분
휴게 시간	12시 00분 ~ 13시 00분	-	12시 00분 ~ 13시 00분	-	12시 00분 ~ 13시 00분

 - 주휴일 : 일요일

○ (예시④) 주 3일, 근로일별 근로시간이 다름

	월요일	화요일	수요일	목요일	금요일
근로시간	4시간	-	6시간	-	5시간
시업	14시 00분	-	10시 00분	-	14시 00분
종업	18시 30분	-	17시 00분	-	20시 00분
휴게 시간	16:00~16:30	-	13시 00분 ~ 14시 00분	-	18시 00분 ~ 19시 00분

 - 주휴일 : 일요일

※ 기간제·단시간근로자 주요 근로조건 서면 명시 의무 위반 적발 시 과태료 (인당 500만원 이하) 즉시 부과에 유의('14.8.1.부터)

■ 외국인근로자의 고용 등에 관한 법률 시행규칙 [별지 제6호서식] <개정 2019. 0. 00.>

표준근로계약서
Standard Labor Contract

(앞쪽)

아래 당사자는 다음과 같이 근로계약을 체결하고 이를 성실히 이행할 것을 약정한다.
The following parties to the contract agree to fully comply with the terms of the contract stated hereinafter.

사용자 Employer	업체명 Name of the enterprise	전화번호 Phone number
	소재지 Location of the enterprise	
	성명 Name of the employer	사업자등록번호(주민등록번호) Identification number
근로자 Employee	성명 Name of the employee	생년월일 Birthdate
	본국주소 Address(Home Country)	

1. 근로계약기간	- 신규 또는 재입국자: ( ) 개월 - 사업장변경자: 년 월 일 ~ 년 월 일 · 수습기간: [ ]활용(입국일부터 [ ]1개월 [ ]2개월 [ ]3개월 [ ]개월) [ ]미활용 ※ 신규 또는 재입국자의 근로계약기간은 입국일부터 기산함(다만, 「외국인근로자의 고용 등에 관한 법률」 제18조의4제1항에 따라 재입국(성실재입국)한 경우는 입국하여 근로를 시작한 날부터 기산함).
1. Term of Labor contract	- Newcomers or Re-entering employee: ( ) month(s) - Employee who changed workplace: from (YY/MM/DD) to (YY/MM/DD) · Probation period: [ ] Included (for [ ] 1 month [ ] 2 months [ ] 3 months from entry date – or specify other: _____), [ ] Not included ※ The employment term for newcomers and re-entering employees will begin on their date of arrival in Korea, while the employment of those who re-entered through the committed workers' system will commence on their first day of work as stipulated in Article 18-4 (1) of Act on Foreign Workers' Employment, etc.
2. 근로장소	※ 근로자를 이 계약서에서 정한 장소 외에서 근로하게 해서는 안 됨.
2. Place of employment	※ The undersigned employee is not allowed to work apart from the contract enterprise.
3. 업무내용	- 업종: - 사업내용: - 직무내용: (외국인근로자가 사업장에서 수행할 구체적인 업무를 반드시 기재)
3. Description of work	- Industry: - Business description: - Job description: (Detailed duties and responsibilities of the employee must be stated)
4. 근로시간	시 분 ~ 시 분 - 1일 평균 시간외 근로시간: 시간 (사업장 사정에 따라 변동 가능: 시간 이내) - 교대제([ ]2조2교대, [ ]3조3교대, [ ]4조3교대, [ ]기타)
4. Working hours	from ( ) to ( ) - average daily over time: hours (changeable depending on the condition of a company): up to hours) - shift system ([ ]2groups 2shifts, [ ]3groups 3shifts, [ ]4groups 3shifts, [ ]etc.)
5. 휴게시간	1일 분
5. Recess hours	( ) minutes per day
6. 휴일	[ ]일요일 [ ]공휴일([ ]유급 [ ]무급) [ ]매주 토요일 [ ]격주 토요일, [ ]기타( )
6. Holidays	[ ]Sunday [ ]Legal holiday([ ]Paid [ ]Unpaid) [ ]Every saturday [ ]Every other Saturday [ ]etc.( )

※ 가사사용인, 개인간병인의 경우에는 기재를 생략할 수 있음.

※ An employer of workers in domestic help, nursing can omit the working hours.

7. 임금	1) 월 통상임금 ( )원 - 기본급[(월, 시간, 일, 주)급] ( )원 - 고정적 수당: (수당 : 원), (수당: 원) - 상여금 (원) ※ 수습기간 중 임금 ( )원, 수습시작일부터 3개월 이내 근무기간 ( )원 2) 연장, 야간, 휴일근로에 대해서는 통상임금의 50%를 가산하여 수당 지급(상시 근로자 4인 이하 사업장에는 해당되지 않음)
7. Payment	1) Monthly Normal wages ( )won - Basic pay[(Monthly, hourly, daily, weekly) wage] ( )won - Fixed benefits: (fixed benefits :)won, (fixed benefits :)won - Bonus: ( )won ※ Wage during probation period: ( )won, but for up to the first 3 months of probation period: ( ) won 2) Overtime, night shift or holiday will be paid 50% more than the employee's regular rate of pay(not applied to business with 4 or less employees).
8. 임금지급일	매월 ( )일 또는 매주 ( )요일. 다만, 임금 지급일이 공휴일인 경우에는 전날에 지급함.
8. Payment date	Every ( )th day of the month or every ( ) day) of the week. If the payment date falls on a holiday, the paymenvery week.t will be made on the day before the holiday.
9. 지급방법	[ ]직접 지급, [ ]통장 입금 ※ 사용자는 근로자 명의로 된 예금통장 및 도장을 관리해서는 안 됨.
9. Payment methods	[ ]In person, [ ]By direct deposit transfer into the employee's account ※ The employer will not retain the bank book and the seal of the employee.

10. 숙식제공	1) 숙박시설 제공
	- 숙박시설 제공 여부: [ ]제공 [ ]미제공
	  제공 시, 숙박시설의 유형([ ]주택, [ ]고시원, [ ]오피스텔, [ ]숙박시설(여관, 호스텔, 펜션 등),
	  [ ]컨테이너, [ ]조립식 패널, [ ]사업장 건물, 기타 주택형태 시설( )
	- 숙박시설 제공 시 근로자 부담금액: 매월 원
	2) 식사 제공
	- 식사 제공 여부: 제공([ ]조식, [ ]중식, [ ]석식) [ ]미제공
	- 식사 제공 시 근로자 부담금액: 매월 원
	※ 근로자의 비용 부담 수준은 사용자와 근로자 간 협의(신규 또는 재입국자의 경우 입국 이후)에 따라 별도로 결정.

10. Accommo-dations and Meals	1) Provision of accommodation - Provision of accommodation: [ ]Provided, [ ]Not provided (If provided, type of accommodations: [ ]Detached houses, [ ]Goshiwans, [ ]Studio flats, [ ]Lodging facility (such as a motel, hostel, pension hotel, etc.), [ ]Container boxes [ ]SiP panel constructions, [ ]Rooms within the business building – or specify other housing or boarding facilities _____ .) - Cost of accommodation paid by employee: won/month 2) Provision of meals - Provision of meals: [ ]Provided([ ]breakfast, [ ]lunch, [ ]dinner), [ ] Not provided - Cost of meals paid by employee: won/month ※ The amount of costs paid by employee, will be determined by mutual consultation between the employer and employee (Newcomers and re-entering employees will consult with their employers after arrival in Korea).

11. 사용자와 근로자는 각자가 근로계약, 취업규칙, 단체협약을 지키고 성실하게 이행하여야 한다.

11. Both employees and employers shall comply with collective agreements, rules of employment, and terms of labor contracts and be obliged to fulfill them in good faith.

12. 이 계약에서 정하지 않은 사항은 「근로기준법」에서 정하는 바에 따른다.
   ※ 가사서비스업 및 개인간병인에 종사하는 외국인근로자의 경우 근로시간, 휴일·휴가, 그 밖에 모든 근로조건에 대해 사용자와 자유롭게 계약을 체결하는 것이 가능합니다.

12. Other matters not regulated in this contract will follow provisions of the Labor Standards Act.
   ※ The terms and conditions of the labor contract for employees in domestic help and nursing can be freely decided through the agreement between an employer and an employee.

년   월   일
(YY/MM/DD)

사용자: (서명 또는 인)
Employer: (signature)
근로자: (서명 또는 인)
Employee: (signature)

표준근로계약서(농업·축산업·어업 분야)
Standard Labor Contract(For Agriculture, Livestock and Fishery Sectors)

(앞쪽)

아래 당사자는 다음과 같이 근로계약을 체결하고 이를 성실히 이행할 것을 약정한다.
The following parties to the contract agree to fully comply with the terms of the contract stated hereinafter.

사용자 Employer	업체명 Name of the enterprise	전화번호 Phone number
	소재지 Location of the enterprise	
	성명 Name of the employer	사업자등록번호(주민등록번호) Identification number
근로자 Employee	성명 Name of the employee	생년월일 Birthdate
	본국 주소 Address(Home Country)	

1. 근로계약기간	- 신규 또는 재입국자: ( ) 개월 - 사업장변경자: 년 월 일 ~ 년 월 일 * 수습기간: [ ]활용(입국일부터 [ ]1개월 [ ]2개월 [ ]3개월 [ ]개월), [ ]미활용 ※ 신규 또는 재입국자의 근로계약기간은 입국일부터 기산함(다만, 「외국인근로자의 고용 등에 관한 법률」 제18조의4제1항에 따라 재입국(성실재입국)한 경우는 입국하여 근로를 시작한 날부터 기산함).
1. Term of Labor contract	- Newcomers or Re-entering employee: ( ) month(s) - Employee who changed workplace: from (YY/MM/DD) to (YY/MM/DD) * Probation period: [ ]Included (for [ ]1 month [ ]2 months [ ]3 months from entry date - or specify other: _____.), [ ]Not included. ※ The employment term for newcomers and re-entering employees will begin on their date of arrival in Korea, while the employment of those who re-entered through the committed workers' system will commence on their first day of work as stipulated in Article 18-4 (1) of Act on Foreign Workers' Employment, etc.
2. 근로장소	※ 근로자를 이 계약서에서 정한 장소 외에서 근로하게 해서는 안 됨.
2. Place of employment	※ The undersigned employee is not allowed to work apart from the contract enterprise.
3. 업무내용	- 업종: - 사업내용: - 직무내용:※ 외국인근로자가 사업장에서 실제 수행하게 될 구체적인 업무를 반드시 상세하게 기재합니다 　(예시, 딸기 재배, 돼지사육 및 축사관리, 어로작업 및 굴양식 등)
3. Description of work	- Industry: - Business description: - Job description: ※ Detailed duties and responsibilities of the employee must be stated. 　(e.g. strawberry growing, pig care and barn management, fishing and oyster farming, etc.)
4. 근로시간	- 시 분 ~ 시 분 - 월 ( )시간 ※ 농번기, 농한기(어업의 경우 성어기, 휴어기), 계절·기상 요인에 따라 ( )시간 내에서 변경 가능	▪「근로기준법」제63조에 따른 농림, 축산, 양잠, 수산 사업의 경우 같은 법에 따른 근로시간, 휴게, 휴일에 관한 규정은 적용받지 않음.
4. Working hours	- Regular working hours: from to - ( ) hours/month ※ Daily working hours are changeable up to ( ) hours depending on seasonal work availability and climate changes for the agriculture and fisheries industry (e.g. peak and off-seasons)	▪In pursuant to the Article 63 of the Labor Standards Act, working hours, recess hours, off-days are not applied to agriculture, forestry, livestock breeding, silk-raising farming and marine product businesses.
5. 휴게시간	1일 ( )회, ( )시간 ( )분	
5. Recess hours	( ) times for a total of ( ) hour(s) ( ) minute(s) per day	
6. 휴일	[ ] 주1회, [ ] 월1회, [ ] 월2회, [ ] 월3회, [ ] 기타 ( ) ※ 휴일은 정기적으로 부여하는 것을 원칙으로 하되, 당사자가 협의하여 날짜를 조정할 수 있음. 농번기(성어기) : [ ]주1회, [ ]월1회, [ ]월2회, [ ]월3회, [ ]기타 ( )	
6. Holidays	[ ] 1 time/week, [ ] 1 time/month, [ ] 2 times/month, [ ] 3 times/month [ ] etc. ( ) ※ Holidays should be given on a regular basis, the employer and employee can change the date through consultation. Peak seasons : [ ] 1 time/week, [ ] 1 time/month, [ ] 2 times/month, [ ] 3 times/month, [ ] etc. ( )	

7. 임금	1) 월 통상임금 ( )원 - 기본급[(월, 시간, 일, 주)급] (월),)원 - 고정적 수당: (수당: 월), (수당: 월) - 상여금 (원) * 수습기간 중 임금 ( )원, 수습시작일부터 3개월 이내 근무기간 ( )원 2) 연장, 야간, 휴일근로에 대해서는 통상임금의 50%를 가산하여 수당 지급(상시 근로자 4인 이하 사업장에는 해당되지 않음)
7. Payment	1) Monthly Normal wages ( )won - Basic pay[(Monthly, hourly, daily, weekly) wage] ( )won - Fixed benefits: (fixed benefits :)won, (fixed benefits :)won - Bonus: ( )won * Wage during probation period: ( )won, but for up to the first 3 months of probation period: ( ) won 2) Overtime, night shift or holiday will be paid 50% more than the employee's regular rate of pay(not applied to business with 4 or less employees).
8. 임금지급일	매월 ( )일 또는 매주 ( )요일. 다만, 임금 지급일이 공휴일인 경우에는 전날에 지급함.
8. Payment date	Every ( )th day of the month or every (day) of the week. If the payment date falls on a holiday, the paymenvery week.t will be made on the day before the holiday.
9. 지급방법	[ ]직접 지급, [ ]통장 입금 ※ 사용자는 근로자 명의로 된 예금통장 및 도장을 관리해서는 안 됨.
9. Payment methods	[ ]In person, [ ]By direct deposit transfer into the employee's account ※ The employer will not retain the bank book and the seal of the employee.
10. 숙식제공	1) 숙박시설 제공 - 숙박시설 제공 여부: [ ]제공 [ ]미제공 제공 시, 숙박시설의 유형([ ]주택, [ ]고시원, [ ]오피스텔, [ ]숙박시설(여관, 호스텔, 펜션 등), [ ]컨테이너, [ ]조립식 패널, [ ]사업장 건물, 기타 주택형태 시설( ) - 숙박시설 제공 시 근로자 부담금액: 매월 원 2) 식사 제공 - 식사 제공 여부: 제공([ ]조식, [ ]중식, [ ]석식) [ ]미제공 - 식사 제공 시 근로자 부담금액: 매월 원 ※ 근로자의 비용 부담 수준은 사용자와 근로자 간 협의(신규 또는 재입국자의 경우 입국 이후)에 따라 별도로 결정.
10. Accommo -dations and Meals	1) Provision of accommodation - Provision of accommodation: [ ]Provided, [ ]Not provided (If provided, type of accommodations: [ ]Detached houses, [ ]Goshiwans, [ ]Studio flats, [ ]Lodging facility (such as a motel, hostel, pension hotel, etc.), [ ]Container boxes [ ]SIP panel constructions, [ ]Rooms within the business building - or specify other housing or boarding facilities) - Cost of accommodation paid by employee: won/month 2) Provision of meals - Provision of meals: [ ]Provided([ ]breakfast, [ ]lunch, [ ]dinner), [ ] Not provided - Cost of meals paid by employee: won/month ※ The amount of costs paid by employee, will be determined by mutual consultation between the employer and employee (Newcomers and re-entering employees will consult with their employers after arrival in Korea).

11. 사용자와 근로자는 각자가 근로계약, 취업규칙, 단체협약을 지키고 성실하게 이행하여야 한다.

11. Both employees and employers shall comply with collective agreements, rules of employment, and terms of labor contracts and be obliged to fulfill them in good faith.

12. 이 계약에서 정하지 않은 사항은 「근로기준법」에서 정하는 바에 따른다.
  ※ 가사서비스업 및 개인간병인에 종사하는 외국인근로자의 경우 근로시간, 휴일·휴가, 그 밖에 모든 근로조건에 대해 사용자와 자유롭게 계약을 체결하는 것이 가능합니다.

12. Other matters not regulated in this contract will follow provisions of the Labor Standards Act.
  ※ The terms and conditions of the labor contract for employees in domestic help and nursing can be freely decided through the agreement between an employer and an employee.

년 월 일
_____ (YY/MM/DD)

사용자:　　　　　　(서명 또는 인)
Employer:　　　　　(signature)

근로자:　　　　　　(서명 또는 인)
Employee:　　　　　(signature)

연봉계약서

• 본인은 연봉제 관련 제반 사항과 설명자료를 충분히 숙지하였으며, 다음과 같이 연봉 계약을 체결한다.

> 본인은 당사 연봉제도에 동의하며, 평가에 따라 지급되는 연봉액수에 대해서도 긍정적인 자세로 수용한다. 또한 책정된 연봉을 타인에게 공표하거나 타인의 연봉에 대해서도 알려고 하지 않겠습니다. 만일 이 계약서에 위배되는 행위로 인하여 발생하는 불이익에 대해서 절대로 이의를 제기하지 않을 것을 서약한다.

A. 연봉적용사원 인적사항

이 름		급/년차		소속	

B. 계약내용

1. 계약기간 : ○○○○. ○○. ○○ ~ ○○○○. ○○. ○○

2. 총 연봉금액 : ₩/

※ 총연봉 산출액 = Core Pay×18(고정연봉)＋제수당(직책수당 등)

Core Pay		중식대			

※ (주)• 상기 연봉금액 이외에 개인 및 조직성과에 따른 성과급을 별도로 지급할 수 있다.
    • 연봉 계약기간 중에 발생하는 승격에 대해서는 별도의 임금계약 없이 가급분만 가산한다.

3. 연봉지급 방식

상기의 연봉 중 Core Pay에 해당하는 고정연봉은 균등 18분할하여 정기급여일에 12를 지급하고, 정기상여 지급일에 6을 지급한다.

C. 기타 상기에 명시도지 않는 내용은 회사가 정한 별도 기준을 적용한다.

D. 본 사항은 상기 계약기간 동안의 임금에 대해서만 발생하며, 기타 신분과 관련된 제반사항 은 입사시 제출한 근로계약서에 의한다.

20○○년 ○월 ○일

연봉적용사원 : ○ ○ ○ ㉑
연봉계약자 : ○ ○ ○ ㉑

○○(주) 대표이사 ○○○ 귀하

제3장 재산권사용·용역·컨설팅

최근까지도 법적 분쟁이 마무리 되지 않은 애플과 삼성의 특허 관련 분쟁은 그 액수의 규모면에서나 파급력면에서 커다란 이슈를 불러 일으켰다.

이처럼 기업이나 연구소 등에서 개발한 특허 및 노하우, 영업비밀, 저작권(소프트웨어), 상표 등 지식재산(IP)과 관련한 계약은 해당 기업의 성쇠뿐만 아니라 경제 전반에 미치는 영향도 적지 않다.

이 장에서는 각종 재산권을 이용 및 사용하는 경우와 자문 내지 컨설팅 등의 용역을 주는 경우에 작성하는 계약서 양식을 주로 다루고 있다.

특히 재산권과 관련해서는 특허, 실용신안, 저작권, 상표권 등 지적재산권 등을 사용하는 라이센스 계약이 널리 체결되며 이를 둘러 싼 법적 분쟁도 비일비재하므로 이를 중심으로 살펴본다.

1. 라이센스 계약 - 특허

(1) 의 의

특허권자가 자신의 특허권을 타인이 사용할 수 있도록 권한을 설정함에 있어서 독점적사용권을 설정하는 방법이 있고 비독점적사용권을 설정하는 2가지 방법이 있다.

독점적 사용권(전용실시권)	계약으로 정한 범위 내에서 독점적으로(그 범위 내에서는 특허권자도 실시할 수 없습니다) 실시할 수 있는 권리
비독점적 사용권(통상실시권)	채권적 권리로서 특허권자가 동일한 범위의 통상실시권을 중복해서 설정할 수도 있는 권리

따라서 라이센스 계약서를 체결할 때에는 사업적 판단에 맞게 독점적사용권을 설정할 것인지, 비독점적사용권을 설정할 것인지를 결정하여야 한다.

독점적 사용권을 설정하는 경우에는 로열티 수입을 해당 실시권자로부터만 받게 되므로 계약 체결과 동시에 지급받는 최소 로열티를 설정하여 두는 것이 특허권자의 입장에서 유리하다.

(2) 계약서 기재 시 주의사항

1) 정의규정

계약서의 앞 부분에 정의 규정을 두어 자주 쓰이게 될 용어를 정의해 두어야 한다. 즉, 해당 라이센스 계약서에서 계약의 목적물이 무엇인지 등을 '실시특허', '실시제품' 등으로 명확히 규정해 두어야 한다. 혼동의 여지가 없도록 최대한 상세하고 구체적으로 적는 것이 좋으므로 별지목록으로 작성하여 계약서에 편철하는 방식이 주로 사용된다.

2) 기 간

자신의 특허권을 상대방이 이용할 수 있도록 허여하는 계약이므로 그 기간의 설정 또한 매우 중요하다. 특히 계약기간이 소멸한 후에 특허를 적용하여 생산한 제품을 어떻게 처리할 것인지의 문제는 매우 민감한 문제이기도 하다.

3) 양도금지 규정

또한 특허권은 누구에 의해 어떻게 실시되느냐의 여부가 당해 특허권의 가치에 큰 영향을 주므로 일반적으로는 제3자에게 양도하거나 재허여하지 못하도록 규정한다.

4) 라이센서의 등록의무

독점적 실시권은 이를 등록해야만 효력이 발생하므로 라이센시(계약 상대방)의 입장에서는 계약서에 설정 등록에 관한 특허권자(라이센서)의 협조의무를 명시해 두어야 한다.

예) 라이센서의 등록의무 : 라이센서는 본건 계약에 따라 라이센시에게 설정한 독점적실시권의 등록에 필요한 서류 및 절차에 적극 협조하여야 한다.

5) 로열티 산정 방식

로열티 산정방식의 기준을 무엇으로 할 것인지를 정확히 하여야 한다. 총매출액을 기준으로 할 것인지, 순이익을 기준으로 할 것인지를 정하여 총매출액이라면 매출액 범위는 어디까지인지, 순이익이라면 순이익 산정 방식은 무엇인지까지도 상세히 기재하는 것이 혹시라도 있을지 모를 분쟁에 대비하는 방법이다.

6) 미니멈 개런티 지급

독점적 실시권의 경우 당해 상대방에게만 로열티를 지급받을 수 있으므로 계약 체결과 동시에 최소 로열티 지급 금액(미니멈 개런티)을 정하고 이를 지급받는 것이 일반적이다.

7) 회계장부 및 관련 자료의 제출

라이센서가 받게 될 로열티가 제대로 산출, 지급되었는지 객관적인 산출자료를 입수하기 위하여 관련된 회계자료를 조사, 확인할 수 있도록 한 조항을 두는 것이 유리하다.

2. 관련 판례

(1) 전용사용권 등록을 하지 않은 자의 지위

「상표법」제56조 제1항에 의하면, 전용사용권의 설정은 이를 등록하지 아니하면 그 효력이 발생하지 아니하는 것이어서, 설령 상표권자와 사이에 전용사용권 설정계약을 체결한 자라고 하더라도 그 설정등록을 하지 않았다면 「상표법」상의 전용사용권을 취득할 수 없는 것이고, 「상표법」제57조 제1항 및 제55조 제6항에 의하면, 통상사용권은 상표권자 혹은 상표권자의 동의를 얻은 전용사용권자만이 설정하여 줄 수 있는 것이므로, 설령 상표권자와 사이에 전용사용권 설정계약을 체결하고 나아가 상표권자로부터 통상사용권 설정에 관한 사전 동의를 얻은 자라고 하더라도 전용사용권 설정등록을 마치지 아니하였다면 등록상표의 전용사용권자로서 다른 사람에게 통상사용권을 설정하여 줄 수 없다고 할 것이다(대판 2006.05.12., 2004후2529).

(2) 특허가 무효로 된 경우 특허발명 실시계약이 원시적 불능인지 여부

특허발명 실시계약이 체결된 이후에 계약 대상인 특허가 무효로 확정되면 특허권은 「특허법」제133조 제3항의 규정에 따라 같은 조 제1항 제4호의 경우를 제외하고는 처음부터 없었던 것으로 간주된다. 그러나 특허발명 실시계약에 의하여 특허권자는 실시권자의 특허발명 실시에 대하여 특허권 침해로 인한 손해배상이나 금지 등을 청구할 수 없게 될 뿐만 아니라 특허가 무효로 확정되기 이전에 존재하는 특허권의 독점적·배타적 효력에 의하여 제3자의 특허발명 실시가 금지되는 점에 비추어 보면, 특허발명 실시계약의 목적이 된 특허발명의 실시가 불가능한 경우가 아닌 한 특허무효의 소급효에도 불구하고 그와 같은 특허를 대상으로 하여 체결된 특허발명 실시계약이 계약 체결 당시부터 원시적으로 이행불능 상태에 있었다고 볼 수는 없고, 다만 특허무효가 확정되면 그때부터 특허발명 실시계약은 이행불능 상태에 빠지게 된다고 보아야 한다. 따라서 특허발명 실시계약 체결 이후에 특허가 무효로 확정되었더라도 특허발명 실시계약이 원시적으로 이행불능 상태에 있었다거나 그 밖에 특허발명 실시계약 자체에 별도의 무효사유가 없는 한 특허권자가 특허발명 실시계약에 따라 실시권자로부터 이미 지급받은 특허실시료 중 특허발명 실시계약이 유효하게 존재하는 기간에 상응하는 부분을 실시권자에게 부당이득으로 반환할 의무가 있다고 할 수 없다(대판 2014.11.13., 2012다42666).

(3) 로열티 미지급을 이유로 한 계약 해제의 경우

갑이 을 주식회사에 자신이 운영하던 공장의 모든 생산설비, 자재, 특허권 등을 양도하고 을 회사에서 3년 이상 근무하기로 하는 계약을 체결하면서, 위 특허권을 이용하여 제조하는 기계에 대한 로열티를 생산제조원가에 따른 비율로 계산하여 나중에 지급받기로 약정하였는데, 갑이 을 회사에서 중도 퇴사한 후 그동안 제작한 기계에 대한 로열티 지급을 최고하고 그에 관한 소송을 제기하여 로열티 액수에 관하여 다투던 중 이행지체를 이유로 위 계약을 해제한다는 의사표시를 한 사안에서, 로열티는 생산제조원가를 알 수 있는 갑만이 정확히 계산할 수 있고 을 회사가 이를 정확하게 계산하는 데 한계가 있는 점 등을 고려하여 갑이 로열티 지급을 최고할 때 을 회사가 수긍할 수 있는 근거를 들어 로열티 금액의 이행을 구하였는지, 정확한 로열티 금액을 산정할 수 있도록 을 회사에 협조를 하였는지 등을 심리하여 을 회사에 로열티 지급 의무를 이행하지 아니할 정당한 사유가 있어 최고기간 또는 상당한 기간 내에 이행 또는 이행의 제공이 없다는 이유로 갑이 해제권을 행사하는 것이 신의칙상 제한될 수 있는지 판단하여야 하는데도, 이와 다른 전제에서 계약의 해제를 인정한 원심판결에 해제권 행사 제한에 관한 법리오해 등 위법이 있다(대판 2013.06.27., 2013다14880).

【특허기술전용실시권허락계약서】

특허기술전용실시권허락계약서

특허권자 △△△(이하 "갑"이라 한다)와(과) 실시권자 ○○○(이하 "을"이라 한다)은 (는) 갑이 권리를 보유하고 있는 특허의 실시와 관련하여 다음과 같이 계약을 체결한다.

제1조 (계약의 목적)

본 계약은 제2조에 기재된 갑에게 특허권이 있는 기술(이하 "본건 특허"라 한다)에 관하여 을에게 독점적 실시권을 부여하고 을이 그에 대한 실시료를 지급함에 있어 당사자간의 권리와 의무를 규정하는 것을 그 목적으로 한다.

제2조 (특허권의 표시)

계약의 목적이 되는 본 건 특허의 내용은 다음과 같다.

특허번호:

발명의 명칭 :

제3조 (계약기간 및 범위)

① 본건 특허에 대한 을의 실시권은 계약체결일로부터 (   )년간 국내 전역에서의 제조 및 판매에 존속한다.

② 을이 계약연장을 원하는 경우에는 계약만료일 (   )개월 이전에 계약기간 연장의사를 갑에게 통보하여야 하고, 계약만료일 전에 재계약을 체결하여야 한다. 을이 정해진 기간에 계약기간 연장의사를 통보하지 않은 경우에는 계약기간 만료로써 본 계약은 확정적으로 종료된다.

제4조 (실시권 설정 등록)

갑은 을이 자기의 비용으로 본 계약에 의해 허락된 실시권을 설정 등록하는 것에 동의하고, 을의 청구권에 따라 이에 필요한 서류를 무상으로 제공하여야한다.

제5조 (기술지원)

을이 본 건 특허를 실시하여 제품을 생산함에 있어서 갑에게 본건 특허의 실시와 관련된 기술지원을 요청할 경우 갑은 이에 협력한다. 단, 이에 소요되는 비용은 을의 부담으로 한다.

제6조 (특허표시)

을은 본 건 특허를 실시하여 생산한 제품, 포장, 카탈로그 등에 본 건 특허의 특허번호를 표시하여야 한다.

제7조 (개량발명)

을이 본건 특허에 기초한 새로운 발명을 하거나 기술을 개발한 경우 이러한 개량발명에 대해서는 갑과 을이 협의하에 그 귀속을 결정하기로 하되, 합의가 이루어지지 않을 경우에는 갑과 을의 공유로 한다. 만약 이러한 개량발명에 대해 특허권 등을 출원하고자 하는 경우 그 비용부담은 갑과 을의 공동부담으로 한다.

제8조 (실시료)

① 을은 본 계약에 따른 실시권에 대한 대가로 갑에게 다음과 같은 실시료를 지급하여야 한다.

　1. 선급금 : 금_____원을 본 계약 체결 후 (　　)일 이내 현금으로 지급함.

　2. 경상실시료 : 본 건 특허를 사용한 제품의 제조 · 판매로 발생된 총매출액의 　　%를 지급함.

② 경상실시료의 정산은 매년 1회 하는 것을 원칙으로 한다. 을은 매년 2월말까지 전년 1월1일부터 12월31일까지의 기간동안에 발생한 실시료를 갑에게 지급하여야

하고, 본 계약기간 만료연도에는 만료일부터 60일 이내에 지불하여야 한다.

③ 을이 경상실시료를 기간 내에 지급하지 않을 경우에는 지체일수에 그 당시의 갑의 주거래 금융기관(은행)의 정기예금 금리(또는 대출금리)를 적용한 지체상금을 지불하여야 한다.

④ 제1항 제2호 소정의 경상실시료 지급에 관하여는 별도로 정하는 양식에 따라 생산수량, 판매수량, 재고수량, 매출금액 등을 갑에게 보고하여야 한다.

⑤ 을은 본 계약 체결일 이후에 제조된 제품의 생산, 수주량 및 판매액을 기록한 장부를 비치하여야하며, 갑은 필요한 경우 언제든지 관련 장부를 검사할 수 있다.

제9조 (실시료의 감액과 변경)

다음 각호의 사유에 해당하는 경우 을은 갑에게 실시료의 감액을 청구할 수 있다. 다만, 을의 감액청구가 실시료의 부당한 감액을 목적으로 함을 입증할 경우 갑은 을의 감액청구를 거절할 수 있다.

1. 을이 본 건 특허를 실시하여 제품을 생산함에 있어서 본 건 특허에 대한 실시 이외에 제3자가 소유하고 있는 특허권을 실시하여야만 하는 경우

2. 을의 기술지원 요청을 받고도 갑이 기술지원 및 협력의무를 이행하지 않거나 태만시할 경우

제10조 (기록의 보관 등)

① 을은 계약기간 및 계약만료 후 ( )년 동안 본 계약에 따른 실시료 산정에 관한 회계자료를 보관하며 갑의 제출요구가 있을 경우 이를 갑에게 제출한다.

② 갑은 필요에 따라 갑의 직원 또는 갑이 지정한 공인회계사를 파견하여 실시료 산정에 관련한 을의 제반 서류를 조사할 수 있다.

제11조 (특허의 관리)

① 갑은 계약기간 동안 본건 특허에 관한 관리의무를 부담한다. 만약, 을이 자신의 비용으로 본건 특허의 관리를 위한 조치를 취할 경우 을은 그로 인한 비용을 갑에게 지불하는 실시료에서 공제할 수 있다.

② 제3자가 본 건 특허를 침해할 경우, 을은 자신의 비용으로 침해 배제에 필요한 조치를 취할 수 있다. 이 경우, 갑은 을에게 침해 배제에 필요한 모든 협조를 제공한다.

③ 제3자의 침해로 인하여 배상받게 되는 손해배상금은 침해배제를 위하여 자신의 비용으로 법률적 조치를 취한 당사자의 이익으로 한다.

제12조 (특허권의 양도 등)

갑은 계약기간 동안 본 건 특허를 포기하거나 타에 양도할 수 없으며, 법률상 기타 행정상 필요에 의하여 양도할 경우 을의 권리보호를 위한 제반 조치를 취하여야 한다.

제13조 (실시권의 양도 등)

을은 갑의 사전 서면동의 없이는 본건 특허에 대한 실시권을 제3자에게 양도하거나 담보로 제공하거나 재실시 설정할 수 없다.

제14조 (비밀유지 의무)

① 을은 본건 특허와 관련한 비밀정보를 타인에게 누설하여서는 안된다.

② 갑은 을이 전항의 규정에 위반했다고 인정할 때에는 이를 객관적으로 증명한 후 즉시 본 계약을 해제하고 손해 배상을 청구할 수 있다.

제15조 (계약의 해지 등)

① 다음 각호에 해당하는 사유가 발생시 타방당사자는 (   )일의 기간을 정하여 위반당사자에게 그 시정을 요구할 수 있고, 그 기간 내에 시정이 이루어지지 않는 경우에는 서면으로 본 계약을 해지 할 수 있는 권한을 가지며, 그에 따른 손해의 배상을 청구할 수 있다.

　이 경우, 손해배상금은 금＿＿＿＿＿＿＿원으로 예정한다.

1. 갑이 본건 특허의 실시권 설정행위를 완료하였음에도 을이 (   )일 이내에 실시를 포기한 경우와 명백히 포기한 것으로 볼 수 있는 경우

2. 을이 조업을 중단하여 상당기간 동안 조업이 재기될 가능성이 없다고 인정

되는 경우

3. 갑이 본건 특허의 실시권을 성실히 부여하지 않은 경우

4. 계약당사자 중 일방이 본 계약상의 의무를 위반하여 본 계약의 목적을 달성하기 어렵다고 객관적으로 판단되는 경우

② 을이 본건 특허를 실시하는 과정에서 경제성, 상업성이 없다고 판단하여 본 계약의 목적을 달성하는 것이 어렵다고 확정적으로 판단한 경우 을은 계약을 해지할 수 있다. 다만, 이 경우에도 을은 이미 지급한 선급금의 반환을 요구할 수 없다.

③ 을이 해산·청산·파산·지급불능 등의 사유로 인하여 그 사업을 계속할 수 없거나 을의 대표이사가 그 소유 주식 및 회사에 대한 경영권을 제3자에게 양도하여 본 계약서 관련 사업에서 벗어나게 된 경우 본 계약에 의한 을의 실시권은 자동으로 소멸한다. 다만, 이 경우 을은 선급금을 포함하여 갑에게 이미 지급한 실시료의 반환을 청구할 수 없다.

제15조 (불가항력)

본 계약의 어느 일방도 본 계약을 이행함에 있어 천재지변 또는 불가항력으로 발생하거나 기타 일방의 고의, 과실 또는 태만에 의하지 아니한 하자로 인하여 발생한 여하한 성격의 손실 또는 손해에 대하여도 그 일방은 상대방에게 책임을 지지 아니한다.

제16조 (분쟁해결)

본 계약과 관련하여 혹은 쌍방의 의무이행과 관련하여 분쟁이나 이견이 발생하는 경우 갑과 을은 이를 상호 협의하여 원만히 해결토록 노력하여야 하며, 이러한 분쟁이나 이견이 해결되지 않은 경우에는 _____법원을 제1심 관할법원으로 한다.

제17조 (계약의 효력)

① 본 계약의 효력은 쌍방이 서명 날인한 날부터 유효하다.

② 본 계약은 갑과 을간 기술실시에 관한 기본적인 사항을 규정한 것으로 이전에 갑과 을간의 모든 문서에 우선한다. 또한 본 계약과 관련 있는 다른 협의나 계약은 이 계약서에 언급되고 서면으로 작성되어 권한 있는 당사자의 서명이 없는 한 그

효력이 없다.

제18조 (계약의 해석)

본 계약에 명기되지 아니하거나 본 계약상의 해석상 이의가 있는 사항에 대하여는 쌍방의 합의에 의하여 결정한다.

제19조(입회중개인)

본 계약은 재단법인 ( )기술이전센터가 입회·중개하였다. 따라서 재단법인 ( )기술이전센터는 본 계약이 정상적으로 체결되었음을 보증하며, 그 체결과정에 그 어떤 기망·착오·의사표시의 불일치가 없었음을 확인한다.

본 계약의 체결을 증명하기 위하여 본 계약서 2통을 작성하여 양 당사자가 각 기명 날인한 후 각 1통씩 보유하기로 한다.

첨부 :   1. 갑과 을의 법인인감증명서 1부.
          2. 갑과 을의 사업자등록증 사본 1부.

_____년 _____월 _____일

갑 : _____

을 : _____

입회중개인 : _____

라이센스 계약서-특허

본건 계약(이하 "본 계약")은 _____에 주 사무소가 있는 ____(이하 "라이센서")와 _____법에 의해 설립되고 _____에 주사무소가 있는 ____(이하 "라이센시")사이에서 _____의 ____번째 날(이하 "계약 유효일")에 체결되었다.

제1장. 서 문

라이센서는 _____과 관련된 특허에 대한 모든 권리, 지위 및 이익(이하 "실시 특허"로 총칭함)을 보유한다.

라이센시는 _____을 제조·판매하는 사업을 영위하고 있으며 실시 특허를 사용하는 제품을 제조, 사용, 판매하고 그와 같은 발명을 실시할 수 있는 [비독점적/독점적] 실시권을 취득하기 원한다.

라이센서와 라이센시는 실시 특허를 대상으로 하는 라이센스 계약을 체결하기로 합의한다.

라이센서는 실시 특허를 바탕으로 라이센시에게 [비독점적/독점적] 실시권을 부여할 수 있는 권한을 가지고 있으며, 본 계약이 정하는 규정과 조건들에 따라 실시권을 부여하고자 한다; 그리하여, 위 내용 및 아래 합의 사항을 반영하여 당사자들은 다음과 같이 합의한다.

1. 정의 → 계약서에 사용된 용어와 개념에 대한 정의규정
본 계약에서는, 계약 문언이 달리 요구하지 않는 한, 다음과 같은 용어는 아래와 같은 의미를 갖는다:

  1) 계열사

라이센시를 직간접적으로 지배하거나, 라이센시와 공동 지배하에 있거나, 또는 라이센시에 의하여 지배되는 법인

2) 지배
상호 관련되는 용어인 "지배되는" 또는 "공동 지배하에 있는"이란 용어를 포함하여, 이는 계약 등에 근거하여, 유가증권에 대한 소유권, 파트너십, 또는 지분을 통하여 직간접적으로 경영진의 방향 또는 정책을 지시 또는 지시를 초래할 수 있는 권한을 가지는 것을 의미함.

3) 비밀정보
라이센서의 기술, 제품, 영업정보 또는 목적에 대한 재산적 정보 및 자료(특허가 부여될 수 있는지 여부 불문) 등 모든 자료, 노하우, 기타 정보로서 이러한 자료, 정보 또는 영업비밀이 상대방에게 공개되기 전이나 그 당시에 라이센서가 문자, 적절한 표시 또는 범례로 서면화하여 영업비밀로 지정한 것

4) 계약 유효일 : 본 계약의 체결일인 _____

5) 실시 특허 : 별첨 A에 기재된 모든 특허

6) 실시 제품 : 별첨 B에 기재된 제품.

7) 기간 → 기간에 관한 규정
계약유효일로부터 실시 특허가 모두 기간이 만료되는 날 또는 본 계약이 종료되는 날 중 먼저 도래하는 일자까지의 기간을 의미함. 본 계약은 제8조에 의하여 그 이전에 종료되지 않는 이상, 기간의 만료시점에 종료됨.

8) 계약 지역 : _____와 그 영토 및 지배 영역

제2장. 실시권

1. 실시권의 허여 → 양도금지 규정

본 계약 규정 에 기초하여, 라이센서는 라이센시에게 본 계약 기간 동안 영토 안에서 실시 제품을 제조, 사용, 판매에 제공, 판매, 수입 또는 처분하기 위한 실시 특허에 대한 [독점적/비독점적]이고, 양도불가능하며, 실시료가 발생하는 실시권을 허여하며, 재실시권은 허여되지 않는다. 이러한 실시권은 제3자, 계열사, 또는 다른 법인에 미치지 아니한다.

2. 제한

위 실시권은 오직 실시 특허에 대해서만 허여된다. 본 계약은 라이센시에 대하여 본 계약에서 특정하여 명시적으로 사용권이 부여되지 아니한 어떠한 특허, 특허 출원, 발명, 방법, 기술 정보, 비밀 정보, 재산적 정보, 상표, 전문성, 노하우, 영업비밀, 또는 지식 등에 대한 어떠한 명시 또는 묵시의 권한을 금반언의 원칙 등에 의하여 수여하는 것으로 해석되거나 이해되지 아니한다.

3. 개량 및 발명에 대한 권한

당사자들은 실시 특허로부터 파생한 것으로서, 또한 그것이 전부이건 일부이건, 라이센시, 그 피고용인, 대리인 또는 실시 특허에 대한 권한에 기하여 본 계약으로 말미암아 행동하게 되는 그 밖의 사람에 의하여 만들어지거나, 고안되거나, 실행된 개량 발명 및 관련 산업재산 또는 지적재산(이하 "파생 발명"이라 한다)에 대한 소유권 또는 실시권은 라이센서가 전적으로 보유함에 합의한다.

라이센시는 (i) 라이센서에게 지속적으로 파생 발명"의 준비, 실패, 특허 출원 및 유지에 대해 알려야 하며, (ii) 파생 발명을 특허 출원하고 유지하는데 상업적으로 합리적인 노력을 기울여야 한다. 라이센시는 라이센서의 요청이 있는 경우에는, 파생 발명에 관하여 선취특권, 청구권 내지 어떠한 제한도 없이 완전한 모든 권리, 지위, 그리고 이익을 라이센서에게 양도하여야 하며, (ii) 라이센시는 더 이상 그러한 파생 발명과 관련된 어떠한 권리나 의무도 보유하지 않고, (iii) 그 이후부터는 오직 라이센서가 그러한 파생 발명을 단독으로 소유하게 된다. 양 당사자를 모두 만족시키는 조건이 있다면 라이센서는 라이센시에게 그러한 조건으로 이러한 파생 발명에 대한 실시권을 제공하여야 한다.

제3장. 성실성

1. 성실의 의무
라이센시는 본 계약 기간 동안 시장 수요를 충족시키기 위해 최선을 다하여 빈틈 없고 의욕적이며 성실한 프로그램을 통하여 실시 특허를 시장에 공급하고, 능동적이며 성실한 마케팅 노력을 계속하여야 한다.

2. 성실의무 위반의 효과
라이센시가 제3.1항에서 정한 성실의무를 이행하지 못하는 경우, 라이센서는 서면으로 라이센시의 불이행 사실을 통지할 수 있다. 라이센시는 이러한 통지를 수령한 날로부터 30일 이내에 위와 같은 불이행을 시정하고 본 계약상의 성실의무를 이행하여야 하며, 그 이후에도 제3항에 따른 성실의무 불이행이 계속되는 경우, 이는 라이센서가 계약을 해지할 수 있는 사유가 된다.

제4장. 대금지급 → 로열티에 관한 규정

본 계약 하에서 허여된 실시권에 대하여, 라이센시는 제4.1항에서 정한 선금 지급 의무뿐만 아니라 제4.2항에서 정한 로열티를 지급할 의무가 있음에 명시적으로 동의한다.

1. 선금지급 → 미니멈 개런티에 관한 규정
라이센시는 계약 유효일로부터 3일 이내에 본 계약에 의해 수여된 권리에 대한 대가로 라이센서에게 _____의 반환 불가능한 선금을 일시불로 지급하여야 한다.

2. 러닝 로열티

1) 로열티 지급

라이센시는 본 계약에서 부여한 권리에 대한 대가로, 아래 제4.2.3 및 4.2.3 이하의 규정에따라 라이센서에게 라이센시가 계약 지역 내에서 제조, 사용, 판매에 제공, 또는 판매하거나, 계약 지역으로 수입한 각각의 실시 제품에 대한 라이센시의 판매가격의 ＿＿퍼센트(＿＿%) 상당의 로열티를 지급하여야 한다.

2) 기간 만료 시 로열티 지급의무의 소멸

실시 특허 전부의 유효기간이 만료하였을 때부터는 로열티 지급의무는 종료된다. 라이센서는 실시 특허 전부의 효력이 소멸한 후 라이센시가 제공한 로열티에 대해서는 이를 크레딧(credit)으로 제공할 의무가 있다.

3. 로열티의 발생 (Accrual)

각각의 실시 제품에 대한 러닝 로열티는 해당 제품이 발송된 일자 또는 라이센시의 고객에게 비용이 청구된 일자 중 먼저 도래한 날에 발생한다. 실시권의 해지 혹은 권리의 종료 이전 본 계약 제4항에 의하여 발생한 로열티 지급의무는 그러한 권리의 종료 그리고 어떠한 특허의 만료에도 불구하고 그 효력을 유지한다.

4.지급방법

라이센서는 본 계약 하에서 인정되는 로열티를 미화로 지급하여야 한다. 라이센시는 라이센서에 대하여 분기별로 모든 로열티를 지급하여야 하는데, 제1분기는 매년 1월 1일부터 3월 31까지, 제2분기는 매년 4월 1일부터 6월 30일까지, 제3분기는 매년 7월 1일부터 9월 30일까지, 제4분기는 매년 10월 1일부터 12월 31일까지의 기간이다. 라이센서에 대한 로열티지급은 해당 대금과 관련된 기간이 만료된 후의 30일(이하 "만기일") 전에 이루어져야 한다. 위와 같이 규정된 각 로열티지급은 매분기당 최소 로열티 ＿＿＿＿($＿＿＿＿.00) 이상이 되어야 한다. 로열티지급에 대해서는 반환, 환급 또는 조정이 불가능하다.

5. 회계보고

라이센시는 라이센서에게 위 제4.4항에서 정한 매 분기별로 이행기가 도래하는 로열티에 대하여 만기일 또는 그 이전에 보고를 제공하여야 하며, 이에는 그 분기에 지급하여야 할 금액 및 그 금액을 산정한 근거에 대한 내용이 포함되어 있어야 한다.

6. 이자

적용 가능한 관련 법률이 정한 허용한도 내에서, 지급 만기일로부터 10일이 지난 후부터는 대금에 만기일 그 다음 날로부터 지급일까지 연 (___%)의 비율로 산정된 이자가 발생한다.

7. 회계장부와 기록 및 감사 → 회계장부 제출에 관한 규정

1) 라이센시는 본 계약과 관련하여 이루어진 모든 거래에 대한 모든 내용을 포함하는 완전하고 정확한 회계장부 및 기록을 유지하여야 한다.

2) 라이센시는 이러한 장부와 기록을 해당 자료가 관련되는 만기일로부터 3년간 보관하여야 한다. 라이센서는 본 계약 하에서 회계보고 또는 대금지급을 수락한 후에도 여전히 그것의 정확성에 대해 이의나 의문을 제기할 수 있다.

3) 본 계약 기간 및 그 이후 1년 동안 라이센서는 라이센시에게 합리적인 방법으로 서면 통지한 후 라이센시의 장부 및 기록에 대하여 본 계약과 관련하여 이루어진 보고의 정확성을 확인하기 위하여 독립적인 회계감사를 실시할 수 있으며, 회계감사의 결과 드러난 오류에 대해서는 적절한 당사자가 보상하여 즉각적인 수정이 이루어 져야 한다.

제5장. 분쟁해결

본 계약과 관련하여 당사자간 발생하는 모든 분쟁은 상호 원만한 협의를 통해 해결되어야 한다. 본 계약 또는 본 계약과 관련하여 발생하는 분쟁에 대해 일방 당사자가 이의를 제기한 후 30일 이내에 해결책이 마련되지 아니한 경우에는, 라이센서와 라이센시간의 모든 분쟁은 서울중앙지방법원을 관할법원으로 한다.

20○○년 ○월 ○일

"갑" (라이센서)	사업체명	:		
	상호	:		
	대표자	:	○○○	(서명 또는 날인)
		:		
"을" (라이센시)	주소	:		
	상호	:		
	대표자	:	○○○	(서명 또는 날인)

【특허사용계약서】

특허사용계약서

주식회사 ○○○○(이하 "갑"이라 한다)와 (주)○○○○(이하 "을"이라 한다)는 기술제휴에 관하여 아래와 같이 계약(이하 "본 계약"이라 한다)을 체결한다.

제1조(목적) 본 계약은 ○○기술에 관한 특허권자인 "갑"이 "을"에게 "을"이 이를 독점 적으로 실시하는 것을 허락함에 있어 필요한 제반사항을 정함을 그 목적으로 한다.

제2조(사용허락) "갑"은 제○호 ○○기술(이하 "본 특허발명"이라 한다)의 특허권자로 서 "을"이 이를 독점적으로 실시하여 ○○제품(이하 "본 제품"이라 한다)을 사용·판 매·배포하는 것을 허락한다.

제3조(사용료)

① "을"은 "갑"에게 본 특허발명의 사용대가로서 다음 각호와 같이 사용료를 지급한다.

1. 선금 : 본 계약체결일로부터 ○일 이내에 금()원
2. 사용료 : 본 계약기간동안 매월 ○일 "을"이 매월 판매하는 본 제품의 매출 금액 중 3%

② 제1항 제2호의 매출금액은 고객에 대한 총 매출금액에서 수하물 포장비, 운임, 물품세 및 고객의 할인액을 제외한 금액으로 한다.

제4조(보고의무) "을"은 매월 "갑"에게 본 제품에 관한 자가소비수량, 생산수량, 판매 수량, 재고수량, 매출금액, 기타 사용료 정산과 관련된 사항을 보고하여야 한다.

제5조(장부검사) "을"은 본 계약에 따라 최초 제작한 본 제품의 생산, 수주 및 판매에 관하여 상세하게 기록한 장부를 구비해두어야 하며, "갑"은 필요한 경우 당해 장부를 검사할 수 있다.

제6조(통지의무) "을"은 제3자가 본 특허발명을 침해하거나 침해하려고 하는 사실을 알았을 경우 지체없이 "갑"에게 통보하고 "갑"과 협력하여 침해를 배제하기 위하여 노력하여야 한다.

제7조(신규발명) "을"의 직원이나 피용자가 특허발명의 개량이나 확장에 관계된 신규 발명 또는 고안을 한 경우에는 당해 발명 또는 고안에 관한 특허 및 실용신안등록을 받을 권리는 "을"이 보유한다.

제8조(비밀준수의무)
① "갑"과 "을"은 본 계약기간 중은 물론 본 계약의 종료나 해지이후에도 본 계약의 이행과정에서 알게 된 상대방의 영업비밀 또는 고객관련정보를 상대방의 서면동의 없이 제3자에게 유출하거나 본 계약의 이행 이외의 목적으로 이용하여서는 안 된다.
② "갑"과 "을"은 자신의 임직원, 대리인, 사용인 등 기타 관련자로 하여금 제1항과 동일한 비밀준수 의무를 지도록 한다.

제9조(통지의무)
"갑"과 "을"은 본 계약 체결 당시에 알고 있는 상호, 대표자, 소재지, 업종 및 기타 계약당사자의 주요사항이 변동되거나 합병, 영업양도, 부도, 화의, 회사정리, 파산 등 신용상태에 변경이 있거나 변경될 우려가 있는 경우 이를 지체없이 상대방에게 통지하여야 한다.

제10조(계약기간) 본 계약의 유효기간은 계약체결일로부터 1년으로 하고, 계약기간 만료일 1월 전까지 별도 서면에 의한 의사표시가 없는 한 동일한 조건으로 1년씩 자동 연장되는 것으로 한다.

제11조(계약의 변경) 본 계약의 일부 또는 전부를 변경할 필요가 있는 경우에는 "갑"과 "을"의 서면 합의에 의하여 이를 변경하고, 그 변경내용은 변경한 날 그 다음날부터

효력을 가진다.

제12조(권리·의무의 승계) 본 계약상의 모든 권리와 의무는 "갑" 또는 "을"의 합병, 영업양도, 경영 위임 등의 경우에도 "갑"또는 "을"의 합병회사, 영업양수인, 경영수임인 등에게 승계되며, "갑"또는 "을"은 그들로 하여금 본 계약상의 권리와 의무를 승계하는 것에 동의하도록 할 의무를 진다.

제13조(권리 등의 양도 등 금지) "갑"과 "을"은 상대방의 서면동의 없이 본 계약상의 일체의 권리·의무 등을 제3자에게 양도·증여·대물변제·대여하거나 담보로 제공할 수 없다.

제14조(해지)
① "갑" 또는 "을"은 다음 각 호의 사유가 발생한 경우에는 계약기간에 관계없이 상대방에 대한 서면통지로써 본 계약을 해지할 수 있다.
　1. 상대방이 정당한 사유없이 본 계약에서 정한 사항을 위반하고 서면으로 시정요구를 받은 날로부터 7일 이내에 해당 위반사항을 시정하지 않은 경우
　2. 자신 또는 상대방의 주요재산에 대한 보전처분결정 및 강제집행, 화의, 회사정리, 파산 등의 개시로 더 이상 계약유지가 곤란한 경우
　3. 기타 본 계약을 수행하기 어려운 중대한 사유가 발생한 경우
② 제1항의 해지는 "갑"과 "을"의 손해배상 청구에 영향을 미치지 아니한다.

제15조(해제)
① "을"이 정당한 사유없이 본 계약체결일로부터 3월 이내에 본 특허발명을 실시하지 아니하는 경우 "갑"은 서면으로 즉시 본 계약을 해제할 수 있다.
② 제1항의 해제는 "갑"의 손해배상 청구에 영향을 미치지 아니한다.

제16조(계약의 유보사항)
① 본 계약에서 정하지 아니한 사항이나 해석상 내용이 불분명한 사항에 대해서는

관계법령 및 상관습에 따라 상호 협의하여 결정한다.

② 제1항과 관련하여 필요한 경우 "갑"과 "을"은 별도의 약정을 할 수 있으며, 이는 본 계약의 일부를 이룬다.

제17조(관할법원) 본 계약과 관련하여 소송상의 분쟁이 발생한 때에는 서울지방법원을 관할로 한다.

본 계약의 내용을 증명하기 위하여 계약서 2부를 작성하고, "갑"과 "을"이 서명 또는 날인한 후 각 1부씩 보관한다.

20○○년 ○월 ○일

	주소	:
"갑"	상호	: 주식회사 0000
	대표이사	: 000 ㉑
	주소	:
"을"	상호	: 000 ㉑
	대표이사	:

특허권(실용신안)양수양도 계약서

본 계약은 ○○○(이하 "갑"이라 한다)과 ○○주식회사(이하 "을" 이라 한다)는 "갑"이 개발하고 특허를 보유하는 ○○○(실용신안 등록번호 : ○○○○)의 실용신안 특허권을 양수, 양도함에 있어 "갑"과 "을"은 그 기본조항을 정하고 상호신뢰와 협력관계를 기본으로 하여 합의하였으므로 본 계약서를 작성하고 다음과 같이 계약한다.

- 다 음 -

제1조(정의)
① "갑"이 "을"에게 ○○○에 관한 권리 일체를 양도하는 것으로 한다.
② "갑"은 "을"에게 실용신안권의 이전과 동시에 기술도 이전하는 것으로 한다.

제2조(기술이전)
① "갑"은 "을"로부터 실용신안권의 이전료를 영수하면 연료 절감장치 및 매연 저감장치 제조에 관련된 노하우, 기술지도, 설계제도개요, 제조를 위한 자료를 "을" 에게 수시 제공 및 개종하여 필요한 기술이전을 개시한다.
② "을"은 "갑"의 기술이전, 기술지도를 받기 위한 공장과 기술원의 확보를 행하고 부품자재의 조달 등에는 "갑"과 "을"의 협의하에 연료절감 및 매연 저감장치 제조의 업무책임을 달성하는 것으로 하며 "갑"은 "을" 이 ○○○제조를 할 수 있도록 기술이전, 기술지도를 행하고 협력한다.

제3조(권리 이전)
① "갑"이 "을"에게 양도하는 ○○○의 실용신안권 양수에 대한 이전료는 ○억 원으로

하며 국내세법에 준한 모든 제반비용을 포함한다. 또한 지급조건 및 시기에 관해서는 별도 "갑"과 "을"이 협의하여 본 계약 부속서로 한다.

② 기술이전 및 제조판매를 원활하게 수행하기 위하여 ○○○을 당사 고문으로 추대하여 연구실을 제공하기로 한다.(연구실의 소재지 및 조건은 별도 협의)

제4조(연료절감 및 매연 저감장치) "갑"의 기술이전에 의하여 "을"이 제조한 ○○○의 판매는 제조 공장이 능률적이고 계획적인 생산을 하기 위하여 "을"의 요청이 있을 경우 "갑"은 제조 판매 활동에 적극 협력한다.

제5조(상표) "을"은 ○○○를 판매함에 있어 "을"의 상표를 표시하는 것에 "갑"은 동의한다.

제6조(시장질서의 유지) "을"은 ○○○에 대한 권리이전을 받지 않은 제3자가 특허를 침해 또는 저촉하고 있는 사실을 발견하였을 때에는 조속히 "갑"에게 연락하여 "갑"과 "을"이 협의하여 침해 또는 저촉의 배제를 행한다.

제7조(비밀준수의 의무)

① "갑"은 "을"에게 양도한 ○○○의 제조방법 및 기술자료 등을 제3자에게 개시 또는 누설해서는 안 된다.

② "갑"과 "을"은 본 계약에 위반하여 상대방에게 손해를 끼친 경우는 손해배상의 책임이 있다.

제8조(발명, 의장) 본 계약에 관련하여 발명, 의장이 생길 경우 "을"의 권리로 한다.

제9조(불가항력) 본 계약에 있어서 "갑"과 "을"의 불가항력에 의한 의무불이행은 본 계약의 위반이 아니며 책임의 추궁은 하지 않는 것으로 한다.

제10조(기타 특약) 본 계약에서 정한바가 없는 사항 및 해석상의 의의가 생겼을 경우는

그때 그때 "갑"과 "을"은 성의를 다하여 원만한 대화 협의로써 해결하기로 하고 만약 소송분쟁이 발생할 경우는 "을"소재 관할 법원으로 한다.

제11조(유효기간) 본 계약은 20ㅇㅇ년 ㅇ월 ㅇ일 이후로 유효하며 "을"의 요청이 없는 한 변경 또는 수정 할 수 없다.

본 계약의 체결을 증명하기 위하여 "갑"과 "을"이 서명 날인 후 각각 1통씩 보유하고 후일 증명한다.

20ㅇㅇ년 ㅇ월 ㅇ일

"갑"	주소	:	
	성명	:	ㅇㅇㅇ ㉑
	연락처	:	
		:	
"을"	주소	:	
	회사명	:	
	대표자	:	ㅇㅇㅇ ㉑

[참고 5] 특허출원제도

1. 선출원주의와 선발명주의

동일한 발명이 2 이상 출원되었을 때 어느 출원인에게 권리를 부여할 것인가를 결정하는 기준으로서 선출원주의와 선발명주의가 있으며 우리나라는 선출원주의를 채택하고 있다.

2. 선출원주의

발명이 이루어진 시기에 관계없이 특허청에 먼저 출원한 발명에 권리를 부여하는 제도로서, 기술의 공개에 대한 대가로 권리를 부여한다는 의미에서 합리적이며 신속한 발명의 공개를 유도할 수 있다.

이 제도는 발명의 조속한 공개로 산업발전을 도모하려는 특허제도의 취지에 부합한다.

3. 선발명주의

출원의 순서와 관계없이 먼저 발명한 출원인에게 권리를 부여하는 제도로서, 발명가 보호에 장점이 있다. 특히 사업체를 가지고 있지 않은 개인발명가들이 선호하는 제도이다.

발명가는 발명에 관련된 일지를 작성하고 증인을 확보해야 하며 특허청으로서는 발명의 시기를 확인하여야 하는 불편이 있다.

특허청

[참고 6] 실용신안 선등록제도

1. 도입배경
제품의 라이프사이클이 짧고 모방이 용이한 실용신안기술을 조기에 보호하고 중소벤처기업의 사업화 및 기술 개발 의욕을 증진시키기 위하여 도입

2. 주요내용
가. 실체심사를 하지 않고 방식 및 기초적 요건만을 심사한 후 조기에 권리를 부여하는 선등록제도를 도입

특허제도는 권리의 안정성을 중시하여 심사후 등록제도(신규성·진보성 등 권리 부여에 필요한 모든 요건을 심사한 후 등록)를 채용하고 있는데 반해 실용신안제도는 조기등록을 위해 선등록제도(간단히 확인할 수 있는 방식 및 기재불비 등의 요건만을 심사한 후 등록)를 채용

나. 부실권리의 행사로 인한 제3자의 피해방지를 위해 기술평가제도 도입
등록실용신안에 대한 기술평가는 누구든지 청구할 수 있으며 청구항이 2 이상인 때에는 모든 청구항에 대하여 청구해야 함
권리를 부여받은 후 침해자 등에게 권리행사를 하기 위해서는 기술평가를 청구하여 유효한 권리임을 인정받아야 함
실용신안제도에서는 기술평가에 의한 등록유지결정을 받은 실용신안권에 한하여 침해행위에 대하여 과실이 있는 것으로 추정함

특허청

저작재산권 양도계약서

저작자 및 저작권 양도인 _____(이하 "양도인"이라 함)과 저작권 양수인 _____(이하 "양수인"이라 함)은 아래 저작물 _____에 관한 저작재산권(이하 "저작재산권"이라 함)과 관련하여 다음과 같이 계약을 체결한다.

다　　음

제1조(계약의 목적)

본 계약은 저작재산권 이전과 관련하여 양도인과 양수인 사이의 권리관계를 명확히 하는 것을 목적으로 한다.

제2조(계약의 대상)

본 계약의 대상이 되는 권리는 아래의 저작물(이하"대상저작물")에 대한 저작재산권으로 한다.

제목(제호) :

저작자 :

종별 :　□ 어문저작물,　□ 음악저작물,　□ 연극저작물,　□ 미술저작물,
　　　　□ 건축저작물,　□ 사진저작물,　□ 영상저작물,　□ 도형저작물,
　　　　□ 컴퓨터프로그램저작물,　□ 기타(　　　　　　　　　　　)

권리 :　저작재산권 전부
　　　　□ 복제권, 공연권, 공중송신권(방송권, 전송권, 디지털음성송신권),
　　　　전시권, 배포권, 대여권

제3조(저작재산권 양도범위)

(1) 본 계약에 의한 저작재산권 양도 범위는 제2조에서 정한 복제권 등 저작재산권

일체를 의미한다.

(2) 제1항에도 불구하고, 저작재산권 중 2차적저작물[55]작성권은 양도되지 않은 것으로 본다. 다만, 2차적저작물작성권을 양도할 경우 양도인과 양수인은 제14조에 따라 별도로 정한다.

제4조(양도 기간)

대상저작물에 대한 권리 양도 기간은 ____년 __월 __일부터 ____년 __월 __일 까지로 한다.

제5조(양도인의 의무)

(1) 양도인은 양수인에게 제3조에 의한 대상저작물의 저작재산권을 양도한다.

(2) 양도인은 양수인에게 ____년 __월 __일까지 저작재산권 이전에 필요한 일체의 서류를 제공한다. 만일, 대상저작물이 한국저작권위원회에 등록되어 있지 않은 경우, 양수인이 요청하면 양도인은 대상저작물의 저작재산권을 등록한 후 위 의무를 이행한다.

(3) 양도인은 대상 저작물의 저작재산권 양도 이후, 대상저작물의 제호 및 내용의 전부 또는 일부와 동일한 저작물을 제3자에게 양도하거나, 질권을 설정, 대상저작물의 이용허락을 위한 설정계약 등을 하여서는 아니 된다.

제6조(양수인의 의무)

(1) 양도비용은 다음 중 적합한 방식으로 상호 합의하여 결정할 수 있다.

지급방식	□ 정액	□ 일시금 □ 분할	_____ 원
		□ 정기지급	(예 : 월) _____ 원
	□ 정률	□ 매출액 □ 매출이익	_____ %
	□ 기타		

지급시기	□ 일시금	_____ 년 _____ 월 _____ 일
	□ 분할	- 1차 : - 2차 : - 3차 :
	□ 정기지급	□ 월 : □ 분기 : □ 년 :
	□ 기타	

(2) 양수인은 저작자의 저작인격권을 침해하지 아니한다. 다만, 대상저작물의 본질적인 내용을 변경하지 않는 범위 내에서의 사소한 수정 및 편집은 가능하다.

제7조(확인 및 보증)

양도인은 양수인에게 다음 각 호의 사항을 확인하고 보증한다.

1. 대상저작물의 저작권양도계약을 체결하는데 필요한 권리 및 권한을 적법하게 보유하고 있다는 것
2. 대상 저작물의 내용이 제3자의 저작권, 인격권, 상표권을 비롯한 일체의 사적 권리를 침해하지 아니한다는 것
3. 본 계약을 체결하기 전 대상저작물의 제호 및 내용의 전부 또는 일부와 동일 또는 유사한 저작물을 제3자에게 양도하거나, 질권을 설정했다는 사실이 없다는 것
4. 대상저작물의 이용허락을 위한 설정계약의 유무

제8조(계약내용의 변경)

본 계약 내용 중 일부를 변경할 필요가 있는 경우에는 양도인과 양수인의 서면 합의에 의하여 변경할 수 있으며, 그 서면 합의에서 달리 정함이 없는 한, 변경된 사항은 그 다음날부터 효력을 가진다.

제9조(계약의 해제)

(1) 당사자는 천재지변 또는 기타 불가항력으로 계약을 유지할 수 없는 경우에 본 계약을 해제할 수 있다.
(2) 당사자는 상대방이 정당한 이유 없이 본 계약을 위반하는 경우에 상당한 기간을

정하여 상대방에게 그 시정을 촉구하고, 상대방이 그 기간이 지나도록 이행하지 아니하는 경우에는 계약을 해제할 수 있다. 다만, 상대방이 명백한 시정 거부의사를 표시하였거나 위반 사항의 성격상 시정이 불가능하다는 것이 명백히 인정되는 경우에는 위와 같은 촉구 없이 계약을 해제할 수 있다.

(3) 본 계약에 대한 해제권의 행사는 상대방에 대한 손해배상청구권 행사에 영향을 미치지 아니한다.

제10조(손해배상)

당사자가 정당한 이유 없이 본 계약을 위반하는 경우, 그로 인하여 상대방에게 발생한 모든 손해를 배상할 책임이 있다. 다만, 제9조 제1항의 사유로 본 계약을 이행하지 못한 경우에는 손해배상책임을 면한다.

제11조(비용의 부담)

계약 체결에 따른 비용은 당사자가 동등하게 부담한다.

제12조(분쟁해결)

(1) 본 계약에서 발생하는 모든 분쟁은 양도인과 양수인이 상호 원만한 합의에 이르도록 노력하여야 하며, 분쟁이 원만히 해결되지 않는 경우에는 소제기에 앞서 한국저작권위원회에 조정을 신청할 수 있다.

(2) 제1항에 따라 해결되지 아니할 때에는 대한민국의 민사소송법 등에 따른 관할법원에서의 소송에 의해 해결토록 한다.

제13조(비밀유지)

양 당사자는 본 계약의 체결 및 이행과정에서 알게 된 상대방에 관한 정보, 본 계약의 내용 및 대상저작물의 내용을, 상대방의 서면에 의한 승낙 없이 제3자에게 공개하여서는 아니 된다.

제14조(기타부속합의)

(1) 양도인과 양수인은 본 계약의 내용을 보충하거나, 이 계약에서 정하지 아니한

사항을 규정하기 위하여 부속합의서를 작성할 수 있다.

(2) 제1항에 따른 부속 합의는 본 계약의 내용과 배치되거나 위반하지 않는 범위 내에서 유효하다.

제15조(계약의 해석 및 보완)

본 계약서에서 명시되어 있지 아니하거나 해석상 이견이 있을 경우에는 저작권법, 민법 등을 준용하고 사회 통념과 조리에 맞게 해결한다.

제16조(계약 효력 발생일)

본 계약의 효력은 계약 체결일로부터 발생한다.

_____ 년 ___ 월 ___ 일

양도인 :

성   명(인)
생년월일
주   소

양수인 :

성   명(인)
생년월일
주   소

---

55) 원저작물을 번역·편곡·변형·각색·영상제작 그 밖의 방법으로 작성한 창작물을 말한다. 예컨 대, 영어로 된 책을 한국어로 번역하거나 소설을 영화화한 것이 대표적인 2차적저작물에 해당한다.

저작재산권 독점적 이용허락 계약서

저작자 및 저작권 이용허락자 _____(이하 "권리자"이라 함)와 저작권 이용자 _____(이하 "이용자"라 함)는 아래 저작물 _____에 관한 저작재산권 이용허락과 관련하여 다음과 같이 계약을 체결한다.

다   음

제1조(계약의 목적)

본 계약은 저작재산권 이용허락과 관련하여 권리자와 이용자 사이의 권리관계를 명확히 하는 것을 목적으로 한다.

제2조(계약의 대상)

본 계약의 대상이 되는 권리는 아래의 저작물(이하"대상저작물")에 대한 지적재산권 중 당사자가 합의한 권리로 본다.

　제목(제호) :

　저작자 :

　종별 :　　□ 어문저작물,　□ 음악저작물,　□ 연극저작물,　□ 미술저작물,
　　　　　　□ 건축저작물,　□ 사진저작물,　□ 영상저작물,　□ 도형저작물,
　　　　　　□ 컴퓨터프로그램저작물,　□ 기타(　　　　　　　　　　　　　)

　권리 :　　□ 복제권,　□ 공연권,　□ 공중송신권(□방송권,　□전송권,
　　　　　　□ 디지털음성송신권),　□ 전시권,　□ 배포권,　□ 대여권,
　　　　　　□ 2차적저작물[56]작성권

제3조(이용허락 기간)

대상저작물의 이용허락 기간은 ____년 __월 __일부터 ____년 __월 __일까지로 한다. 다만, 이용자가 권리자에게 제5조 제2항에 따른 이용료를 이용허락기간의

시작점인 ____년 __월 __일 이후에 지급한 경우, 대상저작물의 이용허락 기간은 이용료를 지급한 일자의 다음날부터 기산한다.

제4조(권리자의 의무)

(1) 권리자는 이용자에게 대상저작물에 대하여 제2조에서 규정한 범위내에서 독점적으로 이용하는 것을 허락한다.

(2) 권리자는 이용자에게 ____년 __월 __일까지 대상저작물의 이용을 위해 필요한 상당한 자료를 인도하여야 한다. 만일, 대상저작물이 한국저작권위원회에 등록되어 있지 않은 경우, 이용자가 요청하면 권리자는 대상저작물의 저작재산권을 등록한 후 위 의무를 이행한다.

제5조(이용자의 권리 및 의무)

(1) 이용료는 저작물의 이용형태에 따라 다음 중 적합한 방식으로 상호 합의하여 결정할 수 있다.

지급방식	□ 정액	□ 일시금 □ 분할	_____원
		□ 정기지급	(예 : 월) _____원
	□ 정률	□ 매출액 □ 매출이익	_____%
	□ 기타		

지급방식	□ 정액	□ 일시금 □ 분할	_____원
		□ 정기지급	(예 : 월) _____원
	□ 정률	□ 매출액 □ 매출이익	_____%
	□ 기타		

(2) 이용자는 권리자에게 ____년 __월 __일까지 이용료 _____원을 지급한다. 지급방법에 관하여 당사자는 합의에 의하여 일시금으로 혹은 분할하여 지급하는 방법을 선택할 수 있다.

(3) 이용자는 관례적으로 저작자 및 저작재산권자의 성명 등 표시를 허용하는 대상저

작물을 이용하는 경우, 그 저작자 및 저작재산권자의 성명 등을 표시하여야 한다.

지급시기	□ 일시금	___ 년 __월 __일
	□ 분할	- 1차 : - 2차 : - 3차 :
	□ 정기지급	□ 월 : □ 분기 : □ 년 :
	□ 기타	

(4) 이용자는 대상저작물의 이용함에 있어서 저작인격권을 침해하지 아니한다. 다만, 대상저작물의 본질적인 내용을 변경하지 않는 범위 내에서 권리자에게 그 사실을 사전에 고지한 후 사소한 수정 및 편집을 할 수 있다.

제6조(확인 및 보증)

(1) 권리자는 이용자에게 다음 각 호의 사항을 확인하고 보증한다.

　1. 대상저작물의 저작권이용허락을 체결하는데 필요한 권리 및 권한을 적법하게 보유하고 있다는 것

　2. 대상저작물의 내용이 제3자의 저작권, 상표권, 인격권을 비롯한 일체의 권리를 침해하지 아니한다는 것

　3. 본 계약을 체결하기 전 대상저작물은 제3자에게 저작재산권이 양도되거나, 이용허락되었거나, 질권이 설정되는 등 이용자의 독점적 이용권을 제한하는 어떠한 부담도 존재하지 아니한다는 것

　4. 본 계약에 따른 이용허락 기간 동안 제3자에게 대상저작물에 대한 저작재산권의 양도, 이용허락, 질권의 설정 등 이용자의 독점적 이용권을 침해하는 어떠한 행위도 하지 아니한다는 것

(2) 이용자는 권리자에게 다음 각호의 사항을 확인하고 보증한다.

　1. 대상저작물 이용허락권을 권리자의 동의 없이 제3자에게 양도하거나 재이용을 허락하지 아니하는 것

　2. 대상저작물을 제3자의 명예권을 비롯한 인격적 권리를 침해하는 방식으로

이용하지 아니할 것

제7조(계약내용의 변경)
본 계약 내용 중 일부를 변경할 필요가 있는 경우에는 권리자와 이용자의 서면합의에
의하여 변경할 수 있으며, 그 서면합의에서 달리 정함이 없는 한, 변경된 사항은 그
다음날부터 효력을 가진다.

제9조(계약의 해제) 위 지적재산권 양도계약서와 동일(이하 같음)
제10조(손해배상)　제11조(비용의 부담)　제12조(분쟁해결)
제13조(비밀유지)　제14조(기타부속합의)　제15조(계약의 해석 및 보완)
제16조(계약 효력 발생일)

　　　　　　　　　　　　_____년 __월 __일

　　　　권리자 :
　　　　성　　명(인)
　　　　생년월일
　　　　주　　소

　　　　이용자 :
　　　　성　　명(인)
　　　　생년월일
　　　　주　　소

---

56) 원저작물을 번역·편곡·변형·각색·영상제작 그 밖의 방법으로 작성한 창작물을 말한다. 예컨
대, 영어로 된 책을 한국어로 번역하거나 소설을 영화화한 것이 대표적인 2차적저작물에 해당
한다.

저작재산권 비독점적 이용허락 계약서

위 지적재산권 독점적 이용허락 계약서와 동일

다　음

제1조(계약의 목적) 위 지적재산권 독점적 이용허락 계약서와 동일
제2조(계약의 대상) (이하 같음)
제3조(이용허락 기간) (이하 같음)

제4조(권리자의 의무)
(1) (이하 같음
(2) (이하 같음)
(3) 권리자는 대상저작물에 제3자의 이용허락권, 질권 등이 존재하는 경우, 이용자에게 그 사실을 사전에 알려야 한다.
(4) 권리자는 대상저작물의 저작재산권 전부 또는 일부를 제3자에게 양도하거나 이에 대하여 질권을 설정하고자 하는 경우, 사전에 이용자에게 이 사실을 통보하여야 한다.

제5조(이용자의 권리 및 의무)
(1) 이용자는 대상저작물을 제3조의 이용허락 기간 동안 제2조의 이용 허락을 받은 범위 내에서 비독점적으로 자유롭게 이용할 수 있다.

		□ 일시금 □ 분할	_____원
지급방식	□ 정액	□ 정기지급	(예 : 월) _____원
	□ 정률	□ 매출액 □ 매출이익	_____%
	□ 기타		

(2) 이용료는 저작물의 이용형태에 따라 다음 중 적합한 방식으로 상호 합의하여 결정할 수 있다.

	□ 일시금	_____년 _____월 _____일
지급시기	□ 분할	− 1차 : − 2차 : − 3차 :
	□ 정기지급	□ 월 : □ 분기 : □ 년 :
	□ 기타	

(3) 이용자는 대상저작물의 이용권을 제3자에게 양도하거나 이에 대하여 질권을 설정하고자 하는 경우 권리자의 문서에 의한 동의를 받아야 한다.

(4) 이용자는 관례적으로 저작자 및 저작재산권자의 성명 등 표시를 허용하는 대상저작물을 이용하는 경우, 그 저작자 및 저작재산권자의 성명 등을 표시하여야 한다.

(5) 이용자는 대상저작물의 이용함에 있어서 저작인격권을 침해하지 아니한다. 다만, 대상저작물의 본질적인 내용을 변경하지 않는 범위 내에서 권리자에게 그 사실을 사전에 고지한 후 사소한 수정 및 편집을 할 수 있다.

제6조(확인 및 보증)

(1) 권리자는 이용자에게 다음 각 호의 사항을 확인하고 보증한다.

　1. 위 지적재산권 독점적 이용허락 계약서와 동일

　2. (이하 같음)

　3. 대상저작물에 대하여 이용자에게 사전에 알린 제3자의 권리 외에는 이용자

의 이용을 제한할 수 있는 부담이 더 이상 존재하지 아니한다는 것

(2) 이용자는 권리자에게 다음 각호의 사항을 확인하고 보증한다.

    위 지적재산권 독점적 이용허락 계약서와 동일

제7조(계약내용의 변경) 위 지적재산권 독점적 이용허락 계약서와 동일

제8조(계약의 해제) 위 지적재산권 독점적 이용허락 계약서와 동일(이하 같음)

제9조(손해배상)   **제10조(비용의 부담)**   **제11조(분쟁해결)**

제12조(비밀유지)   **제13조(기타부속합의)**   **제14조(계약의 해석 및 보완)**

제15조(계약 효력 발생일)

_____ 년 ___ 월 ___ 일

    권리자 :

    성 　명(인)

    생년월일

    주 　소

    이용자 :

    성 　명(인)

    생년월일

    주 　소

비밀유지계약서

주식회사 ABC(이하 'ABC'라 함)와(과) 주식회사 XYZ(이하, 'XYZ'라 함)는(은) 비밀정보의 제공과 관련하여 다음과 같이 비밀유지계약을 체결한다.

다 음

제1조(계약의 목적)

본 계약은 ABC와(과) XYZ가 『 (업무 요지 기재) (이하 '본 업무'라 함)』와 관련하여 각자 상대방에게 제공하는 비밀정보를 비밀로 유지하고 보호하기 위하여 필요한 제반 사항을 규정함을 목적으로 한다.

제2조(비밀정보의 정의)

① 본 계약에서 '비밀정보'라 함은, ABC 또는 XYZ가 본 업무 수행 과정에서 스스로 알게 되거나, 상대 방 또는 그 직원(이하 '상대방'이라 함)으로부터 제공받아 알게 되는 상대방에 관한 일체의 기술상 혹은 경영상의 정보 및 이를 기초로 새롭게 발생한 일체의 기술상 혹은 경영상의 정보를 말한다.

② 제1항의 비밀정보는 서면(전자문서를 포함하며, 이하 같음), 구두 혹은 기타 방법으로 제공되는 모든 노하우, 공정, 도면, 설계, 실험결과, 샘플, 사양, 데이터, 공식, 제법, 프로그램, 가격표, 거래명세서, 생산단가, 아이디어 등 모든 기술상 혹은 경영상의 정보와 그러한 정보가 수록된 물건 또는 장비 등을 모두 포함한다.

제3조(비밀의 표시)

① 각 당사자가 상대방에게 서면으로 비밀정보를 제공하는 경우, 그 서면에 비밀임을 알리는 문구('비밀' 또는 '대외비' 등의 국문 또는 영문 표시)를 표시해야 한다.

② 각 당사자가 상대방에게 구두나 영상 또는 당사자의 시설, 장비 샘플 기타 품목들을 관찰·조사하게 하는 방법으로 비밀정보를 제공할 경우에는, 그 즉시 상대방에게 해당 정보가 비밀정보에 속한다는 사실을 고지하여야 한다. 이때 비밀정보를 제공한 당사자는 비밀정보 제공일로부터 15일 이내에 상대방에게 해당 정보가 비밀정보에 속한다는 취지의 서면을 발송하여야 한다.

제4조(정보의 사용용도 및 정보취급자 제한)

① 각 당사자는 상대방의 비밀정보를 '본 업무'의 수행 또는 '본 업무'와 관련된 계약에서 정한 본래의 목적으로만 사용하여야 한다.

② 각 당사자가 '본 업무'의 수행을 위하여 상대방의 비밀정보를 제3자에게 제공하고자 할 때에는 사전에 상대방으로부터 서면에 의한 동의를 얻어야 하며, 그 제3자와 사이에 해당 비밀정보의 유지 및 보호를 목적으로 하는 별도의 비밀유지계약을 체결한 이후에 그 제3자에게 해당 비밀정보를 제공하여야 한다.

③ 각 당사자는 직접적, 간접적으로 '본 업무'를 수행하는 임직원들에 한하여 상대방의 비밀정보를 취급할 수 있도록 필요한 조치를 취하여야 하며, 해당 임직원 각자에게 상대방의 비밀정보에 대한 비밀유지의무를 주지시켜야 한다. 이때 상대방은 반대 당사자에게 해당 임직원으로부터 비밀유지 서약서를 제출 받는 등의 방법으로 해당 정보의 비밀성을 유지하기 위하여 필요한 조치를 요구할 수 있다.

제5조(비밀유지의무)

① 각 당사자는 상대방의 사전 서면승낙 없이 비밀정보를 포함하여 본 계약의 체결사실이나 내용, '본 업무'의 내용 등을 공표하거나 제3자에게 알려서는 아니 된다. 다만, 객관적인 증거를 통하여 다음 각 호에 해당함이 입증되는 정보는 비밀정보가 아니거나 비밀유지의무가 없는 것으로 간주한다.

1. 상대방의 비밀정보 제공 이전에 다른 당사자가 이미 알고 있거나 알 수 있는 정보

2. 비밀정보를 제공받은 당사자의 고의 또는 과실에 의하지 않고 공지의 사실로 된 정보

3. 비밀정보를 제공받은 당사자가 적법하게 제3자로부터 제공받은 정보

4. 비밀정보를 제공받은 당사자가 비밀정보와 관계없이 독자적으로 개발하거나 알게 된 정보

5. 제3조 제2항에 의하여 비밀정보임을 고지하지 아니하거나, 비밀정보에 속한다는 취지의 서면을 발송하지 아니한 정보

6. 법원 기타 공공기관의 판결, 명령 또는 관련법령에 따른 공개의무에 따라서 공개한 정보

② 각 당사자가 제1항 제6호에 따라 정보를 공개할 경우에는 사전에 상대방에게 그 사실을 서면으로 통지하고, 상대방으로 하여금 적절한 보호 및 대응조치를 할 수 있도록 하여야 한다.

제6조(자료의 반환)

① 각 당사자는 상대방의 요청이 있으면 언제든지 상대방의 비밀 정보가 기재되어 있거나 이를 포함 하고 있는 제반 자료, 장비, 서류, 샘플, 기타 유체물(복사본, 복사물, 모방물건, 모방장비 등을 포함)을 즉시 상대방에게 반환하거나, 상대방의 선택에 따라 이를 폐기하고 그 폐기를 증명하는 서류를 상대방에게 제공하여야 한다.

② 제1항의 자료의 반환 또는 폐기에 소요되는 비용은 각 당사자가 균등하게 부담하기로 한다. 다만, 자료의 반환 또는 폐기 의무자가 우선 그 비용을 지출한 이후 상대방에게 그 부담부분을 정산하여 청구하기로 한다.

제7조(권리의 부존재 등)

① 본 계약에 따라 제공되는 비밀정보에 관한 모든 권리는 이를 제공한 당사자에 속한다.

② 본 계약은 어떠한 경우에도 비밀정보를 제공받는 자에게 비밀정보에 관한 어떠한 권리나 사용권을 부여하는 것으로 해석되지 않는다.

③ 본 계약은 어떠한 경우에도 당사자 간에 향후 어떠한 확정적인 계약의 체결, 제조물의 판매나 구입, 실시권의 허락 등을 암시하거나 이를 강제하지 않으며, 기타 본

계약의 당사자가 비밀정보와 관련하여 다른 제3자와 어떠한 거래나 계약관계에 들어가는 것을 금지하거나 제한하지 아니한다.

④ 비밀정보의 제공자는 상대방에게 비밀정보를 제공할 적법한 자격이 있음을 보증한다.

⑤ 각 당사자는 본 계약의 목적을 위하여 상대방의 시설을 방문하거나 이를 이용할 경우에는 상대방 의 제반 규정 및 지시사항을 준수하여야 한다.

제8조(계약기간)

① 본 계약은 본 계약 체결일로부터 [   ]년간 그 효력을 가진다.

② 제1항에도 불구하고, 본 계약 제4조, 제5조 및 제7조의 의무는 본 계약의 계약기간이 만료되거나, 본 계약이 해제·해지 등의 사유로 종료된 이후부터 계속하여 유효하게 존속하는 것으로 한다.

제9조(손해배상, 위약벌)

① 본 계약을 위반한 당사자는 이로 인하여 상대방이 입은 모든 손해를 배상하여야 한다.

② 본 계약을 위반한 당사자는 제1항의 손해배상과 별도로 상대방에게 위약벌로서 금 [   ]원 을 지급하여야 한다.

제10조(권리의무의 양도, 계약의 변경)

① 각 당사자는 상대방의 사전 서면동의 없이 본 계약상의 권리의무를 제3자에게 양도하거나 이전할 수 없다.

② 본 계약의 수정이나 변경은 양 당사자의 정당한 대표자가 기명날인 또는 서명한 서면합의로만 이루어질 수 있다.

제11조(계약의 분리가능성)

본 계약 중 어느 규정이 법원에 의하여 위법, 무효 또는 집행 불가능 하다고 선언될 경우에도, 이는 본 계약의 나머지 규정의 유효성에 영향을 미치지 아니한다.

제12조(분쟁의 해결)

① 본 계약에서 분쟁이 발생한 경우 당사자의 상호협의에 의한 해결을 모색하되, 분쟁에 관한 합의가 이루어지지 아니한 경우에는 발명진흥법에 의하여 설치된 산업재산권 분쟁조정위원회에 조정을 신청할 수 있다.

② 제1항의 규정에도 불구하고 분쟁이 해결되지 않은 경우에는 [서울중앙지방법원]을 제1심 관할법원으로 하여 소송을 통해 분쟁을 해결하기로 한다.

'ABC'와(과) 'XYZ'는(은) 본 계약의 성립을 증명하기 위하여 본 계약서 2부를 작성하여 각각 서명(또는 기명날인)한 후 각자 1부씩 보관한다.

20____년 ____월 ____일

"ABC"
(명칭)_____
(주소)_____
(대표자)_ _____(인)

"XYZ"
(명칭)_____
(주소)_____
(대표자)_ _____(인)

경영컨설팅계약서

(이하 "갑"이라 한다)과 (이하 "을"이라 한다)은 신의성실 원칙에 준거하여 "갑"의 경영 상의 사항에 대해 컨설팅 자문계약을 다음과 같이 체결한다.

제1조(자문업무의 내용)
"을"은 "갑"의 견실한 경영을 위하여 다음과 같은 경영자문을 수행한다.
① 사업전략 및 인적자원관리전략 수립
② 회사소개서 및 사업계획서 작성
③ 유가증권발행에 관한 업무
④ 자금유치를 위한 투자설명회 개최
⑤ 마케팅, 광고 및 판매망 구축
⑥ 법인 지분의 매입 또는 보유 지분의 매각

제2조(상호협조)
"갑"은 "을"이 "갑"과 관련한 자문업무 수행 시 필요한 정보와 자료를 최대한 "을"에게 제공하여야 하며 "을"은 "갑"과 약정한 자문업무의 내용에 관하여 신의 성실원칙에 따라 자문업무를 수행하여야 한다.

제3조(보수의 지급방법)
1. "갑"은 제1조에 규정한 자문에 대한 보수를 다음과 같은 방법으로 지급한다.
   가. 매월 금 원을 "을"에게 현금으로 지급한다(월단위지급).
   나. 계약기간년 월일부터 년 월 일 에 대해 금원을 "을"에게 현금으로 지급한다(연 단위지급).
   다. "을"이할 경우 금원을 "을"에게 지급한다(과업단위 지급).
2. "갑"은 "을"이 "갑"의 보유주식매출 또는 "갑"의 신주발행을 통해 자금을 조

달하는 경우 조달금액 총액의%에 해당하는 금액을 성과 보수로 을에게 현금으로 지급한다.

제4조(보수의 지급시기)

제3조에 의한 보수의 지급시기는 다음과 같이 한다.

1. 제3조1.의 에 의한 보수 :
2. 제3조1.의 에 의한 보수 :
3. 제3조1.의 에 의한 보수 :
4. 제3조2.의 에 의한 보수 :

제5조(실비)

"을"은 제1조에 열거한 경영자문업무를 수행함에 있어 일상적인 사무비용을 부담하나 건당 원을 초과하는 금액은 "을"의 청구에 의하여 "갑"이 "을"에게 (조건)지급하기로 한다.

제6조(계약기간)

1. 본 계약의 유효기간은 계약 당일로부터 개월 간으로 한다.
2. 본 계약에 대해 쌍방이 계약을 연장하는 경우 계약 종료일 전일까지 의사를 표시하여야 하며 본 계약연장에 대하여 쌍방이 합의하거나 쌍방 중 일방이 상대편에 대하여 계약연장의 의사표시를 함에도 불구하고 나머지 일방이 이에 응낙하지 않은 경우 본 계약은 종료된다.

제7조(비밀준수의무)

1. "을"은 "갑"으로부터 제1조에 열거한 자문업무 목적을 위하여 제공받은 자료 및 정보를 본 목적이외의 용도로 사용하거나 제3자에게 누설할 수 없으며 "을"의 본 의무는 계약기간은 물론 계약기간 종료 후에도 존속한다.
2. 본 의무의 위반으로 인하여 "갑"이 손해를 입었을 경우 "갑"은 을에 대하여 동손해에 대한 보상을 청구할 수 있다.

제8조(관할법원) 본 계약으로 인한 분쟁 발생시 소송의 관할 법원은 "을"의 주소지를 관할하는 법원으로 한다.

제9조(기타) 상기에 계약하지 않은 사항은 건별로 "갑"과 "을"이 협의하여 결정하기로 하고 협의를 거쳐도 정해지지 않은 사항은 일반적인 상 관례에 따라 해석한다.

상기 사항을 증명하기 위하여 본 계약서를 2부 작성하여 각각 1부씩 쌍방이 보관하기로 한다.

20○○년 ○월 ○일

	상호		
"갑"	대표이사(대표자)	:	○○○ ㉑
	사업자(주민)번호	:	
	주소	:	

	상호		
"을"	대표이사(대표자)	:	○○○ ㉑
	사업자(주민)번호	:	
	주소	:	

【경비용역계약서】

경비용역계약서

도급인 "갑"

상 호 :

주 소 :

대 표 이 사 :

수급인 "을"

상 호 :○○주식회사

주 소 :서울 ○○구 ○○동 ○○번지 ○○빌딩 ○○호

대 표 이 사 :○ ○ ○

위 "갑", "을" 당사자간에 경비도급 계약을 체결함에 있어 "을"은 "갑"이 지정하는 경비 구역 내에 대한 경비업무를 성실하게 수행키로 하고 "갑"은 "을"에게 경비대금을 지급할 것에 각각 동의하여 아래와 같이 계약을 체결한다.

제1장 총 칙

제1조(목적) 이 계약은 경비업법 제2조 제1호 본문의 규정에 따라 "을"은 "갑"으로부터 제2조의 경비대상 시설 및 장소에 대하여 경비업무를 도급 받아 동시설 및 장소에서 의 도난, 화재 기타 혼잡 등으로 인한 위해 발생을 방지함을 목적으로 한다.

제2조(대상물) "을"이 "갑"에게 제공하는 경비 대상물건은 ○○○ 및 ○○○로 한다.

제3조(경비인원) 경비 인원은 ○명이 "을"의 책임하에 24시간 격일제로 근무한다.

제4조(경비료)

　1. 경비료는 월 ○○○원 (부가가치세 별도)으로 한다.

　2. 경비료는 경비원의 급료, 상여금, 퇴직금 등 직접 노무비와 피복장구비,

산재보험료, 국민건강보험료, 국민연금, 교육훈련비, 복리후생비, 기타 경비원에게 지출되는 제 비용 등의 간접노무비 이외에 일반관리비, 제세공과금, 위험부담금, 기업이윤 등을 포함한다.

제5조(계약기간)

1. 경비도급계약 기간은20년 ○○월 ○○일부터 ~ 20년 ○○월 ○○일까지 ○년으로 한다.

2. 본 계약은 계약 기간 만료 30일전까지 "갑" 또는 "을"이 상대방에 대하여 계약만료에 대한 서면 해약 통고가 없는 한, 계약 기간은 자동적으로 ○년 간 연장된 것으로 한다. 단, 계약금액은 "갑" "을" 협의하에 조정한다.

제6조(계약의 해지) "갑"은 "을"에게 다음 각 호의 사유가 발생하였을 때에는 예고기간 없이 구체적 사유를 명시한 서면 통고로서 계약을 해지할 수 있다.

1. "을"이 파산 선고를 받았거나 파산 신청을 하였을 때

2. "을"이 해산 명령을 받았거나 해산의 결의를 하였을 때

3. "을"이 경비업 허가를 자진 반납하거나 허가 취소를 처분 받았을 때

제7조(경비대금의 청구 및 지급) "을"은 경비료를 매월 ○○일까지 "갑"에게 청구하여야 하며 "갑"은 청구 금액에 이의가 없는 한 접수일로부터 10일 이내에 경비대금을 현금으로 "을"에게 지급하여야 한다.

제2장 경비업자의 의무

제8조(규정 등의 준수) "을"은 경비업무를 수행함에 있어 제 규정과 규칙을 준수하며 안전과 경비 업무에 필요한 지정된 교육을 받아야 한다.

제9조(권리와 의무)

1. "갑"은 본 계약의 효율적인 시행을 위하여 경비 업무에 대하여 "을"과 협의할 수 있다.

2. "을"은 "갑"의 관리권 행사 범위 내에서 대상 시설의 경비업무를 성실히 이행할 의무 를 진다.

3. "을"은 경비원의 인사에 관한 사항 중 채용, 징계에 관한 사항에 대하여는

이를 "갑"에게 서면으로 통보한다.

제10조(기밀의 보존) "갑"과 "을"은 본 계약 체결 및 실행 과정에서 취득한 상대방의 기밀 사항을 제3자에게 일체 누설하지 않는다.

제11조(양도의 금지) "을"은 "갑"의 서면 승인 없이 본 계약상의 권리와 의무의 일부 또는 전부를 제3자에 양도하거나 계약에 따라 행할 일체의 업무를 하도급 할 수 없으며 담보의 목적물로 할 수 없다.

제3장 경비업무 실시

제12조(경비원의 채용) "을"은 본 계약에 의한 경비업무 수행을 위하여 경비업법상 제10조 전항 각호의 결격 사유에 해당하지 않는 자로서 신체 건강하고 사상이 건전한 자를 선발하여 경비원으로 채용 배치한다.

제13조(방호의무) "을"은 "갑"이 정하는 경비 대상 시설 내에서의 인명과 재산에 대한 도난, 화재, 혼잡, 무단 침입 등의 위해 발생을 방지하는 의무를 진다.

제14조(경비근무)

1. "을"은 소속 경비원으로 하여금 근무 수칙을 준수하게 하며 일일 경비상황과 이상 유 무를 기록한 경비 상황보고서를 작성하고 필요시 "갑"에게 통보한다.

2. "을"은 경비근무 중 경비원으로 하여금 정기 또는 비정기적으로 경비 구역에 대한 순 찰을 하도록 하며 순찰중 이상이 있을 시는 즉시 "갑"에게 통보한다.

3. "을" 업무 수행 중 긴급 사태가 발생하거나 발생이 예상될 때에는 지체없이 "갑"에게 통보하며 "갑"은 이에 대하여 충분한 조치를 강구하여야 한다. 또한 "갑"은 사고발생의 위험이 있는 곳의 경비에 대하여는 사전에 "을"에게 관리 방법과 사고 방지를 위한 주의 사항 등을 서면 통보함과 동시 "을"과 충분히 협의하여야 한다.

4. "갑"은 본 계약 업무의 적정한 이행을 위하여 필요한 경우에는 "을"에게 주문 사항과 지시를 요구를 할 수 있다.

제15조(운용 감독) "을"은 계약상의 경비업무를 수행하기 위하여 경비의 운용과 지휘 감독의 권한을 행사한다.

제16조(경비원의 통제)

1. "을"은 경비원의 불성실이나 근무태만, 비위사실 등에 대하여 사안에 따라 교체하거나 "을"의 징계 절차에 따라 처리하고 그 결과를 "갑"에게 통보한다.

2. 전항의 근무태만이라 함은 근무지 이탈, 근무 시간 중 음주, 수면, 빈번한 무단 결근 및 기타 업무를 태만히 하는 행위로 경비업무 수행에 지장을 초래하거나 초래할 우려가 있는 경우를 말한다.

제17조(경비원의 고용 책임)

"을"은 본 계약 이행을 위하여 채용하는 경비원에 관련된 다음 각 호의 사항에 대하여 단독 책임을 진다.

1. 근로조건 및 근로기준법상의 일체의 책임
2. 노동 쟁의와 관련된 일체의 책임
3. 산업 재해 보상에 관한 책임
4. 경비원 임면에 관한 책임
5. "갑"의 업무에 대하여 취득한 비밀의 유지 보전에 대한 책임

제18조(상호협력) "갑"과 "을"은 신의 성실의 원칙에 입각하여 본 계약의 이행에 상호 협력한다.

제19조(업무의 정지) "을"은 천재지변, 전쟁 기타 불가항력적인 경유 또는 "갑"의 책임 있는 사유에 의하여 계약상의 업무 실시가 불가능할 경우에는 그 사유를 "갑"에게 통보하고 사유 소멸 시까지 업무의 실시를 정지할 수 있으며 정지기간 동안에는 "갑"에 대한 의무를 지지 아니한다.

제4장 손해배상

제20조(손해배상)

1. "을"은 경비업법의 규정에 따라 경비원이 업무 수행 중 고의 또는 과실로

"갑"의 경비 대상 시설에 발생하는 손해를 방지하지 못한 때에는 그 손해를 배상하여야 한다.

2. "을"은 제1항의 손해 배상을 담보하기 위하여 경비업법 제26조의 규정에 의한 손해 배상 책임 공제에 가입하여 한국 경비협회장이 확인한 그 증서 사본이나 서울 보증에 서 발행한 증권을 "갑"에게 제출하여야 한다.

3. 손해 배상책임 한도액은 ○○○원으로 한다.

제21조(고지의무 등)

1. "갑"은 "갑"또는 "갑"의 시설내의 입주 업체는 일과 시간이 종료한 시간부터 익일일과 개시 시간까지 그의 시설 내에 화폐, 수표, 유가증권, 인지, 금은 등의 보석류, 시계, 모피류, 글, 그림 류, 골동품, 설계도, 장부, 원고, 컴퓨터, 소프트웨어의 중 요물품을 보관하지 않음을 원칙으로 하고 부득이 보관하여야 할 사유가 있을 때에는 "갑"또는 입주업체에는 반드시 보관 사실을 "을"의 경비원에게 고지하고 확인을 시 켜야 한다.

2. "갑"은 사고 발견 즉시 "을"에게 동사실을 통보하여 "갑" "을" 공동으로 현장을 확인 하여야 한다.

제22조("을"의 면책)

"을"은 다음 각호의 사항에 대하여는 책임을 지지 아니한다.

1. 천재지변, 전쟁, "갑"의 쟁의행위 기타 불가항력으로 인하여 발생한 손해

2. "을"의 경비원이 본 계약이 정하는 업무 이외에 "갑"의 요구에 의한 행위로 발생한 손해

3. 본 계약서 제22조 제1항의 규정에 의한 고지 의무를 결하여 발생한 화폐, 수표, 유가증권, 인지, 금은 등의 보석류, 시계, 모피류, 글, 그림류, 골동품, 설계도, 장부, 원고, 컴퓨터, 소프트웨어 등 중요한 물품의 도난 사고에 대한 손해와 동조 제2항에 의한 통보를 결함으로서 사실 확인이 불가한 사고에 대한 손해

4. 경비 대상 시설 또는 대상시설내의 기물 파손 등 외부 침입 흔적이 없이 발생한 손해

5. 제23조 제1항의 규정에 의한 "을"의 책임 범위 이외의 사고와 동조 제2항

의 규정에 의한 "갑"의 조치 불이행으로 발생한 손해

6. 기타 "갑"이 계약서에서 정한 규약을 위약하여 발생한 손해

제5장 경비원의 후생 복지

제23조(장비, 시설지원)

1. "갑"은 "을"에게 경비업무에 필요한 사무실 및 사무집기, 감시초소, 조명시설, 용수, 전력, 동계 난방 시설, 연료와 통신 시설 등을 무상으로 제공한다.

2. "을"은 선량한 관리자의 주의 의무로 "갑"이 제공한 장비 및 시설을 관리하며 제공받은 장비 및 시설은 경비 목적 이외에 사용할 수 없고 제3자에게 제공하거나 외부에 반출 또는 원형을 변경하지 못한다.

제24조(급여) "을"은 "갑"으로부터 수령한 경비료중 적정한 직접 노무비를 경비원에게 지급하여 저임금으로 인한 이직율을 방지하고 철저한 경비 업무를 수행할 수 있도록 한다.

제25조(후생복지)

1. "을"은 "갑"의 경비대상 시설에 근무 중인 경비원에대하여 다음 각호의 후생 복지 제 도를 실시한다.

가. 건강진단 년 1회 실시

나. 산업 재해 보상보험 가입

다. 국민 건강 보험 가입

라. 국민연금 가입

제6장 보 칙

제26조(계약의 발효) 이 계약은 계약 체결일로부터 효력을 발생한다.

제27조(분쟁의 해결) "갑"과 "을" 사이에 계약조항 해석에 이의가 있을 때에 "갑" "을" 상호간 협의에 의하여 정하고 협의가 이루어지지 않을 때에는 제3자에게 조정을

요청할 수 있다.

제28조(합의관할) 이 계약서에 관한 합의 관할은 법원으로 한다.

이 계약의 성립을 증명하기 위하여 계약서 2통을 작성 각자 서명 날인한 후 "갑" "을" 각 1통씩 보관한다.

20○○년 ○월 ○일

도급인 "갑"	주소	:	
	회사명	:	
	연락처	:	
	대표이사(대표자)	:	○○○　(서명 또는 날인)
		:	
수급인 "을"	주소	:	
	회사명	:	
	연락처	:	
	대표이사(대표자)	:	○○○　(서명 또는 날인)

[참 고]

■ 경비업종 표준하도급계약서는 공정거래위원회 홈페이지(https://www.ftc.go.kr) 또는 한국소비자협회(www.koreakca.or.kr)에서 다운 받을 수 있다. 공정거래위원회에서 제공하는 표준하도급계약서는 「하도급거래 공정화에 관한 법률」(이하 '하도급법'이라 한다) 제3조의2에 따라 공정거래위원회가 사용 및 보급을 권장하고 있는 표준하도급계약서이다.

　공정거래위원회는 공정거래위원회가 제공하는 표준하도급계약서의 일부 내용은 현행 「하도급법」 및 그 시행령, 「경비업법」 및 그 시행령, 「국가를 당사자로 하는 계약에 관한 법률」 및 그 시행령 등의 일부를 적용 또는 준용한 것이므로, 계약당사자는 이들 법령이 개정되는 경우에는 개정내용에 부합되도록 기존의 계약을 수정 또는 변경할 수 있으며 특히 개정법령에 강행규정이 추가되는 경우에는 반드시 그 개정규정에 따라 계약내용을 수정할 것을 권고하고 있다.

공정거래위원회에서 제공하는 표준하도급계약서는 아래와 같이 구성되어 있다. 다만 본서에서는 해당 표준계약서의 방대한 양으로 인해 이를 전부 지면으로 소개하는 것은 부적당하다고 생각되어 종전의 경비용역계약서를 그대로 사용하되 아래 첨부내용 중 하도급과 관련하여 수급사업자에게 유용한 '하도급대금 직접지급합의서'만을 소개하고자 한다.

1. 경비업종 표준하도급계약서(표지)
2. 경비업종 표준하도급계약서(본문)
3. 첨부
   (1) 기본계약서 본문 (2) 경비 과업내용 (3) 산출내역서
   (4) 비밀유지계약서 (5) 하도급대금 직접지급합의서
   (6) 표준비밀유지계약서(기술자료) (7) 표준약식변경계약서

■ 보다 구체적인 내용은 위에서 소개된 홈페이지에서 해당 계약서 등을 확인 후 다운로드 받아 사용하길 권유드린다.

【하도급대금 직접지급 합의서】

【별첨】

하도급대금 직접지급 합의서

원 도 급 계약사항	원 도 급 계 약 명(名)	
	최 초 계 약 금 액	
	계 약 기 간	
하 도 급 계약사항	하 도 급 계 약 명(名)	
	최 초 계 약 금 액	
	계 약 기 간	
	원사업자	상호와 대표자	
		주 소	
	수급사업자	상호와 대표자	
		주 소	

1. 상기 원사업자와 수급사업자 간의 하도급계약에 있어 수급사업자가 수행 및 완료한 부분에 해당하는 하도급대금을 「하도급거래 공정화에 관한 법률」에 따라 발주자가 수급사업자에게 직접 지급하기로 발주자·원사업자 및 수급사업자 간에 합의합니다.

2. 하도급대금 직접지급 방법과 절차
   수급사업자가 하도급계약에 따라 수행 및 완료한 부분에 대한 내역을 제시한 경우에 발주자는 직접지급합의에서 정한 바에 따라 하도급대금을 수급사업자의 아래 계좌 등으로 직접 지급합니다.

   ◇ 수급사업자의 예금계좌(현금의 경우)

예금주	은행명	계좌번호	비고

3. 원사업자가 발주자에게 해당 하도급 계약과 관련된 수급사업자의 임금, 자재대금

등의 지급 지체 사실(원사업자의 책임있는 사유로 그 지급 지체가 발생한 경우는 제외한다)을 증명할 수 있는 서류를 첨부하여 해당 하도급대금의 직접 지급 중지를 요청한 경우, 발주자는 그 하도급대금을 수급사업자에게 지급하지 않습니다.

4. 발주자는 수급사업자의 채권자의 압류·가압류 등 집행보전이 있는 경우 또는 국세·지방세 체납 등으로 직접지급을 할 수 없는 사유가 발생한 경우에 즉시 수급사업자에게 통보합니다.

5. 직불합의가 있기 전에 원사업자의 발주자에 대한 대금채권에 관하여 가압류·압류 또는 국세·지방세 체납 등(이하 '가압류 등'이라 한다)이 있는 경우에는 발주자는 수급사업자에게 합의서를 작성하기 전에 그 사실을 고지하여야 합니다.

년   월   일

발주자, 원사업자와 수급사업자는 이 계약의 성립을 증명하기 위하여 계약서 3부를 작성하여 각각 서명(또는 기명날인)한 후 각자 1부씩 보관한다.

발 주 자: (서명 또는 인)

원사업자: (상호)   (대표자)   (서명 또는 인)

수급사업자: (상호)   (대표자)   (서명 또는 인)

① (고용승계) 특별한 사정이 없는 한 고용을 승계
② (고용유지) 특별한 사정이 없는 한 용역계약기간 중 고용유지
③ (근로조건 보호) 적격심사시 제출한 외주근로자 근로조건 보호 관련 사항 위반 시 계약해지 및 향후 입찰참가자격 제한 가능
④ (정보공개) 노무비 산출내역 등 계약내용을 홈페이지에 공개 가능
⑤ (임금명세서 제출) 분기별로 발주기관에 임금지급명세서 제출

【부동산컨설팅 계약서】

부동산컨설팅계약서

_____(이하 "갑"이라 한다)와_____주식회사(이하 "을"이라 한다)는 본 계약에 첨부된 별지목록의 부동산(이하 "물건"이라 한다)과 관련하여 다음과 같이 부동산 컨설팅 계약을 체결한다.

제1조(컨설팅의 범위)

① "갑"이 "을"에게 위탁하는 컨설팅 업무의 범위는 다음과 같다.
 1. 물건의 적정용도 및 건물의 적정한 규모
 2. 입주자 모집 예상 및 인근의 상황
 3. 위 2항과 관련한 수지 예상과 자금 회전의 예상
 4. 상속세 평가에 관한조언
② "을"은 전 항의 업무결과를 정기적으로 "갑"에게 서면보고하여야 한다.

제2조(보수)

컨설팅에 대한 보수는 금 _____원으로 한다.

제3조(비밀유지)

"갑"과 "을"은 상대방의 동의가 없는 한 상대방에게 제시한 자료나 정보, 계약과 관련된 상대방의 기술상, 경영상의 비밀을제3자에게 누설하지 않아야 한다.

제4조(계약기간)

본 계약의 기간은 _____년 ___월 ___일부터 _____년 ___월 ___일까지로 한다.

본 계약을 증명하기 위해 "갑"과 "을"은 계약서 2통을 작성하여 각각 서명 날인 후 1통씩을 보관한다.

20○○년 ○월 ○일

"갑"　　주소　:
　　　　성명　: ○○○ ㊞

"을"　　주소　:
　　　　성명　: ○○○ ㊞

번역(통역)작업 용역계약서

주식회사 OOOO (이하 "갑")와 ○○주식회사(이하 "을")은 "갑"의 ○○○번역에 관한 용역계약서(이하 본 "계약")를 체결한다.[별첨1 견적서 참조]

제1조(신의 성실의 원칙) 양 당사자는 신의성실의 원칙에 입각하여 본 계약을 이행한다.

제2조(당사자 의무) "갑"은 한글2010 원본을 본 계약 체결 즉시 "을"에게 제공하며, "을" 은 계약 체결 후 일 후에 한글2010 문서로 번역작업을 완료한 후 작업 결과물을 E-mail로 "갑"에게 제출한다.

제3조(용역대금)
① "을"이 본 계약을 성실하고 정확하게 수행하는데 대한 대가로 총금액(일금:OOO, ₩OOO : VAT포함)중 계약금으로 (2000년 O월 O일)에 (일금: OOO, ₩OOO)을 지급하고, 작업완료후 7일까지(2000년 O월 O일) 잔금(일금: OOO ₩OOO)을 용역 대금으로 "을"에게 현금으로 지급한다.
   (입금통장: OO은행 OOO-OO-OOOOO-O (주)OOO)
② 상기 3. 1항의 용역대금은 "을"이 본 계약을 이행하는데 대하여 "갑"이 지급해야 하는 대가의 전부로 "을"은 여하한 경우에도 달리 대가의 지급을 요구하지 아니한다.

제4조(지체배상) "을"은 번역결과물을 상기 제2조의 기한 내에 "갑"에게 제출하지 않을 경우, "갑"에게 치명적인 손실이 발생할 수 있음을 인정한다.

제5조(번역결과물의 수정작업의무) 번역결과물이 내용이 미흡하거나 하자가 있는 있어서 "갑"이 "을"에게 재 번역 및 감수를 요청한 경우 처음 의뢰한 내용에 한하여 "을"은 책임을 지고 추가비용 없이 작업을 마무리 해준다.

제6조(손해배상) 당사자 일방의 귀책사유로 본 계약이 해제 또는 해지되는 경우 상대방에 대하여 손해배상 책임을 진다.

제7조(정보보안) "을"은 번역에 관련된 모든 자료는 누설치 않아야 하며 만약 누설로 인한 문제가 발생시 전적인 책임을 진다.

제8조(기타사항) 본 계약서에서 규정하지 아니한 사항은 상거래 관련 법률 및 일반 상거래 관행에 따르며, 필요하다고 인정되는 사항에 대해서는 상호 합의 하에 변경 또는 추가 약정을 체결한다. 이상의 계약을 준수하기 위하여 "갑"과 "을"은 본 계약 2통을 작성하여 서명 날인 후 각 1통씩 소지한다.

20○○년 ○월 ○일

	상호	:
"갑"	사업자등록번호	:
	소재지	:
	대표이사(대표자)	: ○○○ ㉑

	상호	:
"을"	사업자등록번호	:
	소재지	:
	대표이사(대표자)	: ○○○ ㉑

청소용역계약서

서울 ○○시 ○○동 ○○○번지 ○○○ 아파트 입주자대표회장 ()을 "갑"(이하 "갑"이라 칭함)이라 칭하고 용역업체인 서울시 ○○구()를 "을" (이하 "을" 이라 칭하)이라고 칭하여 다음과 같이 청소용역계약을 체결한다.

제1조 "갑"은 아파트 ○○,○○○평의 공용부분의 청소를 "을"의 책임전담 실시한다.

제2조 "을"이 이 전조의 작업을 시행하기 위하여 소요되는 청소용품 및 소모자개는 "을"의 부담으로 한다.

제3조 "갑"은 매월 청소용역비 ○,○○○원(평당○○○원 부가세 포함)을 "을"의 청구에 의하여 익월 15일까지 지급한다.

제4조 "갑"은 "을"에게 작업에 필요한 전기나 용수를 무상으로 제공한다.

제5조 "을"이 작업중 건물, 전기, 비품 기타 기구 등이 파손될 때에는 "갑"의 요구에 따라 "을"은 지체없이 보상한다.

제6조 제5조에 대한 변상은 "을"이 신속히 이행하지 아니할 경우에는 용역대금 중에서 동 변상금액을 공제한다.

제7조 "을"이 작업 중 발생한 모든 안전사고 (대기실 등의 부주의로 인한 화재 등 포함)는 "을"의 책임하에 피해보상하고 "갑"은 어떠한 책임도 지지 않는다.

제8조 본 계약기간은 20○○년 ○월 ○일부터 20○○년 ○월 ○일까지로 하며 "을"이

청소용역을 성실히 이행치 않을 경우(별첨 시방에 의한 청소 등이 이루어지지 않을 경우 등 포함) 또는 "을"이 청소용역업 등을 수행할 능력이 없다고 인정된 경우에는 "갑"은 본 계약을 언제든지 해약할 수 있다. 단, 계약의 해지 시에는 입주자대표회의의 승인을 얻어 시행한다.

제9조 청소의 범위, 작업시간, 작업인원, 청소의 시방 등은 별첨 시방서에 의한다.

제10조 본 계약을 증명하기 위하여 계약서 정본 2부를 작성하여 "갑"과 "을"이 각각 1부씩 보관한다.

20○○년 ○월 ○일

"갑"　소재지　　　：　서울 ○○시 ○○동 ○○○번지 ○○○아파트 입주자대표회의
　　　입주자대표회장 ：　○○○ ㊞

"을"　서울시 ○○구 (　　　)
　　　대표　　　　：　○○○ ㊞

제4장 금전소비대차/채권 · 채무

민사 분쟁에서 가장 큰 부분을 차지하는 것 중 하나가 바로 금전소비대차에 관한 내용이다. 즉, 금전을 빌리고 빌려주는 금전거래는 일종의 계약으로 민법상 '금전소비대차'라고 하는데 이는 은행 등의 금융권에서 대출을 받는 것도 포함된다.

물론 금융권에서 대출을 받을 때는 해당 은행에서 제시하는 대출거래약관에 의해 대출계약이 체결되지만, 사인 간의 금전거래는 불분명한 계약내용으로 인해 법적 분쟁으로 이어지는 경우가 적지 않다.

따라서 이 장에서는 금전소비대차계약을 중심으로 살펴보기로 한다.

1. 금전소비대차

(1) 의 의

'금전거래'란 양 당사자가 금전을 빌리고 빌려주는 계약을 하는 것을 말하며, 민법상 용어로는 '금전소비대차'라 한다.

우리 「민법」 제598조에서는 당사자 일방이 금전의 소유권을 상대방에게 이전할 것을 약정하고 상대방은 같은 금액으로 반환할 것을 약정함으로써 그 효력이 생긴다고 규정하고 있는데, 이러한 금전거래는 통상 은행이나 대부업자를 통한 대출로 이뤄질 수도 있고, 개인 간에 이루어질 수도 있다.

당사자 사이에 이자 있음은 약정하였으나 이율은 약정하지 않은 경우에는 연 5%의 민사상 법정이율이 적용된다.

(2) 계약서 작성의 필요성

우리 민법상 모든 계약은 낙성·불요식계약이 원칙이므로 금전소비대차 또한 특별한 서면에 의하지 않고 양 당사자의 구두합의만으로도 성립한다. 그러나 계약서를 작성하지 않을 경우 차주가 돈을 갚지 않거나 대주가 기한보다 일찍 돈을 요구하는 경우 등의 법률분쟁이 발생했을 때 이를 해결하기 어려울 뿐만 아니라 나아가 금전거래의 사실을 입증하기조차도 곤란할 수 있다.

따라서 금전소비대차계약을 체결할 때에는 그 이름이 차용증이든 현금보관증이든을 불문하고 금전소비대차계약서를 작성하는 것이 좋다.

(3) 필수적 기재사항

• 채권자·채무자의 인적사항 (성명, 주민등록번호, 주소) • 채무액 • 이자에 관한 사항 • 채권자채무자 주소	• 변제기일 및 변제방법 • 변제하지 않는 경우의 위약금 약정 • 기한 • 조건

1) 채권자·채무자의 인적사항(주민등록번호·주소)

금전소비대차 계약의 당사자인 채권자(대주)와 채무자(차주)를 정확하게 작성해야 한다. 당사자의 별명, 아호(雅號) 등을 사용하여 당사자를 특정할 수만 있으면 이를 사용하는 것도 무방하지만, 법적 분쟁을 예방하기 위해서는 실명과 주민등록번호·주소·전화번호를 정확히 기재해야 한다. 아울러 상대방의 인적사항을 신분증과 대조하여 동일한 사람인지를 확인하는 것이 좋다.

2) 대리인이 있는 경우

계약당사자의 대리인이 있는 경우에는 계약서에 별도로 대리인의 자격을 표시하고 대리인의 인적사항을 기재하여야 한다. 대리인의 신분증과 대조하여 신분을 확인해야 함은 물론이다.

또한 대리인의 대리권을 증명할 수 있는 위임장을 반드시 받아서 계약서에 함께 편철한다.

3) 채무액

차용한 금전의 원금을 기재하여야 하며, 보다 정확히 하기 위해 한글과 아라비아 숫자를 함께 쓰는 것이 좋다.

4) 이자

① 의 의

민법상 금전소비대차는 무이자인 것이 원칙이며, 이자를 받으려면 반드시 이자의 약정을 해야 한다. 만약 당사자 사이에 이자의 약정은 하였으나 이율을 정하지 않았을 경우에는 연 5%의 민사상 법정이율이 적용되므로(민법 제397조 및 제379조), 대주의 입장에서는 이율을 명확히 기재하는 것이 필수적이다.

단, 금전의 대여가 상행위에 기초한 경우에 만약 당사자 사이에 이율의 약정이 없다면 대주는 연 6%의 법정이자를 청구할 수 있다(상법 제55조 제1항 및 제54조).

한편, 계약서에 이자를 기재할 때 예금(禮金), 할인금, 수수료, 공제금, 체당금(替當金), 그 밖의 명칭으로 기재하더라도 금전의 대차와 관련하여 채권자가 받는 것은 이를 이자로 본다(이자제한법 제4조 제1항).

② 최고 이자율

원금이 10만 원 이상인 금전소비대차에서 그 이율은 연 20%의 이자율의 한도에서 당사자의 합의로 자유롭게 정할 수 있다(이자제한법 제2조제1항·제5항 및 이자제한법 제2조제1항의 최고이자율에 관한 규정). 이 규정을 위반하여 최고이자율을 초과하는 이자부분은 무효이며, 그 이자를 받은 자는 1년 이하의 징역 또는 1천만 원 이하의 벌금에 처해진다. 이 경우 징역형과 벌금형은 병과(倂科)될 수 있다는 점을 주의해야 한다(이자제한법 제8조).

③ 이자의 사전공제 약정

금전소비대차계약의 이자율을 약정할 때에 당사자는 선이자를 미리 공제하기로 할 수 있다(이자제한법 제2조 제1항, 제3조).

예) 변제기한을 1년으로 하고 이자율을 연 20%로 1,000만원을 빌려주고 받는 금전소비대차 계약을 체결할 때, 1년 후에 받을 이자 200만원을 미리 공제한 750만원만을 채무자에게 주는 경우

5) 변제기

변제기는 연·월·일을 정하여 정확히 적어야 하며, 만약 변제기 약정이 없는 경우에는 계약서에 기재하지 않아도 좋으나 채권자가 임의의 시기에 변제를 청구하면 상당

한 기간이 경과한 뒤 변제기가 도래한 것으로 된다.

6) 기 한

① 의의

기한이란 법률행위의 당사자가 그 효력의 발생·소멸 또는 채무의 이행을 장래에 발생하는 것이 확실한 사실에 의존하게 하는 부관(附款)을 말한다.

예) 기한부 금전소비대차 : 내년 12월 31일까지 돈을 빌려준다.

② 기한이익의 상실

기한은 채무자의 이익을 위한 것으로 추정되는데, 이렇게 기한의 이익을 채무자에게 주는 것은 채무자를 신용하여 그에게 기한 만큼의 이행을 늦춰주기 위한 것이지만, 채권자의 입장에서도 그 기한동안 이자를 받을 수 있으므로 기왕에 체결한 금전소비대차계약을 해지시켜야 할 이익은 없다. 그러나 민법상 일정한 경우 채무자의 기한의 이익을 상실하도록 규정하고 있는데 그 사유는 다음과 같다.

> * 채무자가 담보를 손상하거나, 감소 또는 멸실하게 한 때(민법 제388조제1호)
> * 채무자가 담보제공의 의무를 이행하지 않은 때(민법 제388조제2호)
> * 채무자가 파산한 때(채무자 회생 및 파산에 관한 법률 제425조)

이러한 규정 외에 실제로 계약서에 기재되는 기한이익 상실 규정은 '채무자가 2회 이상 이자지급을 연체했을 때' 등으로 기재되는 경우가 많다. 이와 같이 기한의 이익 상실 규정은 당사자 사이에서 계약 시 특약사항으로 부기할 수 있다.

2. 관련 판례

(1) 소비대차 계약의 성립

① 계약의 성립을 위한 의사표시의 객관적 합치 여부를 판단함에 있어, 처분문서인 계약서가 있는 경우에는 특별한 사정이 없는 한 계약서에 기재된 대로의 의사표시의 존재 및 내용을 인정하여야 한다(대판 2009.4.23, 2008다96291, 96307).

② 한편 제3자가 금전소비대차약정서 등 대출관련 서류에 주채무자 또는 연대보증인

으로서 직접 서명·날인하였다면 제3자는 자신이 그 소비대차계약의 채무자임을 금융기관에 대하여 표시한 셈이고, 제3자가 금융기관이 정한 여신제한 등의 규정을 회피하여 타인으로 하여금 제3자 명의로 대출을 받아 이를 사용하도록 할 의사가 있었다거나 그 원리금을 타인의 부담으로 상환하기로 하였더라도, 특별한 사정이 없는 한 이는 소비대차계약에 따른 경제적 효과를 타인에게 귀속시키려는 의사에 불과할 뿐, 그 법률상의 효과까지도 타인에게 귀속시키려는 의사로 볼 수는 없다(대판 2016.3.24, 2015다246346).

(2) 소비대차 계약과 통정허위표시

통정허위표시가 성립하기 위해서는 의사표시의 진의와 표시가 일치하지 아니하고 그 불일치에 관하여 상대방과 사이에 합의가 있어야 하는데, 제3자가 금전소비대차약정서 등 대출관련 서류에 주채무자 또는 연대보증인으로서 직접 서명·날인하였다면 제3자는 자신이 그 소비대차계약의 채무자임을 금융기관에 대하여 표시한 셈이고, 제3자가 금융기관이 정한 여신제한 등의 규정을 회피하여 타인으로 하여금 제3자 명의로 대출을 받아 이를 사용하도록 할 의사가 있었다거나 그 원리금을 타인의 부담으로 상환하기로 하였더라도, 특별한 사정이 없는 한 이는 소비대차계약에 따른 경제적 효과를 타인에게 귀속시키려는 의사에 불과할 뿐, 그 법률상의 효과까지도 타인에게 귀속시키려는 의사로 볼 수는 없으므로 제3자의 진의와 표시에 불일치가 있다고 보기는 어렵다고 할 것인바, 구체적 사안에서 위와 같은 특별한 사정의 존재를 인정하기 위해서는, 금융기관이 명의대여자와 사이에 당해 대출에 따르는 법률상의 효과까지 실제 차주에게 귀속시키고 명의대여자에게는 그 채무부담을 지우지 않기로 약정 또는 양해하였음이 적극적으로 입증되어야 한다(대판 2015.2.12, 2014다41223).

(3) 소비대차 계약 상 이자가 「민법」 제103조 위반에 해당하는지 여부

금전 소비대차계약과 함께 이자의 약정을 하는 경우, 그 이자 약정이 대주가 그의 우월한 지위를 이용하여 부당한 이득을 얻고 차주에게는 과도한 반대급부 또는 기타의 부당한 부담을 지우는 것이어서 선량한 풍속 기타 사회질서를 위반한 사항을 내용으로 하는 법률행위로서 무효라고 보기 위해서는, 양쪽 당사자의 경제력의 차이로 그 이율이 당시의 경제적·사회적 여건에 비추어 사회통념상 허용되는 한도를 초과하여 현저하게 고율로 정하여졌다는 사정이 인정되어야 한다(대판 2009.6.11., 2009다12399).

(4) 처분문서인 계약서 상 의미가 명확히 드러나지 않은 경우의 해석 방법

① 계약당사자 사이에 어떠한 계약내용을 처분문서인 서면으로 작성한 경우에 문언의 객관적인 의미가 명확하다면 특별한 사정이 없는 한 문언대로의 의사표시의 존재와 내용을 인정하여야 하고, 그 문언의 객관적인 의미가 명확하게 드러나지 않는 경우에는 그 문언의 내용과 계약이 이루어지게 된 동기 및 경위, 당사자가 계약에 의하여 달성하려고 하는 목적과 진정한 의사, 거래의 관행 등을 종합적으로 고찰하여 사회정의와 형평의 이념에 맞도록 논리와 경험의 법칙, 그리고 사회 일반의 상식과 거래의 통념에 따라 계약내용을 합리적으로 해석하여야 하는바(대판 2002.5.24, 2000다72572참조), 특히 문언의 객관적 의미와 달리 해석함으로써 당사자 사이의 법률관계에 중대한 영향을 초래하게 되는 경우에는 그 문언의 내용을 더욱 엄격하게 해석하여야 할 것이다.

② 그런데 원·피고 사이의 이 사건 대출은 최초 계약 이래 1990. 5. 26.경 및 1997. 2. 27.경 그 대출조건이 일부 변경되었으므로 위 1997. 2. 27.자 최종 대출조건에 따라 작성된 금전소비대차약정서(갑 제1호증)의 기재 내용과 처분문서 해석의 법리를 바탕으로 관련 사정들을 참작하여 그 약정의 객관적·합리적 의미를 도출하여야 할 것인바, 위 금전소비대차약정서에는 이 사건 대출원금의 경우 단순히 '2001. 4. 30.에 상환'하는 것으로 규정한 것과 달리, 원금화 된 이자는 '대출원금 상환 후 가스전 및 기타 광구 수익금으로 상환가능 시' 2001. 5. 26.까지 상환하도록 명시적으로 달리 규정한 이상, 위 예상 수익방안에 따른 상환가능한 수익금의 발생을 조건으로 그 상환의무가 발생한다고 보는 것이 위 금전소비대차약정서의 문언에 객관적으로 가장 부합하는 해석이라 할 것이고, 이와 달리 위 상환가능한 수익금의 발생 여부와 상관없이 확정적인 상환의무가 성립한 것으로 보는 원심과 같은 해석을 하기 위해서는 이를 수긍할 수 있는 특별한 사정이 존재하여야만 할 것이다(대판 2008.11.13., 2008다46531).

(5) 상인 간의 금전소비대차 상 이자청구

「상법」제55조에 의하면 상인 간에서 금전의 소비대차를 한 때에는 대주는 법정이자를 청구할 수 있는 것이고, 상인 간에서 금전소비대차가 있었음을 주장하면서 약정 이자의 지급을 구하는 청구에는 약정 이자율이 인정되지 않더라도 상법 소정의 법정이자의 지급을 구하는 취지가 포함되어 있다고 보아야 할 것이다.

원심판결 이유에 의하면 원심은 회사인 원고가 회사인 피고에게 1,861,000,000원의 대여금채권을 가지고 있음을 인정한 다음 위 대여금에 대하여 연 10%의 비율에 의한 약정이자 및 지연손해금의 지급을 구하는 원고의 청구에 대하여 이자 지급약정이 체결되었음을 인정할 증거가 없다는 이유로 이를 배척하고, 다만 이 사건 소장 송달 다음 날 이후의 지연손해금 청구만을 인용하였다.

그러나 앞서 본 법리에 비추어 볼 때 원고의 위 이자지급 청구에는 상법 소정의 법정이자의 지급을 구하는 취지도 포함되어 있다고 보아야 할 것이므로 원심으로서는 원고와 피고 사이에 이자 지급약정이 체결되었음이 인정되지 않는다 하더라도 곧바로 원고의 이자 지급 청구를 배척할 것이 아니라 원고의 법정이자 청구에 대하여도 판단하였어야 할 것이다. 원심판결에는 이 점에 관한 판단유탈로 인하여 재판에 영향을 미친 위법이 있다(대판 2007.3.15., 2006다73072).

【금전대차 계약서】

금 전 대 차 계 약 서

당사자의 표시

대여인(빌려주는 사람)

  이름(회사이름과 대표자) : _____

  주소(회사의 본점이 있는 곳) : _____

  주민등록번호(사업자등록번호) : _____

  전화번호: _____

차용인(빌리는 사람)

  이름(회사이름과 대표자) : _____

  주소(회사의 본점이 있는 곳) : _____

  주민등록번호(사업자등록번호) : _____

  전화번호 : _____

대여인(빌려주는 사람)과 차용인(빌리는 사람)은 다음과 같이 금전대차계약을 맺는다.

제1조(금액)

대여인은 차용인에게 _____ 원(₩ _____)을 빌려주고 차용인은 이를 빌린다.

      [받은 사람의 확인: _____ (서명 또는 인)]

제2조(이자)

위 차용금(빌리는 돈)의 이자는 원금에 대하여 연__할__푼(%)의 비율에 의하여 지급하기로 한다.

제3조(변제기일 및 변제방법)

차용인은 위 차용원금을 _____년 __월__일까지, 이자는 매월___일까지 모두 갚기로 하며, 대여인의 주소지로 가지고 가서 지급하거나 또는 대여인이 지정하는 아래 계좌에 송금하여 지급한다.

   지정은행 : _____

   계좌번호 : _____ 예금주 : _____

제4조(기한의 이익상실)

다음의 경우 차용인은 변제기일(갚기로 정한 날) 이전이라도 원금과 이자를 갚으라는 대여인의 요구를 거절하지 못한다.

  1. 이자를 2개월 이상 지급하지 않았을 때

  2. 차용인이 제3자로부터 압류 또는 가압류를 받거나 파산선고를 받았을 때

제5조(특별히 정하는 사항)

_____

_____

_____

20___년___월___일

       대여인 _____ (서명 또는 인)

       대리인 _____ (서명 또는 인)

       (대리인의 주민등록번호 : _____)

       차용인 _____ (서명 또는 인)

       대리인 _____ (서명 또는 인)

       (대리인의 주민등록번호 : _____)

금 전 대 차 계 약 서

당사자의 표시
대여인(빌려주는 사람)

　이름(회사이름과 대표자) : _____

　주소(회사의 본점이 있는 곳) : _____

　주민등록번호(사업자등록번호) : _____

　전화번호: _____

차용인(빌리는 사람)

　이름(회사이름과 대표자) : _____

　주소(회사의 본점이 있는 곳) : _____

　주민등록번호(사업자등록번호) : _____

　전화번호 : _____

연대보증인

　이름(회사이름과 대표자) : _____

　주소(회사의 본점이 있는 곳) : _____

　주민등록번호(사업자등록번호) : _____

　전화번호 : _____

대여인(빌려주는 사람)과 차용인(빌리는 사람)은 다음과 같이 금전대차계약을 맺는다.

제1조(금액)

대여인은 차용인에게 _____원(₩_____)을 빌려주고 차용인은
이를 빌린다.

[받은 사람의 확인: _____ (서명 또는 인)]

제2조(이자)

위 차용금(빌리는 돈)의 이자는 원금에 대하여 연___할___푼(___%)의 비율에 의하여 지급하기로 한다.

제3조(변제기일 및 변제방법)

차용인은 위 차용원금을 _____년___월___일까지, 이자는 매월___일까지 모두 갚기로 하며, 대여인의 주소지로 가지고 가서 지급하거나 또는 대여인이 지정하는 아래 계좌에 송금하여 지급한다.

   지정은행: _____

   계좌번호: _____ 예금주: _____

제4조(기한의 이익상실)

다음의 경우 차용인은 변제기일(갚기로 정한 날) 이전이라도 원금과 이자를 갚으라는 대여인의 요구를 거절하지 못한다.

   1. 이자를 2개월 이상 지급하지 않았을 때

   2. 차용인이 제3자로부터 압류 또는 가압류를 받거나 파산선고를 받았을 때

제5조(연대보증인)

연대보증인은 차용인의 원금 및 이자의 반환채무에 대하여 차용인과 연대하여 이행의 책임을 진다.

제6조(특별히 정하는 사항)

_____

_____

_____

20___년___월___일

대여인 _____ (서명 또는 인)
대리인 _____ (서명 또는 인)
(대리인의 주민등록번호 : _____)

차용인 _____ (서명 또는 인)
대리인 _____ (서명 또는 인)
(대리인의 주민등록번호 : _____)

연대보증인 _____ (서명 또는 인)
대리인 _____ (서명 또는 인)
(대리인의 주민등록번호 : _____)

저당권 설정계약서

_____(이하 "갑"이라 함)와 _____(이하 "을"이라 함)는 "을"이 "갑"에 대한 채무를 담보하기 위하여 다음과 같이 저당권설정계약을 체결한다.

제1조(목적) 20○○년 ○○월 ○일 "갑"·을 간에 체결된 계약(이하 '기본계약'이라 함.)에 의하여 "을"의 하기 채무(이하 '본건채무'라 함)의 이행을 담보하기 위하여 "을"은 "갑"에 대하여 "을"소유의 말기 물건(이하 '본 물건'이라 함)에 대하여 제 ____순위의 저당권을 설정한다.

① 채무의 발생원인 :

② 채무금액 :

③ 기 한 :

④ 변제방법 :

⑤ 이 율 :

⑥ 이자지급 및 방법 :

⑦ 특약 :

"을"은 채무이행을 태만하였을 때 또는 채무기한의 이익을 상실하였을 때는 변제할 금액에 대하여 일금 _____원에 1일 _____%의 비율로써 손해금을 지급한다.

제2조(행위금지) "갑"의 동의를 얻지 아니하고 다음 각호의 행위를 하여서는 안 된다.

① 본 물건의 현재의 형상을 변경하는 것

② 본 물건의 소유권을 타인에 이전하는 것

③ 본 물건상에 타의 저당권, 근저당권, 임차권, 전세권, 기타 본 저당권행사의 방해가 되는 권리를 정하는 것

④ 공조공과 기타 담보물건에 관한 부담을 체납하는 것

⑤ 원인 여하를 불문하고 직접 또는 간접으로 본 물건의 가격을 감할 염려 있는 행위를

하는 것

제3조(증담보 등)

본 물건이 원인 여하를 불문하고 변경, 멸실 또는 그의 가격이 감소하였을 때에는 "을"은 "갑"의 청구에 따라 증담보 혹은 현금을 제공하고, 또는 새로이 "갑"의 승인하는 보증인을 설정하여야 한다.

제4조(손해보험의 부보)

① "을"은 담보물건 중 손해보험에 부할 수 있는 것에대하여는 "갑"의 승인하는 보험업자와 본건 채무금액을 최저 보험금액으로 하는 손해보험계약을 체결하고 본 계약기간중은 당해 보험계약을 계속하는 것으로 한다.

② "을"은 전항의 보험금채권을 본건채권을 담보하기 위하여 "갑"에 입질하고 보험증서에_____보험회사의 입질승인의 개서를 받은 후 그 증서를 "갑"에게 교부하기로 한다.

③ 제1 항의 보험금의 청구원인이 발생하였을 때에는 "갑"이 이 보험금을 청구수령하고, 기한의 여하에 불구하고 본건채무의 변제에 충당하여도 "을"은 이의를 제기하지 못한다.

제5조(기한의 이익상실) "을"이 다음 각호의 1에 해당할 때는 본건채무에 대하여 기한의 이익을 상실하고 하등의 최고 없이 저당권을 실행하여도 "을"은 이의가 없다.

① "을"이 계약 또는 기본계약조항의 1에 위반하였을 때

② 어음부도를 내고, 또는 지급을 정지하였을 때

③ 가압류, 가처분, 강제집행 혹은 경매 등의 신고를 받고, 또는 체납처분 혹은 보전압류를 받았을 때

④ 파산, 화의, 회사정리 등의 신고를 받고 또는 자신이 신고하였을 때

⑤ 영업의 전부 또는 일부를 제3 자에 양도하였을 때

⑥ 기타 "갑"에 있어서 "을"이 채무를 이행하지 못할 염려가 있다고 인정하였을 때

제6조(저당권의 실행) "을"이 채무이행을 태만하였을 때는 물론, 기한의 이익을 상실할 사유가 발생하였을 때, 본 계약에 위반하였을 때 또는 저당권이 침해당할 우려가 있다고 "갑"이 인정하였을 때는 "갑"은 통지최고를 하지 아니하고 "을"의 저당권을 실행하고 채무의 변제를 받을 수 있다.

제7조(임의처분)
① 저당권을 실행할 수 있는 경우 "갑"은 경매절차에 의하지 아니하고 저당물건을 일괄하여 또는 분할하여 임의로 처분할 수 있고, 처분에 의한 취득금은 처분비용을 공제하고 임의의 순서방법에 의하여 본건채무의 변제에 충당키로 한다.
② "을"은 "갑"의 요구가 있을 때는 즉각 전항의 임의처분에 필요한 권리증, 인감증명서, 위임장을 "갑"에게 교부하고 이에 협력한다.

제8조(대물변제)
① 저당권을 실행할 경우 "갑"은 그의 선택에 의하여 저당권의 실행에 대하여 저당물건의 전부 또는 임의의 일부의 가액을 현재의 채무액의 전부 또는 임의의 일부와 동액으로 보고 그 소유권을 대물변제로서 취득할 수 있는 것으로 한다.
② 전항에 의한 "갑"의 권리를 보전하기 위하여 "을"의 저당물건에 대하여, 을에 대하여 소유권이전 청구권 보전의 가등기를 할 수 있다.

제9조(비용부담) 본 계약증서의 작성 및 기타 본 계약에 관한 비용은 "을"이 부담한다.

※ 물건의 표시

본 계약체결을 증하기 위하여 본서 2통을 작성하고 "갑", "을" 각 1통씩 보관한다.

20○○년 ○월 ○일

"갑"	성명	:	○○○	㉑
	소재지	:		
	주민등록번호	:		

"을"	성명	:	○○○	㉑
	소재지	:		
	주민등록번호	:		

[참고 8] 저당권과 근저당권의 차이

항 목	저당권	근저당권
담보채권	현재의 확정액	장래의 증감·변동하는 불특정 채권
부종성	현재 채권이 소멸하면 함께 소멸	결산일에 피담보채권이 확정되기 전까지 피담보채권이 소멸하더라도 유지
변제의 효력	변제하면 채권소멸	변제하더라도 결산기 전이면 채권이 소멸하지 않음
등기되는 금액	피담보채권액	피담보채권 최고액 (채권액이 최고액을 초과해도 최고액 이상의 우선변제권은 없음)

【근저당권 설정계약서】

근저당권 설정계약서

채권자 겸 근저당권자 : 회사

채무자 소속 :

주소 :

성명 :

근저당권 설정자 주소 :

성명 :

채권액 : 금_____원정(₩)

위 당사자 사이에 다음과 같이 근저당권 설정계약을 체결함.

제1조(근저당권의 설정)

① 채권자의 채무자에 대한 주택자금 대부금과 그 이자, 연체이자 및 기타 이에 관련되어 발생하는 채무자가 부담할 제 비용 등으로 채무자가 채권자에 대하여 현재 부담하는 또는 장래 부담하게 될 채무(이하 '본 채무'라고 함.)를 담보하기 위하여 설정자 소유의 아래 목록에 적은 물건(이하 '근저당 물건'이라 함.)에 순위 제번의 채권액 금 _____원 (₩)의 근저당권을 설정함.

② 근저당물건의 증축, 개축, 수리, 개조 기타 각종 원인으로 근저당 물건에 부가종속될 물건(입 목 포함)에도 전항의 근저당권 효력이 당연히 미치는 것으로 함.

제2조(변제방법, 이자, 연체이자 등)

① 채무자는 본 채무를 약정한 변제기일에 채권자의 지정하는 방법에 따라 이행하겠음.

② 본 채무에 대한 이자 및 연체이자의 율, 지급시기와 지급방법 등은 채권자의 정하는

바에 의 함.

제3조(담보보존의무)

① 설정자는 채권자의 사전승낙 없이는 근저당물건에 대하여 소유권의 이전, 저당권, 지상권, 임차권 등 각종 권리의 설정 또는 등기, 등기상황의 이동 기타 그 현상을 변경 하지 아니하겠음.

② 설정자와 채무자는 근저당물건의 멸실, 훼손, 공용징수 기타의 원인으로 근저당물건에 이상 이 생기거나 이상이 생길 염려가 있을 때에는 곧 이를 채권자에게 통지하겠음.이 경우에 설정 자가 제3 자로부터 수령할 보상금, 교부금, 청산금 등의 금전이나 물건이 있을 때에는 그 채권 을 채권자에게 양도하겠으며 채권자를 위하여 필요한 협력을 다하겠음.

③ 전항에 의하여 채권자가 금전을 수령한 때에는 본 채무의 변제기 여하에 불구하고 임의로변제에 충당하여도 이의 없겠음.

제4조(담보가치의 유지)

채무자는 근저당물건이 사변, 재해 등 불가피한 사유로 멸실 · 감소하거나 채권자가 담보가액이 부족하다고 인정하는 때에는 청구에 의하여 곧 부족금을 입금하거나 대담보 또는 추가담보를 제공하겠음.

제5조(보험)

① 설정자는 근저당물건에 대하여 채권자의 요구가 있을 시 보험에 가입하여야 함. 또 한 채권자가 근저당물건의 보존에 필요하다고 판단하여 보험에 가입하여도 이의 없겠음.

② 설정자는 전항의 보험계약에 따른 권리를 채권자의 지정에 따라 채권자에게 양도하거나 이에 질권을 설정하겠음.

③ 채권자가 보험에 가입하였을 시 또는 보험료를 지급하였을 시 보험금을 채권자가 받은 때에 는 본 채무의 변제기 여하에 불구하고 임의로 변제에 충당하여도 이의 없겠으며 이재 후의 처리에 관하여는 모두 채권자의 지시에 따르겠음.

제6조(근저당물건의 처분)

① 근저당물건은 반드시 경매절차에 의하지 아니하더라도 일반적으로 적당하다고 인정되는 방법, 시기, 가격 등에 의하여 채권자가 임의처분하고 그 취득금으로부터 제 비용을 차감한 잔액을 법정순서에 불구하고 본 채무의 변제에 충당하여도 이의 없겠으며 잔존 채무가 있는 경우는 곧 변제하겠음.

② 채무불이행의 경우에는 채권자가 설정자를 대위하여 근저당물건을 관리하고 그 임대수익으로써 전항에 의하여 본 채무의 변제에 충당하여도 이의 없겠음.

③ 전 2항의 경우에는 설정자와 채무자는 채권자를 위하여 소요서류의 조인 기타 필요한 협력을 다하겠음.

제7조(기한의 이익상실) 채무자가 다음 각호의 1에 해당될 때에는 채권자로부터의 통지, 최고 등이 없더라도 채권자에 대한 본 채무의 기한의 이익을 당연히 상실하고 곧 채무를 변제하겠으며 전조에 의하여 채권자가 근저당물건을 처분하여도 이의 없겠음.

① 주택자금을 그 목적 이외의 용도에 사용하였을 때

② 채무자가 주택자금 완제 전에 퇴직하였을 때

③ 대부금에 대한 할부변제금을 6개월 이상 연체하였거나 또는 6개월 이내의 연체분일 지라도그 회수가 극히 우려된다고 회사로부터 판단되어질 때

④ 차용금으로 매입 또는 신축한 주택에 대하여 정해진 기간 동안(매입 시 3개월, 신축 시 6개월)소유권에 관한 등기 후 가옥등기부 등본을 제출하지 아니하였을 때

⑤ 기타 복지기금운영규정의 제 규정에 해당될 때

제8조(제 절차의 이행과 비용) 채권자가 이 계약에 의한 근저당권의 설정, 변경, 경정, 이전, 이관 등에 관한 등기, 등록 기타의 모든 절차를 청구할 때에는 채무자와 설정자는 곧 이를 이행하겠으며 제 절차에 관한 비용을 부담하겠음.

제9조(근저당물건의 보고조사) 근저당물건의 상황에 관하여 채권자로부터 청구가 있는 때에는 곧 보고하겠으며 언제든지 조사하여도 이의 없겠음.

제10조(담보변경) 설정자는 채권자가 필요에 따라 담보를 변경하거나 해제하여도 이의 없겠음.

제11조(채무자의 연대채무) 채무자는 이 계약의 각 조항에 의한 설정자의 채무를 연대하여 이행하겠음.

제12조(합의관할) 이 계약에 관하여 소송의 필요가 생긴 때에는 채권자의 본사 소재지를 관할하는 법원을 관할법원으로 할 것을 합의함.

20○○년 ○월 ○일

| 채권자겸 근당권자 | 주소 : |
| | 성명 : ○○○ (서명 또는 날인) |

| 채무자 | 주소 : |
| | 성명 : |

| 근저당권설정자 | 주소 : |
| | 성명 : ○○○ (서명 또는 날인) |

금전소비대차 계약서(기업용)

"갑"과 "을"은 다음과 같이 금전소비대차 계약을 체결하다.

제1조(차용금) 채권자 "갑"은 년 월 일에 금원 채무자 "을"에게 빌려주고 채무자 "을"은 이것을 차용하였다.

제2조(상환일) 차용금의 변제기한은 다음과 같다.

상 환 일	상환금액	상환장소	상환방법	비고

제3조(이자)

1. 차용금에 대한 이자는 연 %로 하고 매월일까지 지급하기로 한다.
2. 원리금의 변제를 지체했을 때 지연이자는 연 20%로 한다.

제4조(상환장소) "을"의 변제는 "갑"의 주소지에 지참해서 변제하거나 "갑"이 지정하는 은행의 구좌에 송금해서 변제할 수 있다.

제5조(기한의 이익상실) "을"이 제2조의 상환기일 중 어느 하나라도 이행을 지체할 경우 및 "을"이 어음교환소에서 부도처리 되었을 때, 또는 "을"에 가압류, 압류, 경매, 화의개시, 회사정리절차개시의 신청이 있었을 때 또는 "을"이 청산에 들어갔을 때, "을"의 "갑"에 대한 채무가 기일내 상환이 불가능하다고 객관적으로 명백할 때 기타 본 계약상의 의무 중 어느 하나라도 불이행이 있었을 때, "을"의 "갑"에 대한 모든 채무는 기한의 이익을 상실한다.

제6조(담보제공)

1. "을"은 본 계약상의 채무이행을 보증하기 위하여 다음의 담보를 "갑"에게 제공하기로 한다.
   ① "을"발행 백지당좌수표매 및 동 보충권 부여증
   ② "을"이 발행하고 "을"의 대표이사가 개인자격으로 연대보증한 액면금액 금 원정의 공증 약속어음 매
   ③ "갑"의 여신관리 지침에 의거 감정가유효분 금원 이상의 부동산 위에 채권최고금액 금원의 지급보증
2. 1항의 담보가 손해배상액의 예정을 의미하는 것은 아니다.
3. 담보제공에 따른 비용은 "을"의 부담으로 한다.
4. 1항의 담보의 처분은 법적절차에 의하지 아니하고 "갑"이 적당하다고 판단되는 방법에 의하여 처분할 수도 있으며, "을"은 전혀 이의를 제기치 아니한다.

제7조(내용변경)
본 계약의 내용변경은 당사자 서면합의로써 변경할 수 있다.

제8조(분쟁해결)
본 계약과 관련하여 분쟁이 발생하는 경우 "갑"과 "을"은 상호신뢰를 바탕으로 원만히 해결하기로 하되 합의가 이루어지지 아니하여 이 소송을 제기하는 경우에는 "갑"의 주된 사무소 소재지 관할법원에, "을"이 소송을 제기하는 경우에는 "을"의 주된 사무소 소재지 관할법원에 소송을 제기할 수 있기로 한다.

상기 계약내용을 확인 증명하기 위하여 본 계약서 2통을 작성하고 "갑", "을"이 서명 날인한 후 각 1통씩 보관한다.

대물변제 계약서

제1조 채무자는 채권자에게 부담하는 다음의 채무 중에서 금원의 변제 대신(혹은 대물변제로서) 채무자의 소유인 별지목록기재의 를 채권자에게 양도하고 채권자는 이것을 양수한다.

제2조 채무자는 위에 적은 대물변제에 대해서 빨리 채권자에게 소유권 이전등기 수속을 하며 그 등기가 완료되면 금원의 범위에서 채무가 소멸되는 것으로 한다.

제3조 채무자는 채무의 잔액원에 대해서는 오늘 이후부터 백원당 1일 *****원씩의 연대손해배상을 가산한 금액을 액면으로 하며, 20○○년 ○월 ○을 만기일로 하는 약속어음 1장을 채권자에게 발행하여 결제하는 것으로 한다.

제4조 채권자는 제1조의 채무의 담보로서 담보제공자가 제공한 주식회사의 주권(액면 일천원, 일백원권 10매)을 제2항의 등록 수속이 완료되면 담보 제공자에게 반환하기로 한다.

위의 계약을 증명하기 위하여 계약서 2통을 작성하고 서명 날인한 다음 1통씩 갖는다.

20○○년 ○월 ○일

"채권자" 주소 :
성명 : ○○○ ㊞

"채무자" 주소 :
성명 : ○○○ ㊞

【연대보증계약서】

연대보증계약서

채권자 :

채무자 :

연대보증인 :

채무자가 채권자와 또한 채권자의 영업부류에 속하는 모든 상거래를 하겠다는 합의를 보고, 채권자에게 현재 및 장래에 부담하는 모든 채무 및 위의 상거래에 관련해서 생기는 대출금, 수표, 손해배상 및 이자의 지불 혹은 변제에 관하여, 보증인은 다음에 따라 채무자와 연대해서 그 이행의 책임을 지겠습니다.

제1조 보증 한도액 원정. 다만, 채무자가 채권자에 대한 채무의 총계가 위의 보증한도 액을 초과했을 경우는 채무 발생의 전후에 따르지 않고 채권자가 임의로 지정한 채무에 대하여 보증한 것으로 하겠습니다.

제2조 보증 기한 20○○년 ○월 ○까지 발생한 채무. 단 위의 기한의 3개월 전까지 채무자 및 연대보증인의 연서로 문서에 따라 해약의 의사표시를 하지 않는 한 보증 기한을 ○년 더 연장하는 것으로 알고 이하 ○년마다 이것을 되풀이하겠습니다.

20○○년 ○월 ○일

채권자 : ○○○ ㉙

채무자 : ○○○ ㉙

연대보증인 : ○○○ ㉙

【증여계약서】

증여계약서

증여자 ○○○을 "갑"이라 하고, 수증자 ○○○을 "을"이라 하여 다음과 같은 내용의 증여계약을 체결한다.

제1조(계약의 목적) 본 계약은 "갑"이 무상으로 자기 소유인 별지 목록에 기재된 부동산을 "을"에게 증여함에 있어 필요한 제반사항을 정함을 그 목적으로 한다.

제2조(이전등기) "갑"은 "을"에게 ○○년 ○월 ○일까지의 소유권이전등기를 경료하고 목적물을 명도한다.

제3조(비용의 부담) "갑"이 제2조에서 정한 의무를 이행함에 있어 발생하는 모든 절차비용 및 세금은 "을"의 부담으로 한다.

제4조(담보책임) "갑"은 목적물의 하자나 흠결에 대하여 책임을 지지 않는다. 단, "갑"이 그 하자나 흠결을 알고 "을"에게 고지하지 아니한 때에는 그러하지 아니한다.

제5조(계약의 변경) 본 계약의 일부 또는 전부를 변경할 필요가 있는 경우에는 "갑"과 "을"의 서면합의에 의하여 이를 변경하고, 그 변경내용은 변경한 날 그 다음날부터 효력을 가진다.

제6조(계약의 해제) "갑" 또는 "을"은, 상대방이 본 계약에서 정한 사항을 위반하였을 때에는 언제든지 서면으로 그 이행을 최고하고, 최고서에 적시한 기한이 경과하여도 이를 이행하지 않을 경우에는 본 계약의 전부 또는 일부를 해제할 수 있으며 그에 따른 손해배상을 청구할 수 있다.

제7조(증여목적물의 반환) 제5조에 의하여 본 계약이 해제될 경우 "을"은 즉시 별지

목록에 기재된 부동산을 "갑"에게 인도하고 그 소유권이전등기 절차를 경료하여야 한다.

제8조(관할법원) 본 계약과 관련하여 소송상의 분쟁이 발생한 때에는 서울지방법원을 관할법원으로 한다.

이상의 내용을 성립을 증명하기 위하여 본 증서 2통을 작성, 서명 날인한 다음 각각 그 1통씩 서로 보관한다.

첨부
1. 부동산의 표시 1부

20○○년 ○월 ○일

	주소	:	
증여자 "갑"	주민등록번호	:	
	성명	:	○○○ ㊞
		:	
	주소	:	
수증자 "을"	주민등록번호	:	
	성명	:	○○○ ㊞

현금증여계약서

증여자 ○○○을 "갑"이라 하고, 수증자 ○○○을 "을"이라 하여 다음과 같은 내용의 증여계약을 체결한다.

제1조(계약의 목적) 본 계약은 "갑"이 무상으로 자기 소유인 현금(예금)을 "을"에게 증여함에 있어 필요한 제반사항을 정함을 그 목적으로 한다.

제2조(증여물건의 인도) "갑"은 "을"에게 ○○년 ○월 ○일까지 현금의 명도(증여)를 경료하고 목적물을 명도한다("을"의 실명예금계좌로 이체하는 방법으로 명도한다).

제3조(비용의 부담) "갑"이 제2조에서 정한 의무를 이행함에 있어 발생하는 모든 절차 비용 및 세금은 "을"의 부담으로 한다.

제4조(담보책임) "갑"은 목적물의 하자나 흠결에 대하여 책임을 지지 않는다. 단, "갑"이 그 하자나 흠결을 알고 "을"에게 고지하지 아니한 때에는 그러하지 아니한다.

제5조(계약의 변경) 본 계약의 일부 또는 전부를 변경할 필요가 있는 경우에는 "갑"과 "을"의 서면합의에 의하여 이를 변경하고, 그 변경내용은 변경한 날 그 다음날부터 효력을 가진다.

제6조(계약의 해제) "갑" 또는 "을"은, 상대방이 본 계약에서 정한 사항을 위반하였을 때에는 언제든지 서면으로 그 이행을 최고하고, 최고서에 적시한 기한이 경과하여도 이를 이행하지 않을 경우에는 본 계약의 전부 또는 일부를 해제할 수 있으며 그에 따른 손해배상을 청구할 수 있다.

제7조(증여목적물의 반환) 제6조에 의하여 본 계약이 해제될 경우 "을"은 즉시 당초의 증여재산인 현금(예금)을 "갑"에게 인도하고 그 명도, 이전 절차를 경료하여야 한다.

제8조(관할법원) 본 계약과 관련하여 소송상의 분쟁이 발생한 때에는 서울지방법원을 관할법원으로 한다.

이상의 내용을 성립을 증명하기 위하여 본 증서 2통을 작성, 서명 날인한 다음 각각 그 1통씩 서로 보관한다.

20○○년 ○월 ○일

증여자 "갑"	주소	:	
	주민등록번호	:	
	성명	:	○○○　(서명 또는 날인)
		:	
수증자 "을"	주소	:	
	주민등록번호	:	
	성명	:	○○○　(서명 또는 날인)

[참고 9] 증여계약을 해제할 수 있는 경우

1. 서면에 의하지 않은 증여계약

서면에 의하지 않은 증여는 그 이행이 있기 전이라면 언제든지 각 당사자가 증여를 해제할 수 있도록 하고 있다. 증여는 무상계약이므로 경솔하게 이루어진 경우 그 구속력을 약하게 하기 위해 마련한 규정이다.

2. 수증자의 망은행위

수증자가 증여자에 대하여 일정한 망은행위를 한 경우에는 증여자가 그 증여를 해제할 수 있도록 하고 있다. 민법이 정하고 있는 망은행위란, 수증자가 증여자 또는 그 배우자나 직계혈족에 대한 범죄행위가 있는 경우 또는 수증자가 증여자에 대하여 부양의무 있는 경우에 이를 이행하지 아니하는 경우이다. 다만 망은행위에 의한 해제권은 증여자가 그 망은행위가 있음을 안 날로부터 6월을 경과하거나, 증여자가 수증자에 대하여 용서의 의사를 표시한 때에는 더 이상 해제권을 행사하지 못한다.

3. 증여자의 재산상태 악화

증여계약 후에 증여자의 재산상태가 현저히 변경되고 그 이행으로 생계에 중대한 영향을 미칠 경우에는 증여자는 그 증여계약을 해제할 수 있다.

【채권증여계약서】

채권증여계약서

증여자 ㅇㅇㅇ(이하 "갑"이라 한다)와 수증자 ㅇㅇㅇ와 당사자 간에 아래와 같이 증여계약을 체결한다.

제1조(목적)

"갑"은 "을"에 대해 아래 채권을 무상으로 양도하고, "을"은 이를 수락한다.

1. 채권의 표시

   금 만원

   (채권자 "갑"(ㅇㅇㅇ)과 채무자 병(ㅇㅇㅇ)사이에 2000년 ㅇ월 ㅇ일에 체결된 금전소비대차계약에 의한 채권)

2. 채무자 병의 주소 :

제2조(채권양도의 통지)

① "갑"은 지체없이 "병" ㅇㅇㅇ에 대해 제1조의 채권양도통지를 하고, "병"ㅇㅇㅇ의 승낙을 얻어야 한다.

② 위 통지 또는 승낙은 배달증명우편 또는 확정일이 명시된 증서로 하여야 한다.

③ 양수(讓受)채권의 회수에 대해서는 모두 "을"의 책임과 부담으로 한다.

위와 같이 계약이 성립되었으므로 본 계약서 2통을 작성하여 "갑"과 "을" 각 1통을 보관한다.

20○○년 ○월 ○일

증여자 "갑"	주소	:	
	성명	:	○○○ ㉑
		:	
수증자 "을"	주소	:	
	성명	:	○○○ ㉑

제5장 매매·구매·납품·공급

매매계약은 일반적으로 동산과 부동산으로 구별하여 살펴볼 수 있는데, 부동산 매매계약은 동산 매매계약과는 다른 특성이 존재하므로 다음 장에서 별도로 논하기로 하고 이 장에서는 동산의 매매계약, 그 중에서도 물품을 대량으로 구매하는 경우인 물품구매계약을 중심으로 살펴보고자 한다.

1. 물품구매(제조)계약

(1) 의의

물품구매(物品購買)계약이란 매매계약의 일종으로 상품 등의 재산권을 상대방에게 이전할 것을 약속하고, 상대방은 이에 대한 대금을 지급할 것을 계약하면서 성립된다.

이 계약 성립에 의해 매도인은 물품인도의 의무를 부담하고 매수인(구매자)은 대금지급의 의무를 부담한다.

(2) 물품구매계약의 유형

1) 국가, 지방자치단체 등 공공기업의 물품구매계약

① 의 의

정부계약은 그 일방 주체가 국가 등 공공기관이지만 원칙상 사법상의 계약이므로 민법상의 일반원칙인 계약자유의 원칙, 신의성실의 원칙, 사정변경의 원칙과 권리남용금지의 원칙 등이 적용된다.

② 특성

정부계약의 기본법인 「국가계약법」은 제5조에서 『계약은 상호대등한 입장에서 당사자의 합의에 따라 체결되어야 한다』라고 규정하고 있어 결국 국가계약법에 의한 계약은 『국가가 사인의 지위에서 사인 상호간에 대립하는 2개 이상의 의사표시가 합치되어 성립하는 법률행위』로서 사경제주체로서 행하는 사법상의 법률행위라 할 수 있다.

그러나 정부계약은 개인의 이익을 추구하는 일반적 계약과 달리 공공복리의 추구라는 목적의 달성을 위하여 체결되며, 이에 따라 별도의 계약관련규정을 운영하고 있는 것이다.

한편 국가계약법령에서는 정부의 우월적 지위를 이용하여 계약상대자의 계약상 이익을 부당하게 제한하는 특약이나 조건을 정하지 않도록 하고, 당사자는 계약의 내용을 신의성실의 원칙에 따라 이행하도록 하는 정부계약의 원칙을 규정하고 있다(법제5조 및 시행령 제4조).

③ 적용규정

재정경제부 회계예규가 물품구매(제조)계약의 일반조건으로 제시되며, 각 구매계약의 특성과 기관에 따라 특수조건이 별첨으로 붙게 된다.

2) 일반 사기업의 물품구매계약

① 구 분

납품계약	대기업이 하청업체와 물품구매를 계약하는 경우
구매계약	기업이 농수산물 가공제품을 만들기 위해 농수산물을 구매하거나, 상인이 특정물품 등을 구입하기 위해 계약하는 경우

② 종류

공산품 물품구매계약	기계류 물품계약서 / 가구 물품계약서 / 자재 물품계약서 / 부품 물품계약서 / 재조설비 물품계약서 / 문구류 물품계약서 / 의료 및 의약품 물품계약서
농수산물 물품구매계약	과일류 물품계약서 / 곡물류 물품계약서 / 채소류 물품계약서 / 어류 물품계약서 / 해초류 물품계약서 / 조개류 물품계약서

③ 물품구매계약서의 기본구성

물품구매계약서는 기본항목, 일반항목, 기타항목 등의 구성으로 이루어져 있다.

기본항목	계약의 목적(총칙), 납품관계, 규격과 품질, 특허 및 상호, 대금지불결재, 작성연월일, 당사자의 기명날인
일반항목	계약문서, 물건의 검수, 포장 및 표지
기타항목	대금지불의 특례, 계약 불이행에 따른 손해배상, 담보책임

④ 물품구매계약서의 필요적 기재사항

구매목적물의 특정내용	• 총칙(목적)과 계약문서에 관한 내용의 물품구매목적물에 관한 사항 • 계약당사자에 관한 사실과 목적물을 특정, 구매목적물의 납품, 규격 및 품질, 검수, 포장 및 표지 등에 관한 사항을 구체적으로 특정
양도사항 및 특허사항	• 상품구매에 따른 권리의무에 관하여 양도의 인정유무를 협의하여 기재 - 인정범위에 관하여 명시 • 구매상품이 특허상품이거나 기타 이에 준하는 경우 - 그 처리문제와 어떠한 구매상품에 대한 상호를 무엇으로 사용할 것인가 등도 명확히 기재
납품기일 및 대금결제	• 구매의 기일과 기간 및 수량에 대하여 얼마의 수량을 납품할 것인가를 특정하여 명확하게 기재 • 구매할 물품의 대금결재는 어떠한 방법으로 어떻게 지급할 것인가도 명확하게 기재 • 불이행 시의 손해배상에 관한 사항을 기재 - 이를 담보하기 위한 담보제공에 관한 사항도 기재
계약분쟁 시 관련사항	• 구매계약 후에 당사자 간의 계약불이행 시, 처리방안을 기재 • 당사자 간의 분쟁이 원활하게 해결되지 않았을 경우를 대비하여 분쟁을 다룰 관할 법원 기재 • 계약 작성일자와 당사자의 이름 및 신상명세 등을 반드시 기명날인 함

⑤ 농수산물 구매 시 특이사항

사전에 농수산물을 구매하기로 계약을 한 경우, 계약 체결 후 농수산물의 가격하락으로 인한 구매자의 구매 불이행 등으로 매도자의 손실이 발생할 수 있다. 따라서 이러한 기준을 명확히 기재하여야 하고 기타 납품물 검사에 관한 규정을 정할 때에는 명확한 검사방법과 기준을 설정하고 불량물품에 대한 처리 및 보상 문제 등을 명확하게 협의하여 기재하여야 한다.

2. 관련 판례

(1) 물품구매계약의 일반조건과 특수조건

국가를 당사자로 하는 계약은 그 본질적인 내용이 사인 간의 계약과 다를 바가 없으므로 그 법령에 특별한 규정이 있는 경우를 제외하고는 사법의 규정 내지 법원리가 그대로 적용되고, 계약 내용이 국가계약법령의 규정을 배제하려는 것이 뚜렷하게 드러나거나 그에 모순되지 않는다면 가능한 국가계약법령이 규정하는 바를 존중하는 방향, 즉 해당 계약 조항을 관련 국가계약법령의 규정 내용을 보충 내지 구체화하는 내용으로 해석되어야 한다.

그런데 구 국가를 당사자로 하는 계약에 관한 법률 시행령(2009. 5. 6. 대통령령 제21480호로 일부 개정되기 전의 것, 이하 '국가계약법 시행령'이라 한다) 제4조는 "각 중앙관서의 장 또는 그 위임·위탁을 받은 공무원(이하 "계약담당공무원"이라 한다)은 계약을 체결함에 있어서 법, 이 영 및 관계 법령에 규정된 계약상대자의 계약상 이익을 부당하게 제한하는 특약 또는 조건을 정하여서는 아니 된다."고 규정하고 있고, 물품구매계약 일반조건 제3조 제2항은 "계약담당공무원은 『국가를 당사자로 하는 계약에 관한 법령』, 물품관련 법령 및 이 조건에 정한 계약일반사항 외에 당해 계약의 적정한 이행을 위하여 필요한 경우 물품구매계약 특수조건을 정하여 계약을 체결할 수 있다."고, 제3항은 "제2항에 따라 물품구매계약 특수조건에 『국가를 당사자로 하는 계약에 관한 법령』, 물품관련 법령 및 이 조건에 의한 계약상대자의 계약상 이익을 제한하는 내용이 있는 경우 특수조건의 동 내용은 효력이 인정되지 아니한다."고 각 규정하고 있는바, 앞서 본 법리에 비추어 보면 물품구매계약 일반조건 제3조 제3항은 「국가계약법」 시행령 제4조를 배제하거나 그에 모순되게 규정된 것이 아니라 「국가계약법」 시행령 제4조를 구체화한 내용으로 보일 뿐이므로 이를 해석함에 있어서도 「국가계약법」 시행령 제4조의 입법 취지에 맞게 '계약상대자의 계약상 이익을 부당하게 제한하는 경우'에 한하여 물품구매계약 특수조건의 효력이 인정되지 않는다고 보아야 할 것이다(대판 2012.12.27., 2012다15695).

(2) 납품기한과 검사요청

국가를 당사자로 하는 물품구매(제조)계약 특수조건에서 '납품기한 내에 검사요청을 하고 검사에 합격한 경우에는 검사요청일을 납품일자로 보며, 납품기한 내에 검사요청을 하고 납품기한 경과 후 검사에 합격하고 검수완료한 경우 납품검사 및 검수에 소요된 기간은 지체일수에 포함되지 아니한다'고 정한 사안에서, 국가를 당사자로 하는 계약에 관한 법령과 관련 계약조항의 내용 등을 종합하여 보면, 계약상대자는 납품기한 내에 납품장소에 계약물품을 현실적으로 반입하여야 하고 단지 물품의 반입을 위한 준비를 완료하고 검사를 요청하는 것만으로 물품반입의무 이행을 다하였다고 할 수 없으므로, 위 특수조건에서 정한 검사요청이 유효하기 위하여는 검사장소로 물품의 현실적인 반입이 선행되거나 적어도 동시에 이루어질 것을 요하고, 물품의 현실적인 반입 없이 검사요청이 이루어진 경우에는 그 후 현실적인 반입이 이루어진 때에 비로소 유효한 검사요청이 있었다고 보아야 한다(대판 2011.05.13., 2010다16458).

(3) 물품구매계약 특수조건에 기한 계약금액 환수청구권의 법적 성질

이 사건 구매계약의 특수조건 제7조(또는 제8조) 제1항은 계약 체결 후라 할지라도 계약금액 결정에 하자 또는 착오가 있어 동 계약금액을 감액하여야 할 사유가 발생하였을 경우와 이미 체결된 계약상의 물품 구매가격이 타관서의 동종 물품 구매가격에 비하여 현저히 고가인 경우에는 계약 담당공무원이 정하는 금액을 감액 또는 환수 조치할 수 있다고 규정하고, 제2항은 계약자는 하시라도 가격 증빙자료의 제시 또는 열람 요구에 응하여야 하며 가격 증빙자료의 위조, 변조 또는 정당한 이유 없이 증빙자료 제시에 불응하거나 기타 사실과 상이한 가격자료의 제출 사실이 발견된 경우 계약 담당공무원은 이에 따라 계약금액을 일방적으로 감액, 수정 또는 환수 조치할 수 있다고 규정하고 있음을 알 수 있는바, 이는 원고가 계약자에게 정당한 가격을 제시할 의무를 부과하고 그 의무불이행시 그로 인한 손해배상청구권을 취득한다는 취지라고 할 것이므로, 원고의 피고들에 대한 이 사건 계약금액 환수청구권은 일종의 채무불이행으로 인한 손해배상채권으로서 과실상계의 대상이 된다 할 것이다(대판 1997.06.27., 95다19959).

상품공급계약서

주식회사 OOOO(이하 "갑"이라 칭함)과 OOOO(이하 "을"이라 칭함)은 기 체결된 표준 거래계약서를 기준으로 다음과 같이 상품을 공급한다.

1. 공급상품 내역(부가세 별도)

상 품 명	규 격(색상/사이즈)	공 급 가 격	납기	비 고

2. 거래조건

① 거래형태 : ㈎ 직매입㈏ 특정매입㈐ 수수료

② 배송주체 : ㈎ "갑"㈏ 을

③ 지급조건 :

④ 방송진행비용 :

⑤ 기타 사항 :

3.상품의 인도 및 검사

① 배송주체에 따라 "을"은 "갑"의 발주서 및 출고지시서에 의해 위1. 공급상품내역에 의한 상품을 "갑"이 지정한 장소로의 입고 또는 "갑"이 지정한 고객에게 배송 하여야 한다.

② 상품의 입/출고시 "갑"의 기준에 따라 상품을 검사할 수 있으며, 그 기준의 의하여 "을"에게 시정요구를 할 수 있다.

4. 공급내역의 변경

"갑"과 "을"은 공급내역의 변경사유가 발생한 경우 상대방에게 통보하고 그 합의한 내용을 근거로 본 상품공급계약서를 재작성 할 수 있다.

5. 배송업체의 지정
배송 주체가 "을"인 경우 "갑"은 배송 및 반품확인을 위해 "을"에게 배송회사를 지정할 수 있다.

20○○년 ○월 ○일

<table>
<tr><td>"갑"</td><td>"을"</td></tr>
<tr><td>주소</td><td>주소</td></tr>
<tr><td>상호</td><td>상호</td></tr>
<tr><td>대표이사　　○ ○ ○　㊞</td><td>대표이사　　○ ○ ○　㊞</td></tr>
</table>

【곡류공급계약서】

곡류공급계약서

1. 계약금액 : 일금원정(₩)

2. 공급품 및 가격

품명		kg	단가/5kg	금액	비고
맵쌀현미					
맵쌀백미					
찹쌀현미					
찹쌀백미					
향찰					
기타					
계					

3. 계약조건

가. 구매자는 위 계약금 전액을 최초 공급 희망일 이전까지 납부하여야 한다.

　　(계좌번호 : ○○은행,- , (주) ○○○○)

나. 계약한 전체 물량을 공급자가 보관하며, 구매자가 일정 물량 배달을 요청하면 이를 공급함을 원칙으로 한다.

다. 공급자는 구매자가 공급을 요청하면, 요청 일로부터 5일 이내 이를 택배로 공급함을 원칙으로 하고, 단 택배비는 구매자가 부담한다.

4. 계약 당사자

　　　　　　　　　　200○년 ○월 ○일

	주소		
구매자	이름 ○○○ (서명, 인)		주민등록번호
	전화 ○○○–○○○–○○○○		
공급자	주소		
	대표 ○○○ ㉑	FAX	전화

【물품납품계약서】

물품납품계약서

본 계약에 있어 다음 기재사항을 승낙함.

2000년○월○일

주소 : ○○시 ○○구 ○○동 ○○번지

상호 : ○○○○

성명 : ○○○

건 명							
금 액	金원(₩)						
품 명	규 격	단 위	수 량	단가(원)	금액(원)	비 고	
부가가치세액							
계							

승낙사항

1. 2000년 O월 O일까지 지정한 장소에 납품할 것이며, 그 납품 중 검사 불합격품이 있을 때에는 지정기일까지 교환하겠음.
2. 납품기일 내에 완납치 못할 때에는 그 지연일수에 대하여 1일당 1,000분의 (2.5)에 상당하는 지체상금을 징수하여도 이의가 없음.
3. 납품기한 또는 교환기일 경과 후 10일까지 완납하지 못할 때, 납품물품의 사양서 견본 등과 적합하지 아니할 때, 또는 계약담당자가 계약이행이 불가능하다고 인정할 때에는 그 계약을 해지하여도 이의신청 기타의 청구를 하지 않겠음.
4. 제3호에 의하여 계약해지를 할 때에는 손해배상으로서 계약해지물품의 대가에 대하여, 납부기일 내에는 100분의 5, 납부기일 후에는 100분의 10에 상당하는 금액을 납부하겠음.
5. 전 각호에 의하여 납부하여야 할 금액은 물품대금과 상계하여도 이의를 제기하지 않겠음.

【물품구매계약서】

물품구매계약서

제1조(총칙) (주)OOOO (이하 "공급자"라 한다)과 (주)OOOO (이하 "발주자"라 한다)는 물품구매계약서(이하"계약서"라 한다)에 기재한 물품구매계약에 관하여 제2조의 규정에 의한 계약문서에서 정하는 바에 따라 신의와 성실을 바탕으로 이를 이행한다.

제2조(계약문서)
1) 계약문서는 계약서, 물품 구매계약 일반약관, 물품 사양서 및 필요시 도면 등으로 구성된다. (단, 발주자의 필요하에 발주서로 대체할 수 있다.)
2) 사양서 및 설계도 내용이 불분명하거나 상호 모순되는 점이 있을 때는 공급자는

즉시 이 사실을 발주자에게 지적, 통지하여야 한다.

3) 발주자는 2항의 통지를 받은 때에는 즉시 그 사실을 조사 확인하고 발주자, 공급자 합의하에 필요한 조치를 취해야 한다.

제3조(납품)

1) 공급자는 계약서상의 납기일내에 계약전량을 납품장소에 현품으로 인도하고 검수요 청을 하여야 하며, 발주자의 검수에 합격하고 발주자에게 수령됨으로서 납품완료된 것으로 한다.

2) 품목과 수량을 분할하여 납품을 지시하거나 계약상 분할납품이 허용된 경우에는 분납 단위별로 검수 수령한다.

3) 공급자는 납품 지체가 예상되거나 지체사유가 발생할 경우 자재 사용 부서 및 관련 부서에 지체사유와 납품가능일자를 사전에 납품연기원으로 제출하여야 한다. 만일, 이를 이행치 않을 경우 발주자는 사후 지체상근공제 혹은 계약을 해약하고 제재조치 를 취할 수 있다.

제4조(규격 및 품질)

1) 모든 물품은 계약상에 명시된 시방서, 도면, 규격명세서 또는 견품 등에 적합하여야 하며, 특별한 약정이 없을 때에는 발주자의 구매목적과 사용용도에 맞는 정상적인 신품이어야 한다.

2) 구매되는 자재의 전산등록규격, 자재규격 또는 도면에 인용되거나 요구하는 사외규 격 중 별도로 정하지 않은 최신본을 적용한다.

제5조(검수)

1) 검수는 발주자 자체 검수기준에 의하여 실시한다.

2) 검수는 납품된 물품을 하나 하나 확인함을 원칙으로 한다. 다만, 전량 검사가 부적당 하거나 곤란할 때에는 그 일부를 추출하여 검사할 수 있다.

3) 검수결과 계약과 일치된 때에는 합격 판정을 하고 검수 불합격된 때에는 해약할 수 있다. 다만, 발주자가 필요하다고 인정할 경우 공급자의 부담으로 재납품하게

할 수 있다. 이 경우 공급자는 재납품 후 재검수요청을 하여야 한다.

4) 공급자는 검수결과 불합격된 품목에 대해서는 즉시 반출, 재제작 할 의무를 지며 불합격 발생 후 30일 경과 시까지 반출하지 아니한 불합격 미반출품에 대하여는 반출의사가 없는 것으로 간주하여 발주자가 임의처리 할 수 있다. 단, 불합격품 처리방법을 별도로 약정한 경우에는 그러하지 아니한다.

5) 기타 검수절차와 이에 따른 권리의무는 특별히 다른 약정을 하지 않는 한 발주자의 검수기준은 적용한다.

6) 계약내용의 검수방법은 발주자의 사정에 따라 공급자와 별도의 합의하에 변경할 수 있다.

7) 자재규격 또는 제작도면 없이 구매되는 물품 중 검수 코드에 의거 특정검사를 실시하는 경우는 전산등록규격에 기입된 재질의 해당규격을 기준으로 검수 및 판정한다.

제6조(포장 및 표지)

1) 공급자는 납품하는 물품의 운송 과정중 유실이 없도록 충분히 포장하여야 하며, 다음 사항을 명기한 표지를 달아야 한다.
   - 제작사 상호 및 계약자 상호
   - 계약번호 (발주번호)
   - 포장 단위별 일련번호, 품명, 규격, 단위, 수량
   - 총 중량, 순 중량, 체적
   - 취급상 주의사항

2) 표지는 견고하여야 하며, 당해 물품과 수명을 같이할 지구성 있는 표지로 함을 원칙으로 한다.

3) 공급자는 모든 계약물품에 대하여 상당기간 저장하여도 품질이 보존되도록 하여야 하며 해당물품을 보호하기 위한 포장재는 환경에 유해하지 않는 재질을 사용하고, 폐기시 총량이 최소화 되도록 하여야 한다.

4) 공급자는 제조일로부터 일정기간이 지나면 물품의 성능저하 및 기능상실이 예상되는 시효성자재에 대해서는 제조일, 저장유효기간을 필히 표시하여야 한다.

5) 공급자의 계약물품 중 플라스틱 재질[철재에 PVC코팅 포함]로 입고된 포장용기는

사용 후, 발주자의 요구시 공급자가 전량 회수하여 반출하여야 한다.

제7조(권리의무의 양도 금지) 공급자는 발주자의 서면 승인없이는 권리의무를 제3자에게 양도할 수 없고 계약서에 명기된 제작자를 변경하거나 물품의 주요부분 제조를 제3자에게 하도급 할 수 없다.

제8조(특허 및 상호) 공급자는 계약이행에 관련된 특허, 상표, 허가 기타 행정상 문제처리와 비용부담의 책임을 진다.

제9조(대금지불) 공급자는 특별히 약정한 경우를 제외하고는 납품완료 후 발주자의 검수절차에 합격하여 해당물품에 대한 권리가 발주자에게 취득된 후 대금지불을 청구할 수 있으며, 대금지불방법은 발주자의 내부 규정에 의한다.

제10조(대금지불의 특례) 공급자가 납품완료 전이라도 거래상의 금융사정 기타 자체 수급사정을 고려하여 발주자가 특히 필요하다고 인정할 때에는 기납부분에 상당하는 계약금액을 한도로 대금의 일부를 지급할 수 있다.

20○○년 ○월 ○일

공급자	상호	:	
	주소	:	
	사업자등록번호	:	
	대표자	:	○○○ ㊞
발주자	상호	:	
	주소	:	
	사업자등록번호	:	
	대표자	:	○○○ ㊞

물품인수계약서

물품보유업체 ○○주식회사(이하 "갑"이라 한다)와 인수업체 ○○주식회사(이하 "을"이라 한다)는 상호간에 아래와 같이 물품인수 계약을 체결한다.

제1조(목적) 본 계약은 "갑"이 보유 사용하는 ○○관련 물품 일체를 "을"이 유상으로 인수하기로 하고 이와 관련된 권리의무 사항의 규율을 목적으로 한다.

제2조(인수 물품표)

1. 본 계약에 따라 "을"이 인수하는 ○○ 물품은 공인기관에서 인증한 성능검사 검정표가 첨부된 물품을 지칭하며 구체적 물품 목록은 당사자 쌍방이 참석한 상태에서 작성된 인수물품표에 따른다.
2. 제1항의 인수물품표는 본 계약 체결 이후 ○일 이내에 작성하여 본 계약서 말미에 첨부하도록 하되, 당해 인수물품표에는 각 물품의 상태 및 평가산정 금액이 기재되어야 한다.

제3조(인수가격)

1. "을"은 인수물품표의 작성 이후 계약의 진행을 희망하고자 하는 경우 계약금으로 일금 원정(₩)을 "갑"에게 현금 입금한다. 다만, 계약의 진행을 거부한 경우 인수물품표 작성과 관련된 일체의 자료를 폐기 및 당해 정보의 외부 유출 금지의 의무를 부담한다.
2. 잔금 일금 원정(₩)은 거래물품의 최종 인도일에 검수와 동시에 지급하기로 하되, 20년 월 일까지 인도하여야만 한다. 단, 대금의 연체 시 연 ○%의 연체이자를 부담한다.

제4조(무료인수 물품) 본 계약의 진행 시 "갑"은 본 계약서 말미에 첨부된 무료제공 품목서에 기재된 물품을 무료로 "을"에게 제공하도록 한다.

제5조(선관의무) 본 계약상 거래되는 모든 물품에 대하여 그 유무상을 불문하고 "갑"은 인도일까지 선관주의 의무를 부담한다.

제6조(권리보증)
1. "갑"은 본 계약의 거래대상 물품에 대하여 제3자에 대한 양도, 담보설정 등 제반 권리사항에 있어서 하자가 없음을 보증한다.
2. "갑"은 거래물품의 성능 상태에 대하여 "을"과 공동조사시 고지하는 상태와 상위가 없음을 보증한다.

제7조(운반)
1. 본 계약 물품의 인도는 "을"이 비용을 부담하여 직접 "갑"의 영업소를 방문하여 거래물품의 인도를 받는다.
2. 거래물품의 인도와 동시에 위험부담은 "을"이 부담한다.

제8조(하자발생)
1. "을"이 최종 물품 인수한 후 최초 작성한 물품표와 상이한 사항이 발견될 시 관련 사유의 해명을 "갑"에게 요구하고, 물품의 손실 등이 발견될 시 해당 가치의 감소분 만큼 잔금의 지급액에서 공제한 잔액을 지급한다.
2. 검수결과 물품의 오차가 심하여 본 계약의 목적을 달성할 수 없을 경우 "갑"은 계약금을 즉시 "을"에게 반환하여야 하고, "을"은 관련 장비 일체를 "갑"에게 반환하여야 한다. 단, 반환에 소요되는 비용은 "갑"이 부담한다.

제9조(해제)
1. 당사자 일방은 물건의 인도 이전에 본 계약을 해제할 수 있으며, "갑"이 해제할 경우 계약금의 ○배를 반환하며 "을"이 해제할 경우 계약금을 포기하고 해제한다.
2. "갑"이 정하여진 기일에 물품인도를 거부하는 경우 "을"은 계약을 해제하고 손해배상을 청구한다.

제10조(분쟁해결)
1. 본 계약과 관련하여 양 당사자간의 분쟁이 발생한 경우, 원칙적으로 "갑"과 "을"

상호간의 합의에 의해 해결한다.

2. 제1항에도 불구하고 분쟁이 해결되지 않을 경우 "갑"의 주소지 관할 지방법원을 그 관할로 하여 재판함으로써 해결한다.

제11조(특약사항)

상기 계약 일반사항 이외에 아래 내용을 특약사항으로 정하며, 일반사항과 특약사항이 상충되는 경우에는 특약사항을 우선하여 적용하도록 한다.

1.
2.

제12조(기타사항)

1. 계약의 당사자는 본 계약의 내용을 신의성실에 의거하여 준수하여야 한다.
2. 계약 기간 중 계약의 변경은 당사자의 서면 합의에 의해서만 변경될 수 있으며 서면날인 된 문서를 본 계약서의 말미에 첨부한다.
3. 본 계약서에서 명시되지 않은 부분에 대하여는 관련 법규 및 상관습에 따르기로 한다.

위와 같이 계약을 체결하고 계약서 2통을 작성, 서명 날인 후 "갑"과 "을"이 각각 1통씩 보관한다.

20○○년 ○월 ○일

	주소	:
"갑"	상호명	:
	연락처	:
	대표자	: ○○○ ㉑

	주소	:
"을"	상호명	:
	연락처	:
	대표자	: ○○○ ㉑

매매계약서

매도인 ○○○(이하 "갑"이라 한다.)과 매수인 ○○○(이하 "을"이하 한다.)는 제1조에 정하는 매매를 위하여 다음과 같이 합의한다.

제1조(조건)
1. 품명 :
2. 수량 :
3. 금액 :
4. 인도기한 :
5. 인도장소·방법 :
6. 대금총액 :
7. 지급기한 :
8. 지급방법 :

제2조(소유권 이전) 물품의 소유권은 전조에 정한 대금이 "갑"에게 현금으로 지급되거나 또는 약속어음이나 수표의 결제가 완료된 때에 "갑"으로부터 "을"에게 이전한다.

제3조(위험부담) 물품의 인도 전에 발생한 물품의 멸실, 훼손, 기타 일체의 손해는 그 원인이 "을"의 귀책사유인 것을 제외하고는 "갑"이 부담하며, 물품의 인도 후에 발생한 이들의 손해는 그 원인이 "갑"의 귀책사유인 경우를 제외하고는 "을"이 부담한다.

제4조(인도 및 수령) "갑"은 약정기한 내에 약정 인도장소에 물품을 지참하여 인도하며, "을"은 물품수령시에 인수증을 발급한다.

제5조(대금지불)

1. 매매대금은 지급기한 내에 현금(또는 수표)으로 지급한다. 단, 특약이 있을 때에는 O일 만기의 약속어음에 의할 수 있다.
2. 어음에 의한 지급이 인정되었을 경우에 있어서 제7조 각 호의 1에 해당하는 사실이 발생하였을 때에는 "갑"의 청구에 의하여 "을"은 언제라도 현금으로 지불하여야 한다.

제6조(지체상금)

"을"이 매매대금의 지급을 지체할 경우에는 "갑"에게 지급기일의 다음 날부터 완제일까지 매지체 1일당 3/1000의 비율에 의한 지체상금을 지급하여야 한다.

제7조(기한의 이익상실)

다음 각 호의 경우에는 "갑"청구가 있으면 "을"은 즉시 채무의 전액을 일시에 변제하여 야 한다.

1. "을"이 본 계약에 의거한 "갑"에 대한 매매대금 지급채무, 기타 일체의 채무에 관하여 지급의무를 이행하지 아니하였을 때
2. "을"이 압류, 가압류, 조세 체납처분, 부도 등 본 계약상의 의무를 이행하기 어려운 상태에 있다고 "갑"이 판단하는 경우

제8조(물품의 임의 처분)

"을"이 인도기일에 물품을 수령하지 아니하는 등 계약의 이행을 하지 아니할 경우에는 "갑"은 언제라도 물품을 그의 계산에 의하여 임으로 처분한 후 그 처분대금으로써 "을"에 대한 손해배상 채권을 포함하는 일체의 채권변제에 충당하고, 부족액이 있을 때에는 "을"에게 청구할 수 있다.

제9조(하자담보)

1. "갑"은 물품이 계약조건과 상위 하거나 또는 인도전의 원인에 의하여 발생한 물품의 품질 불량, 수량부족, 변질, 기타의 하자에 관하여 물품의 인도일로부터 O일 동안 책임을 부담하며, "을"은 하자의 보수 또는 대금감액을 청구할 수 있고, 그 하자의

존재로 인하여 본 계약의 목적을 달성할 수 없는 경우에는 본 계약을 해제할 수 있다.

2. "을"은 곧 발견할 수 있는 하자에 대하여는 물품의 수령 후 ○일 이내에 통지를 하지 아니 할 경우 그 해제권 또는 청구권을 상실한다.

제10조(즉시해제)

1. 제7조 각 호의 1에 해당하는 사실이 발생하였을 때에는 "갑"은 최고 및 자기 채무이행의 제공을 하지 아니하고 즉시 본 계약을 해제할 수 있고, 이 경우 "을"은 "갑"의 손해배상 청구에 응하여야 한다.

2. "갑"이 본 계약의 조항에 위반하였을 때에는 "을"은 최고 및 자기 채무이행의 제공을 하지 아니하고 즉시 해제하고 "갑"에게 손해배상을 청구할 수 있다.

제11조(해석 및 관할법원)

1. 본 계약에 정하지 아니한 사항이 있거나 본 계약의 해석에 이의가 있을 경우에는 양 당사자 간의 별도합의에 의한다.

2. 본 계약과 관련하여 분쟁이 발생하는 경우에는 서울 민사지방법원을 관할법원으로 한다.

이상을 증명하기 위하여 본 계약서 2부를 작성하고, 양 당사자가 날인한 후 각각 1부씩 보관한다.

20○○년 ○월 ○일

"갑" :　　　○○○ ㉑

"을" :　　　○○○ ㉑

기계매매계약서

(　　)를 "갑"으로 하고, (　　)를 "을"로 하여 "갑"과 "을"간에 다음과 같이 계약을 체결하였다.

제1조(목적) "갑"은 "을"에게 아래 표시의 기계를 매도할 것을 서약하고, "을"은 이것을 매수하였다.

제2조(매매대금) 매매대금은 총액 금 만원으로 하고, "을"은 "갑"에게 다음과 같이 지급하도록 한다.
　1. 금일 계약금으로 금 만원을 지급하고,
　2. 년월일까지 아래 표시의 기계를 "을"의 본사 공장에 설치, 인도함과 동시에 금만원을 지급한다.

제3조(인도기한) "갑"은 "을"에게 아래 표시의 기계를 년월일까지 위 제2조 제2호의 잔금과 교환하여 "을"의 본사 공장에 설치하여 인도하도록 한다.

제4조(위험부담) 아래 표시의 기계에 대하여 위 제3조의 인도기일까지 "갑"또는 "을"의 책임이 아 닌 사유로 기계가 훼손 혹은 멸실되었을 때는 "을"은 대금의 지급을 면한다.

제5조(보증의무) "갑"은 아래 표시의 기계가 사양서대로의 성능을 가지고 있다는 것을 보증하고, 제3조의 인도 전에 시운전을 완료하여, 성능을 증명하도록 한다.

제6조(하자보수책임) "갑"은 을에 대해 아래 표시의 기계당 3년간 품질과 성능을 보증하고, 을측 의 과실이 아닌 자연스런 고장에 대해서는 무상으로 수선할 의무를 진다.

제7조(손해배상)
① 위 조항에 의한 "갑"의 수선에도 불구하고 아래 표시의 기계가 가동하지 않거나

혹은 성능이 현저하게 저하되어 있는 기간이 1개월 이상에 이를 때는 "을"은 다음 각 호중 하나를 선택하여 "갑"에게 청구할 수 있도록 한다.

1. 동종의 기계와 교환할 것. 단, 사용기간 1년당 제2조의 대금의 5분의 1에 상당하는 금액을 "갑"에게 지급할 것을 조건으로 한다.

2. 기계를 반품할 것. 단, "갑"은 "을"이 아래 표시의 기계를 사용한 기간 1년당 제2조의 대금의 5분의 1에 상당하는 금액을 대금액에서 공제한 잔액을 "을"에게 반환하도록 한다.

② 위 ①항 각 호의 사용기간의 계산은 "을"의 사용, 비사용을 불문하고 제3조의 인도일부터 위 ①항의 신청을 한 날까지의 일수로 계산한다.

제8조(계약의 해제)

① "을"이 제2조의 기일까지 인도함과 동시에 잔금을 지급하지 않았을 때는 "갑"의 최고없이도 본 계약은 해제된 것으로 하고, "갑"은 즉시 후기 기계를 회수할 수 있다.

② 위 ①항의 경우, "갑"의 기계운송비, 설치비용, 회수에 필요한 비용은 일체 "을"의 부담으로 하고, 동시에 "갑"은 그 이외의 손해배상으로 계약금을 취득할 수 있다.

제9조(계약의 해제)

"갑"이 제3조의 기일까지 아래 표시의 기계를 인도하지 못했을 때는 "을"은 10 일의 기간 내에 인도를 완료할 것을 "갑"에게 최고하고, 동 기간 내에 "갑"이 이행하지 못했을 때는 본 계약을 해제하고, 제2조의 계약금 반환 및 계약금과 같은 액수의 손해배상을 청구할 수 있다.

이상의 계약이 성립되었으므로 계약서 2통을 작성하고, "갑"과 "을"은 각 1통을 보관하도록 한다.

20○○년 ○월 ○일

매도인 "갑"　주소　：
　　　　　성명　：　○○○ ㊞

매수인 "을"　주소　：
　　　　　성명　：　○○○ ㊞

제6장 부동산매매·임대차

이 장에서는 부동산 매매나 임대차 등 부동산 관련 계약서의 양식을 주로 살펴본다. 흔히 하는 말 중에서 이런 말이 있다. '일생에서 가장 큰 쇼핑은 부동산을 구매하는 것이다.' 그만큼 부동산을 매매하고 임대차하는 것은 주거생활과 경제생활의 기반과 매우 밀접한 관련이 있는 분야이므로 계약서를 작성할 때는 특히 주의해야 한다.

1. 부동산 매매

(1) 계약 전 주의사항

거래하려는 부동산 자체에 문제나 하자가 없는지 반드시 현장확인을 하는 것이 좋다. 부동산을 사고자 할 때에는 먼저 해당 지번을 확인하고, 임야대장, 토지대장, 등기사항증명서(구 등기부등본), 가옥대장, 도시계획확인원, 용도지역 확인원등을 떼어보고 현장을 반드시 확인하여야 한다.

실제 면적과 상기의 공적 장부와 다를 때가 종종 있으므로 직접 가서 서류와 차이가 없는지 조사 확인하는 것이 혹시라도 있을지 모를 분쟁을 미리 예방하는 것이다. 또한 토지의 경우에는 「국토이용관리법」이나 「도시계획법」, 「농지법」, 「건축법」, 「군사시설보호법」, 「자연공원법」 등의 법률적 규제가 없는지 잘 살펴보아야 한다.

(2) 계약서 기재사항 및 작성요령

계약자유의 원칙상 양당사자 간의 합의만으로도 계약은 성립될 수 있지만, 이는 채권적 효력만 가져올 뿐 '소유권 이전'이라는 물권적 효력까지 발생하는 것은 아니다. 즉, 부동산 매매계약은 '소유권 이전'이라는 이행의 문제를 남기게 되는데 바로 이 '이행의 문제'에 아무런 이상이나 하자가 없어야 비로소 부동산 매매라는 계약의 목적을 온전히 달성할 수 있는 것이다.

따라서 계약서 작성 단계에서부터 소유권을 이전받는데 아무런 하자가 없는지를 잘 살펴야 함은 물론이다.

부동산 매매계약서에 필수적으로 기재되어야 하는 사항은 다음과 같다.

매매계약 합의의 표시	'매도인과 매수인은 다음과 같은 내용으로 매매계약을 체결한다.'
부동산의 표시	• 계약목적물을 특정하기 위해 매매계약서에 부동산의 소재지, 지목과 그 면적 및 건물내역과 같은 부동산의 표시를 기재 • 부동산등기부의 표제부 중 표시란에 기재된 것과 동일하게 기재
당사자의 표시	• 매도인(원칙적으로 등기부상 소유자로 기재되어 있는 사람)과 매수인을 매매계약서에 기재 – 상대방 주민등록증의 직접 확인을 통한 본인확인 필수 • 매도인이나 매수인 중 대리인을 선임한 경우 – 대리인의 명의로 매매계약서를 작성해도 매매계약은 유효 – 유효한 대리권 존재 여부 확인 필수 • 매도인 또는 매수인이 회사(법인)인 경우 – 계약상대방인 회사의 법인등기부등본을 통해 현재 계약을 체결하는 사람이 회사를 대표할 권한이 있는 사람인지 여부를 확인 필수 – 회사의 이름과 대표자의 이름을 매매계약서에 동시에 기재
매매대금	• 매매대금과 그 지급날짜를 정확히 기재 • 매매대금 총액과 계약금, 중도금, 잔금의 순서로 기재
소유권 이전 및 인도에 관한 사항	• 동시이행 관계 • 계약당사자 간에 특별한 약정이 없는 한 매도인은 매수인으로부터 매매대금의 잔금을 받음과 동시에 소유권이전등기에 필요한 서류 전부를 교부해야 함
해제에 관한 사항	• 계약금만을 주고받은 경우 해제 가능 • 매수인이 해제하는 경우 계약금을 포기, 매도인이 해제하는 경우 계약금의 2배를 반환
특약 사항	계약당사자 간에 특별히 정하는 사항이 있는 경우 그 사항을 구체적이고 자세하게 기재
날짜 및 서명 날인	• 계약을 맺은 날짜를 기재하고, 계약당사자 명의의 서명을 날인 • 계약서 보관 : 당사자의 수만큼 작성하여 계약당사자가 각각 원본을 보관

(3) 부동산 중개업체를 통한 매매계약서 기재사항

부동산 중개업체를 통해 부동산 매매가 이뤄졌을 경우에는 다음의 사항을 기재하고 부동산 개업공인중개사(법인인 경우에는 대표자, 법인에 분사무소가 설치되어 있는 경우에는 분사무소의 책임자)가 서명 및 날인하되, 해당 중개행위를 한 소속공인중개사가 있는 경우에는 소속공인중개사가 함께 서명 및 날인해야 한다(공인중개사법 제26조 제2항 및 제25조 제4항).

- 거래당사자의 인적 사항
- 물건의 표시
- 계약일
- 거래금액·계약금액 및 그 지급일자 등 지급에 관한 사항
- 물건의 인도일시
- 권리이전의 내용
- 계약의 조건이나 기한이 있는 경우에는 그 조건 또는 기한
- 중개대상물 확인·설명서 교부일자
- 그 밖의 약정내용

(4) 잔금지급과 등기서류 교부

잔금지급 시 매도인으로부터 받아야 할 서류는 인감증명서(부동산매도용) 1통, 등기권리증, 주민등록등본, 검인용 매매계약서 각 1통이다.

또한 중도금 지급 시에는 지방세가 밀렸는지도 확인해야 하며(지방세가 체납되었을 경우 매매계약서에 검인을 받을 수 없음), 잔금을 지급할 때 재산세와 종합토지세를 집주인과 정산해야 한다.

매입자는 입주 이후의 세금만 내면 되는데, 재산세와 종합토지세는 과세기준일이 각각 5월 1일과 6월 1일이다. 따라서 과세액에 입주일부터 차기 과세기준일까지의 개월 수를 곱한 뒤 12로 나눠 납부액을 계산하게 된다.

이 모든 사항을 확인하여 등기관련서류를 교부받았다면 60일 이내에 관할 등기소에 이전등기신청을 해야 한다. 만약 이 기한을 초과하였을 경우 최고등록세액의 300%까지 과태료가 부과된다.

2. 관련 판례

(1) 명의신탁자의 당사자 여부

부동산등기는 그것이 형식적으로 존재하는 것 자체로부터 적법한 등기원인에 의하여 마쳐진 것으로 추정되며, 타인에게 명의를 신탁하여 등기하였다고 주장하는 사람은 그 명의신탁 사실에 대하여 증명할 책임을 진다(대판 1997. 9. 30, 95다39526, 대판 2000. 3. 28, 99다36372 , 대판 2015. 10. 29, 2012다84479 등 참조).

그리고 계약을 체결하는 행위자가 타인의 이름으로 법률행위를 한 경우에 행위자 또는 명의인 가운데 계약 당사자가 누구인지는 계약에 관여한 당사자의 의사해석 문제에 해당한다(대판 2012. 11. 29, 2012다44471 등 참조).

행위자와 상대방의 의사가 일치하는 경우에는 그 일치한 의사대로 행위자 또는 명의인을 계약 당사자로 확정하여야 하고, 행위자와 상대방의 의사가 일치하지 않는 경우에는 그 계약의 성질·내용·목적·체결 경위 등 그 계약 체결 전후의 구체적인 제반 사정을 토대로 상대방이 합리적인 사람이라면 행위자와 명의자 중 누구를 계약 당사자로 이해할 것인지에 의하여 계약 당사자를 결정하여야 한다(대판 2001. 5. 29, 2000다3897, 대판 2003. 9. 5, 2001다32120 등 참조).

따라서 어떤 사람이 타인을 통하여 부동산을 매수하면서 매수인 명의 및 소유권이전등기 명의를 그 타인 명의로 하기로 한 경우에, 이와 같은 매수인 및 등기 명의의 신탁관계는 그들 사이의 내부적인 관계에 불과하므로, 상대방이 명의신탁자를 매매당사자로 이해하였다는 등의 특별한 사정이 없는 한 대외적으로는 계약명의자인 타인을 매매당사자로 보아야 하며(대판 1993. 4. 23, 92다909 판결, 1997. 5. 16, 95다29116 등 참조), 설령 상대방이 그 명의신탁관계를 알고 있었다 하더라도 상대방이 계약명의자인 타인이 아니라 명의신탁자에게 계약에 따른 법률효과를 직접 귀속시킬 의도로 계약을 체결하였다는 등의 특별한 사정이 인정되지 아니하는 한 마찬가지라 할 것이다(대판 2016.07.22., 2016다207928).

(2) 부동산등기부의 표제와 실제 면적이 다른 경우

물권의 객체인 토지 1필지의 공간적 범위를 특정하는 것은 지적도나 임야도의 경계이지 등기부의 표제부나 임야대장·토지대장에 등재된 면적이 아니므로, 부동산등기부의 표제부에 토지의 면적이 실제와 다르게 등재되어 있어도 이러한 등기는 해당 토지를 표상하는 등기로서 유효하다. 또한 부동산등기부의 표시에 따라 지번과 지적을 표시하고 1필지의 토지를 양도하였으나 양도된 토지의 실측상 지적이 등기부에 표시된 것보다 넓은 경우 등기부상 지적을 넘는 토지 부분은 양도된 지번과 일체를 이루는 것으로서 양수인의 소유에 속한다(대판 2016.06.28., 2016다1793).

(3) 부동산 매수인이 임대차보증금 반환채무를 인수한 경우 그 성격

부동산의 매수인이 매매목적물에 관한 임대차보증금 반환채무 등을 인수하는 한편 그 채무액을 매매대금에서 공제하기로 약정한 경우, 그 인수는 특별한 사정이 없는 이상 매도인을 면책시키는 면책적 채무인수가 아니라 이행인수로 보아야 하고, 면책적 채무인수로 보기 위해서는 이에 대한 채권자 즉 임차인의 승낙이 있어야 한다(대판 2001. 4. 27, 2000다69026, 대판 2008. 9. 11, 2008다39663 등 참조). 채무자인 매도인이나 제3자인 매수인은 임차인에게 임대차보증금 반환채무에 대한 매도인의 면책에 관한 승낙 여부를 최고할 수 있으며, 임차인이 상당한 기간 내에 확답을 발송하지 아니한 경우에는 이를 거절한 것으로 본다(민법 제455조).

한편 임차인의 승낙은 반드시 명시적 의사표시에 의하여야 하는 것은 아니고 묵시적 의사표시에 의하여서도 가능하다. 그러나 임차인이 채무자인 임대인을 면책시키는 것은 그의 채권을 처분하는 행위이므로, 만약 임대보증금 반환채권의 회수가능성 등이 의문시되는 상황이라면 임차인의 어떠한 행위를 임대차보증금 반환채무의 면책적 인수에 대한 묵시적 승낙의 의사표시에 해당한다고 쉽게 단정하여서는 아니 된다(대판 2015.05.29., 2012다84370).

부 동 산 매 매 계 약 서

부동산의 표시

소재지 : _____

토지의 표시　지목 : _____　　면적 : _____ m²

건물의 표시　건물내역 : _____

당사자의 표시

매 도 인　이름(회사이름과 대표자): _____

(파는 사람)　주소(회사본점이 있는 곳): _____

　　　　　　주민등록번호(사업자등록번호): _____

　　　　　　전화번호: _____

매 수 인　이름(회사이름과 대표자): _____

(사는 사람)　주소(회사본점이 있는 곳): _____

　　　　　　주민등록번호(사업자등록번호): _____

　　　　　　전화번호: _____

매도인(파는 사람)과 매수인(사는 사람)은 위 부동산을 아래와 같이 사고판다.

제1조(매매대금)

매수인은 매도인에게 매매대금을 아래와 같이 주기로 한다.

매매대금　_____원 (₩ _____)

계 약 금　　　　　　원은 계약하는 날에 주고,

　　　　　　[받은 사람의 확인: _____(서명 또는 인)]

1차중도금　_____원은 20___년 ___월 ___일에 주며,

2차중도금　_____원은 20___년 ___월 ___일에 주고,

잔　　금　_____원은 20___년 ___월 ___일에 주기로 한다.

제2조(소유권이전과 인도)

① 매도인은 잔금을 받으면서 매수인에게 소유권이전등기에 필요한 서류 전부를 주고 위 부동산도 넘겨주어야 한다. 다만, 매도인과 매수인 사이에 ②항과 같이 따로 정하는 경우 그에 따른다.

② 소유권이전에 필요한 서류를 주는 날 : _____

　 부동산을 넘겨주는 날 : _____

제3조(부동산에 대한 부담의 소멸 등)

① 매도인은 위 부동산에 설정된 저당권, 전세권, 지상권 등 제한물권이나 가압류, 가처분 등 소유권의 행사를 제한하는 사유가 있는 경우 이들을 말소하여 제한이 없는 소유권을 이전하여야 한다.

② 전기, 가스, 수도 요금 등의 공과금 중, 위 부동산을 넘겨주는 날까지 발생한 부분은 매도인이 부담하고, 그 다음 날부터 발생하는 부분은 매수인이 부담한다. 다만, 아래와 같이 따로 정하는 경우 그에 따른다.

　 [따로 정하는 사항] _____

제4조(하자의 부담)

① 위 부동산에 하자가 있는 경우 매도인은 매수인에게 하자담보의 책임을 진다. 다만, 아래와 같이 매도인이 책임지는 기간을 따로 정하는 경우 그에 따른다.

　 [따로 정하는 기간] 위 부동산을 넘겨준 날로부터 _____년간

② 위 부동산을 넘겨주는 날 이전에 위 부동산에 남아 있던 건축법 기타 법령위반의 사유로 인하여 매수인이 이행강제금 또는 벌금을 내게 되거나, 그 이외에 재산의 손해(원상회복비용 등)를 입은 경우, 매도인은 매수인에게 이를 배상하여야 한다.

제5조(계약의 해제)

① 매수인이 매도인에게 중도금을 주기 전까지(중도금을 정하지 않은 경우에는 잔금을 주기 전까지)는, 매도인은 매수인에게 계약금의 2배를 주고 이 계약을 해제할

수 있고, 매수인은 계약금을 포기하고 이 계약을 해제할 수 있다.

② 매도인 또는 매수인이 이 계약에 따른 채무를 이행하지 않은 경우 그 상대방은 채무를 이행하지 않은 당사자에게 이행을 촉구한 후 이 계약을 해제할 수 있다. 이 경우 채무를 이행하지 않은 당사자는 이로 인하여 상대방에게 발생한 손해를 배상하여야 한다. 다만, 아래와 같이 손해배상액을 따로 정하는 경우 그에 따른다.

  [따로 정하는 사항] _____

제6조(확인 사항)

▢   이 사건 부동산에 관하여 발급된 등기부등본(20 년 월 일자) 및 건축물대장, 토지대장

▢   법인등기부등본 및 법인 인감증명서(계약 당사자 한쪽 또는 양쪽이 법인인 경우)

▢   위임장 및 위임인의 인감증명서(대리인이 계약을 체결한 경우)

제7조(특별히 정하는 사항)

  ① _____

  ② _____

20___ 년 ___ 월 ___ 일

      매도인 _____(서명 또는 인)

      대리인 _____(서명 또는 인)

      (대리인의 주민등록번호: _____)

      매수인 _____(서명 또는 인)

      대리인 _____(서명 또는 인)

      (대리인의 주민등록번호: _____)

부 동 산 매 매 계 약 서

부동산의 표시

소재지 : _____

동·호수 : _____ 동 _____ 호 면적 : _____ m²

당사자의 표시

매 도 인   이름(회사이름과 대표자): _____

(파는 사람) 주소(회사본점이 있는 곳): _____

　　　　　　주민등록번호(사업자등록번호): _____

　　　　　　전화번호: _____

매 수 인   이름(회사이름과 대표자): _____

(사는 사람) 주소(회사본점이 있는 곳): _____

　　　　　　주민등록번호(사업자등록번호): _____

　　　　　　전화번호: _____

매도인(파는 사람)과 매수인(사는 사람)은 위 부동산을 아래와 같이 사고 판다.

제1조(매매대금)

매수인은 매도인에게 매매대금을 아래와 같이 주기로 한다.

매매대금 _____원 (₩_____)

계 약 금 _____원은 계약하는 날에 주고,

　　　　　[받은 사람의 확인: _____ (서명 또는 인)]

1차중도금 _____원은 20___년___월___일에 주며,

2차중도금 _____원은 20___년___월___일에 주고,

잔　　금 _____원은 20___년___월___일에 주기로 한다.

제2조(소유권이전과 인도)

① 매도인은 잔금을 받으면서 매수인에게 소유권이전등기에 필요한 서류 전부를 주고 위 부동산도 넘겨주어야 한다. 다만, 매도인과 매수인 사이에 ②항과 같이 따로 정하는 경우 그에 따른다.

② 소유권이전에 필요한 서류를 주는 날 : _____

부동산을 넘겨주는 날 : _____

제3조(부동산에 대한 부담의 소멸 등)

① 매도인은 위 부동산에 설정된 저당권, 전세권, 지상권 등 제한물권이나 가압류, 가처분 등 소유권의 행사를 제한하는 사유가 있는 경우 이들을 말소하여 제한이 없는 소유권을 이전하여야 한다.

② 전기, 가스, 수도 요금 등의 공과금 중, 위 부동산을 넘겨주는 날까지 발생한 부분은 매도인이 부담하고, 그 다음 날부터 발생하는 부분은 매수인이 부담한다. 다만, 아래와 같이 따로 정하는 경우 그에 따른다.

[따로 정하는 사항] _____

제4조(하자의 부담)

① 위 부동산에 하자가 있는 경우 매도인은 매수인에게 하자담보의 책임을 진다. 다만, 아래와 같이 매도인이 책임지는 기간을 따로 정하는 경우 그에 따른다.

[따로 정하는 기간] 위 부동산을 넘겨준 날로부터 _____년간

② 위 부동산을 넘겨주는 날 이전에 위 부동산에 남아 있던 건축법 기타 법령위반의 사유로 인하여 매수인이 이행강제금 또는 벌금을 내게 되거나, 그 이외에 재산의 손해(원상회복비용 등)를 입은 경우, 매도인은 매수인에게 이를 배상하여야 한다.

제5조(계약의 해제)

① 매수인이 매도인에게 중도금을 주기 전까지(중도금을 정하지 않은 경우에는 잔금을 주기 전까지)는, 매도인은 매수인에게 계약금의 2배를 주고 이 계약을 해제할 수 있고, 매수인은 계약금을 포기하고 이 계약을 해제할 수 있다.

② 매도인 또는 매수인이 이 계약에 따른 채무를 이행하지 않은 경우 그 상대방은 채무를 이행하지 않은 당사자에게 이행을 촉구한 후 이 계약을 해제할 수 있다. 이 경우 채무를 이행하지 않은 당사자는 이로 인하여 상대방에게 발생한 손해를 배상하여야 한다. 다만, 아래와 같이 손해배상액을 따로 정하는 경우 그에 따른다.

[따로 정하는 사항] _____

제6조(확인 사항)

□ 이 사건 부동산에 관하여 발급된 등기부등본(20__년__월__일자) 및 건축물대장, 토지대장

□ 법인등기부등본 및 법인 인감증명서(계약 당사자 한쪽 또는 양쪽이 법인인 경우)

□ 위임장 및 위임인의 인감증명서(대리인이 계약을 체결한 경우)

제7조(특별히 정하는 사항)

① _____

② _____

20__년 __월 __일

매도인 _____ (서명 또는 인)
대리인 _____ (서명 또는 인)
(대리인의 주민등록번호: _____)

매수인 _____ (서명 또는 인)
대리인 _____ (서명 또는 인)
(대리인의 주민등록번호: _____)

부 동 산 매 매 계 약 서

부동산의 표시

  소재지: _____

  토지의 표시   지목: _____   면적: _____㎡

당사자의 표시

매 도 인   이름(회사이름과 대표자): _____

(파는 사람) 주소(회사본점이 있는 곳): _____

              주민등록번호(사업자등록번호): _____

              전화번호: _____

매 수 인   이름(회사이름과 대표자): _____

(사는 사람) 주소(회사본점이 있는 곳): _____

              주민등록번호(사업자등록번호): _____

              전화번호: _____

매도인(파는 사람)과 매수인(사는 사람)은 위 부동산을 아래와 같이 사고 판다.

제1조(매매대금)

  ① 매수인은 매도인에게 매매대금을 아래와 같이 주기로 한다.

  매매대금   _____원 (₩_____)

  계 약 금   _____원은 계약하는 날에 주고,

           [받은 사람의 확인: _____(서명 또는 인)]

  1차중도금   _____원은 20____년____월____일에 주며,

  2차중도금   _____원은 20____년____월____일에 주고,

  잔   금   _____원은 20____년____월____일에 주기로 한다.

  ② 실제로 측량한 결과 그 면적이 계약서에 기재된 면적과 다른 경우 아래와 같이

    해결한다(선택한 사항의 확인란에 서명 또는 날인할 것)

□ 매매대금과 관련하여 서로 정산을 요구할 수 없다.

[확인란] 매도인 : _____(서명 또는 인)

매수인 : _____(서명 또는 인)

□ ㎡당 _____ 원으로 계산하여 실제로 측량한 면적을 기준으로 매매대금을 정산한다.

[확인란] 매도인 : _____(서명 또는 인)

매수인 : _____(서명 또는 인)

제2조(소유권이전과 인도)

① 매도인은 잔금을 받으면서 매수인에게 소유권이전등기에 필요한 서류 전부를 주고 위 부동산도 넘겨주어야 한다. 다만, 매도인과 매수인 사이에 ②항과 같이 따로 정하는 경우 그에 따른다.

② 소유권이전에 필요한 서류를 주는 날 : _____

부동산을 넘겨주는 날 : _____

제3조(부동산에 대한 부담의 소멸 등)

매도인은 위 부동산에 설정된 저당권, 전세권, 지상권 등 제한물권이나 가압류, 가처분 등 소유권의 행사를 제한하는 사유가 있는 경우 이들을 말소하여 제한이 없는 소유권을 이전하여야 한다.

제4조(하자의 부담)

① 위 부동산에 하자가 있는 경우 매도인은 매수인에게 하자담보의 책임을 진다. 다만, 아래와 같이 매도인이 책임지는 기간을 따로 정하는 경우 그에 따른다.

[따로 정하는 기간] 위 부동산을 넘겨준 날로부터 _____년간

② 위 부동산을 넘겨주는 날 이전에 위 부동산에 남아 있던 농지법 기타 법령위반의 사유로 인하여 매수인이 이행강제금 또는 벌금을 내게 되거나, 그 이외에 재산의 손해(원상회복비용 등)를 입은 경우, 매도인은 매수인에게 이를 배상하여야 한다.

제5조(계약의 해제)

① 매수인이 매도인에게 중도금을 주기 전까지(중도금을 정하지 않은 경우에는 잔금

을 주기 전까지)는, 매도인은 매수인에게 계약금의 2배를 주고 이 계약을 해제할
수 있고, 매수인은 계약금을 포기하고 이 계약을 해제할 수 있다.

② 매도인 또는 매수인이 이 계약에 따른 채무를 이행하지 않은 경우 그 상대방은
채무를 이행하지 않은 당사자에게 이행을 촉구한 후 이 계약을 해제할 수 있다.
이 경우 채무를 이행하지 않은 당사자는 이로 인하여 상대방에게 발생한 손해를
배상하여야 한다. 다만, 아래와 같이 손해배상액을 따로 정하는 경우 그에 따른다.
[따로 정하는 사항] _____

제6조(확인 사항)

□ 이 사건 부동산에 관하여 발급된 등기부등본(20 년 월 일자) 및 토지대장(임야대장)
□ 법인등기부등본 및 법인 인감증명서(계약 당사자 한쪽 또는 양쪽이 법인인 경우)
□ 위임장 및 위임인의 인감증명서(대리인이 계약을 체결한 경우)

제7조(특별히 정하는 사항)

_____

20___년 ___월 ___일

매도인 _____(서명 또는 인)
대리인 _____(서명 또는 인)
(대리인의 주민등록번호: _____)

매수인 _____(서명 또는 인)
대리인 _____(서명 또는 인)
(대리인의 주민등록번호: _____)

[참고 10] 토지거래 허가제

지역	구분
• 광역도시계획, 도시·군기본계획, 도시·군관리계획 등 토지이용계획이 새로 수립되거나 변경되는 지역 • 법령의 제정·개정 또는 폐지나 그에 의한 고시·공고로 인하여 토지이용에 대한 행위제한이 완화되거나 해제되는 지역 • 법령에 의한 개발사업이 진행 중이거나 예정되어 있는 지역과 그 인근지역 • 그 밖에 국토교통부장관 또는 시·도지사가 투기우려가 있다고 인정하는 지역 또는 관계 행정기관의 장이 특별히 투기가 성행할 우려가 있다고 인정하여 국토교통부장관 또는 시·도지사에게 요청하는 지역	허가구역이 둘 이상의 시·군(광역시의 관할 구역에 있는 군을 포함한다) 또는 구의 관할 구역에 걸쳐 있는 경우: 국토교통부장관이 지정 허가구역이 동일한 시·군 또는 구 안의 일부지역인 경우: 시·도지사가 지정

3. 상가·건물 등 임대차계약서

(1) 계약 체결 전 확인사항

계약을 체결하기 전에 최소한 다음 사항을 반드시 확인하여야 한다.

① 등기사항증명서(구 등기부등본)를 발급받아 보고 임대인이 등기부상 소유자로 등기된 사람인지를 확인하고, 신분증을 보고 그 사람이 맞는지를 확인하여야 한다.

② 등기사항증명서(구 등기부등본)을 발급받아 그 부동산에 대하여 저당권 등 제한 물권이나 가압류, 가처분 등 처분제한 등기 등이 없는지 확인하여야 한다.

③ 임차인은 전기, 가스, 수도 등의 요금 납부 영수증을 통하여 각종 공과금 등이 미납된 것이 없는지 확인하여야 한다.

(2) 계약체결 후 전입신고 등 안내

① 주택의 경우

- 임차인이 주택을 인도받고 주민등록(전입신고)을 마친 때에는 그 다음날로부터 대항력이 생기고, 여기에 더하여 확정일자를 갖춘 경우에는 경매(공매) 등의 절차에서 후순위권리자보다 우선하여 보증금을 변제받을 권리가 있다. 따라서 가능하면 신속히 전입신고와 확정일자를 받아두는 것이 유리하다.

- 주택임대차계약서에 대한 확정일자는 등기소, 동사무소(동사무소에서는 ㉠ 임차인의 전입신고 시, ㉡ 임차인의 전입신고가 먼저 이루어지고 그 이후에 주택임대차계약서에 확정일자를 청구하는 경우, ㉢ 주택임대차계약서에 확정일자를 부여받은 후 계약기간 만료로 계약을 갱신하거나 기존 계약내용의 일부(보증금의 증감 등)를 변경하여 갱신계약서나 변경계약서에 확정일자를 청구하는 경우에 확정일자를 부여함) 및 공증인사무실에서 부여받을 수 있다. 그 중 등기소에서 부여하는 확정일자는 전국의 어느 등기소에서나 관할에 관계없이 확정일자를 부여하므로 가까운 등기소 아무 곳이나 방문하여 신청하실 수 있다. 필요한 서류는 임대차계약서 원본을 가지고 가시면 되고, 따로 필요한 서류는 없다.

② 상가의 경우

- 일정한 보증금 이하의 임차인이 상가건물을 인도받고 세무서에 사업자등록을 신청한 때에는 그 다음날로부터 대항력이 생기고, 여기에 더하여 관할세무서장으로부터 확정일자를 받은 경우에는 경매(공매) 등의 절차에서 후순위권리자보다 우선하여 보증금을 변제받을 권리가 있다. 따라서, 가능하면 신속히 사업자등록을 신청하고 확정일자를 받아두는 것이 유리한다. 상가에 대하여는 관할세무서장에게 사업자등록을 신청하고 확정일자를 받아야 한다는 점을 유의하여야 한다.

(3) 작성방법 및 해설

계약서를 작성하기 전에 다음의 사항을 먼저 읽어보면 도움이 된다.

■ 부동산의 표시

- 등기사항증명서(구 등기부등본)를 발급받거나 인터넷으로 열람하여 보고, 부동산의 표시를 등기부의 표제부 중 '표시란'에 기재된 것과 동일하게 기재하여야 한다.

- 소재지는 그 건물이 소재하는 시·구·읍·면·동과 그 번지를 기재한다. 등기부등본의' 소재지번란'에 기재된 내용을 보고 기재하면 된다.
- 건물인 경우 구조 및 용도와 면적을 기재한다. 등기사항증명서(구 등기부등본) 제일 앞면을 보면 '건물내역'이 있다. 이곳에 있는 내용을 기재하면 된다.
- 집합건물(통상 아파트, 연립, 다세대 등이 집합건물에 해당하는데, 등기사항증명서(구 등기부등본)을 보시면 제일 앞면에 '집합건물'이라고 표시되어 있다)에 대하여는 등기사항증명서(구 등기부등본) 표제부에 기재된 동과 호수를 정확히 기재하여야 한다.
- 부동산의 일부분만이 목적물인 경우는 임대차목적물을 명확히 특정하여 분쟁의 소지를 없애기 위하여 임대차계약서에 그 임차부분에 관한 도면을 작성하여 첨부하는 것이 바람직하다.

(4) 당사자의 표시

- 임대인은 부동산을 빌려주는 사람을 말한다. 임대인은 등기부상 소유자로 기재되어 있는 사람이어야 함이 원칙이다.
- 임차인은 부동산을 빌리는 사람을 말한다.
- 계약당사자가 개인이 아닌 회사(법인 등)인 경우에는 대표자 개인이 계약당사자인 것으로 오인되지 아니하도록 반드시 회사(법인 등)의 명칭과 대표자의 이름을 기재하여야 한다.
- 임대인 또는 임차인이 2인 이상인 경우(예를 들면 부부 공유의 부동산을 임대하거나 부부 공동으로 부동산을 임차하는 경우)에는 모든 당사자를 '임대란' 또는 '임차인란'에 기재하여야 한다.

(5) 대리인과 계약을 체결하는 경우

- 계약당사자 본인과 직접 계약을 체결하는 경우에는 인적사항의 동일성을 확인하는 것만으로도 충분하나, 대리인이 본인을 대리하여 계약을 체결하는 경우에는 대리인 자격을 표시한 다음 대리인의 인적사항을 기재하고 대리인의 신분증과 대조하여 두는 것이 차후에 발생할지도 모르는 분쟁을 예방하는 데 도움이 된다.
- 또한 대리인과 계약을 체결할 때에는 대리인에게 본인을 대리할 수 있는 권한, 즉 대리권이 있음을 증명할 수 있는 증거서류를 받아두어야 한다. 대리권을 증명

하는 서류는 원칙적으로 위임장(본인의 인감증명서와 동일한 인영이 날인되어 있고, 위임의 범위가 명확히 기재되어 있는 위임장)이어야 한다. 실제 거래관행상 본인과 대리인이 부부관계이거나 직계존비속의 관계에 있는 경우 신분관계를 증명하는 주민등록등본이나 가족관계증명서만을 믿고 별도로 위임장을 받지 않는 경우가 있으나 신분관계가 있다고 하여 당연히 대리권이 있다고 인정받는 것은 아니므로 유의하여야 한다.

(6) 계약서의 주요 내용

① 제1조(보증금 및 그 지급시기)

- 임대차보증금과 그 지급날짜를 기재한다. 금액은 착오를 방지하기 위하여 한글과 아라비아 숫자로 나란히 기재하는 것이 안전하다. 중도금은 꼭 기재하여야 하는 것은 아니고 당사자가 원하지 않을 경우 중도금 약정을 하지 않아도 된다.

② 제2조(월세)

- 월세(차임)에 대한 부가가치세를 임차인이 부담하기로 하는 경우 '월세란'에는 부가가치세를 포함한 금액을 기재하도록 하고, 월세(차임)가 선불인지, 후불인지 여부도 분쟁의 소지를 방지하는 차원에서 확실히 정해두는 편이 바람직하다.

③ 제3조(관리비 등)

- 월세(차임) 이외에 임차인이 부담할 관리비가 있는 경우 이를 구체적으로 기재한다 (관리비가 없는 경우에는 위조항을 삭제하거나, 해당란에 '없음'이라고 기재한다).
- 임차인이 부담할 관리비가 ① 매월 일정한 금액으로 정해진 경우에는 해당란에 그 금액을 기재하고, ② 그 밖의 경우에는 임차인이 부담할 구체적인 항목을 기재한다(예: 임대부분에 대한 전기료, 수도료, 가스료, 정화조 청소비)
- 임대차와 관련하여 월세 및 관리비와 별도로 임차인이 부담할 것을 특별히 정한 사항이 있는 경우에는'관리비 외 다음 항목'란에 기재한다.

④ 제4조(부동산의 인도 및 임대차기간 등)

- 임대인은 임차인에게 임대차목적물을 인도하고 계약 존속 중 그 사용·수익에 필요한 상태를 유지하게 할 의무를 집니다. 잔금을 받는 날 부동산을 인도하는 것

이 보통입니다만, 부동산을 인도하는 날짜를 달리 정할 수도 있다.

- 참고로, 주택에 대하여는 기간의 정함이 없거나 기간을 2년 미만으로 정한 임대차는 그 기간을 2년으로 보도록 하고 있다. 다만, 임차인은 2년 미만으로 정한 기간이 유효함을 주장할 수 있다(주택임대차보호법 제4조).

- 일정한 보증금 이하의 상가에 대하여는 기간의 정함이 없거나 기간을 1년 미만으로 정한 임대차는 그 기간을 1년으로 봅니다. 다만, 임차인은 1년 미만으로 정한 기간이 유효함을 주장할 수 있다(상가건물임대차보호법 제9조).

⑤ 제5조(업종의 지정), 제6조(구조 또는 용도의 변경, 양도 등의 금지)
- 임차인은 계약 또는 목적물의 성질에 의하여 정하여진 용법으로 임차물을 사용·수익하여야 하며, 임대인의 승낙 없이 임차물을 타인에게 사용·수익하게 할 수 없다. 또한 상가의 경우에는 임대인의 승낙 없이 업종을 변경하여 임차물을 사용할 수 없다.

⑥ 제7조(계약해지권)
- 임차인이 월세 및 관리비 등을 몇 회 이상 연체할 때 임대인에게 계약해지권이 생기는지를 임대인과 임차인은 협의하여 계약서의 공란에 기재하여야 한다.

⑦ 제9조(계약 종료 시 의무)
- 임대차계약이 종료된 경우에 임차인이 자신의 비용으로 원상회복의무를 부담하기로 약정하였다면 임대인이 임대차목적물에 지출한 각종 유익비 또는 필요비의 상환청구권을 미리 포기하는 취지임이 보통이므로, 이와 달리 정하는 경우에는 그 약정내용을 명확히 기재하도록 한다.

⑧ 제13조(권리금)
- 상가건물 임대차와 관련한 권리금 문제는 극히 예외적인 경우를 제외하고는 그동안 임차인에게 불리하게 작용되었다. 이에 최근 수년간 상가 권리금 보호에 관한 특별법 제정논의가 있었는데 최종적으로 2015.5.13. 현재의 상가건물 임대차보호법의 개정[57]으로 종래 법적보호를 받지 못하였던 권리금이 일정한 경우 법적보호

---

57) 부   칙 〈법률 제13284호, 2015.5.13.〉

를 받을 수 있게 되었다(관련 법령 참조).

⑨ 날짜 및 서명 날인
- 계약을 맺은 날짜를 기재한다. 계약서가 두 장 이상일 경우 간인을 하거나 계약서 전체에 쪽 번호를 기재하는 것이 좋다.
- 당사자가 회사인 경우 회사의 이름과 대표자의 이름을 기재하고, 반드시 회사의 법인 인감도장을 날인하여야 한다.
- 계약서는 계약당사자의 수만큼 작성하여 당사자가 각각 원본을 보관하고 있는 것이 차후의 분쟁을 예방하는 방법이다.

제1조(시행일) 이 법은 공포한 날부터 시행한다. 다만, 제4조의 개정규정은 공포 후 6개월이 경과한 날부터 시행한다.
제2조(대항력에 관한 적용례) 제2조제3항의 개정규정 중 제3조 대항력에 관한 규정은 이 법 시행 후 최초로 계약이 체결되거나 갱신되는 임대차부터 적용한다.
제3조(권리금 회수기회 보호 등에 관한 적용례) 제10조의4의 개정규정은 이 법 시행 당시 존속 중인 임대차부터 적용한다.

임 대 차 계 약 서

부동산의 표시

  소재지 : _____

  건물의 표시 구조 및 용도 : _____   면적 : _____ ㎡

  임대할 부분 : _____

  (임대할 부분이 건물의 일부인 경우에는 도면을 작성하여 붙인다)

당사자의 표시

  임대인   이름(회사이름과 대표자) : _____

            주소(회사본점이 있는 곳) : _____

            주민등록번호(사업자등록번호) : _____

            전화번호 : _____

  임차인   이름(회사이름과 대표자) : _____

            주소(회사본점이 있는 곳) : _____

            주민등록번호(사업자등록번호) : _____

            전화번호 : _____

임대인과 임차인은 다음과 같이 임대차계약을 맺는다.

제1조(보증금 및 그 지급시기) 임대차부동산에 대한 임대차보증금 및 그 지급시기를 아래와 같이 한다.

  임대차보증금 _____ 원(₩ _____)

  계약금   _____ 원은 계약시에 지급하고,

            [받은 사람의 확인 : _____ (서명 또는 인)]

  중도금   _____ 원은 20__년__월__일에 지급하며,

  잔 금   _____ 원은 20__년__월__일에 지급하기로 한다.

제2조(월세)

① 임차인은 월세 (부가가치세 포함) _____원(₩_____)을 매월 _____일에 (선불, 후불)로 지급하기로 한다.

② 임차인은 보증금이 남아 있다는 이유로 월세의 지급을 거절하지 못한다.

제3조(관리비 등) 임차인이 월세 이외에 부담하는 부분은 다음과 같다.

① 관리비 :

② 관리비 외 다음 항목 :

제4조(부동산의 인도 및 임대차기간 등)

① 임대인은 임대차부동산을 임대차의 목적대로 사용 또는 수익할 수 있는 상태로 __년 __월 __일에 임차인에게 인도하여야 하며, 임대차기간은 인도된 날로부터 __년 __월 __일까지로 한다.

② 임차인은 임대차부동산을 _____용도로 사용하여야 하며, 다른 용도로 사용하여서는 안 된다.

제5조(구조 또는 용도의 변경, 양도 등의 금지)

① 임차인은 임대인의 동의 없이 임대차부동산의 구조나 용도를 변경할 수 없다.

② 임차인은 임대인의 동의 없이 임대차부동산의 전부나 일부를 자신이 임대인의 자격으로 타인에게 다시 임대(전대)하거나, 임차권을 양도할 수 없고, 임대차보증금 반환채권을 타인에게 양도하거나 질권, 기타 담보로 제공할 수 없다.

제6조(계약해지권)

① 임대인은 임차인이 월세(제2조)를 2회 이상 연체할 때(반드시 연속적인 연체가 아니라도 해당된다)는 이 계약을 해지할 수 있다.

② 임대인 또는 임차인이 이 계약에서 정한 의무를 이행하지 아니하는 경우 그 상대방은 이 계약을 해지할 수 있다.

제7조(계약의 자동연장)

① 임대인 또는 임차인이 이 계약에서 정한 임대차기간이 끝나기 전 6월에서 1월까지

사이에 상대방에게 '임대차계약을 더 이상 연장하지 아니하겠다' 또는 '계약조건을 변경하는 조건으로 다시 임대차계약을 체결하겠다'는 뜻을 통지하지 아니할 때에는 이 계약과 동일한 조건으로 다시 임대차한 것으로 본다.

② 위 ①의 경우 임차인은 언제든지 임대인에 대하여 계약해지를 통지할 수 있고, 그 계약해지의 효력은 임대인이 그 통지를 받은 날부터 3월이 경과함으로써 발생한다.

제8조(계약 종료시 의무)

① 임차인은 자신의 비용으로 임대차부동산을 원래의 상태로 복구하여 임대인에게 반환한다.

② 임대인은 임대차보증금을 임차인에게 반환하되, 그 금액은 연체된 월세 등 임대차에 따른 임차인의 모든 채무를 공제한 금액으로 한다.

제9조(불가항력) 화재, 도난, 천재지변, 지진 등 불가항력으로 인하여 임차인에게 손해가 발생한 경우 임대인은 책임을 지지 아니한다.

제10조(특별히 정하는 사항)

① _____

② _____

20___년 ___월 ___일

임대인 _____ (서명 또는 인)
대리인 _____ (서명 또는 인)
(대리인의 주민등록번호: _____)

임차인 _____ (서명 또는 인)
대리인 _____ (서명 또는 인)
(대리인의 주민등록번호: _____)

임 대 차 계 약 서

부동산의 표시
위 【임대차계약서- 일반건물】의 내용과 동일

당사자의 표시
위 【임대차계약서- 일반건물】의 내용과 동일

임대인과 임차인은 다음과 같이 임대차계약을 맺는다.

제1조(보증금 및 그 지급시기) 위 【임대차계약서- 일반건물】의 내용과 동일

제2조(월세) 위 【임대차계약서- 일반건물】의 내용과 동일

제3조(관리비 등) 위 【임대차계약서- 일반건물】의 내용과 동일

제4조(부동산의 인도 및 임대차기간 등)
① 임대인은 임대차부동산을 이 임대차계약 체결 당시의 상태로 ＿＿＿년 ＿월 ＿일에 임차인에게 인도하여야 하며, 임대차기간은 인도된 날로부터 ＿년 ＿월 ＿일까지로 한다.
② 임대인과 임차인은 임대차부동산을 인도받은 날로부터 ＿＿＿년 ＿월 ＿일까지 기간 동안을 시설물설치 등 영업 준비를 위한 기간으로 인정하여 위 기간 동안의 월세를 월 ＿＿＿＿＿＿원으로 감액하는 데 합의한다.

제5조(업종의 지정)
① 임차인은 임대차부동산을 ＿＿＿＿＿ 업종의 영업을 하는 용도로 사용하여야 하며 다른 용도로 사용하여서는 안 된다.
② 임차인이 임대차부동산에서 영업하는 데 필요한 행정절차는 임차인의 책임으로

하며, 안·허가 등의 문제로 영업하지 못하는 경우라도 이로 인한 불이익은 임차인
이 부담하며 임대인에게 그 책임을 묻지 아니한다.

③ 임차인은 임대인의 동의 없이 위 지정된 업종을 변경할 수 없다.

제6조(구조 또는 용도의 변경, 양도 등의 금지)
위 【임대차계약서- 일반건물】의 내용과 동일

제7조(계약해지권) 위 【임대차계약서- 일반건물】의 내용과 동일

제8조(계약의 자동연장) 위 【임대차계약서- 일반건물】의 내용과 동일

제9조(계약 종료시 의무) 위 【임대차계약서- 일반건물】의 내용과 동일

제10조(권리금) 임차인은 임대차부동산에 대하여 어떠한 명목으로도 권리금 또는 시설
에 대한 프리미엄 등을 임대인에게 요구하거나 받아서는 아니되며, 이에 대하여
임대인은 일체의 책임을 지지 아니한다.

제11조(손해배상) 임차인의 영업행위로 인하여 임대인에게 행정처분 등의 불이익이
발생할 경우에는 임차인은 그로 인한 손해를 배상하여야 한다.

제12조(불가항력) 위【임대차계약서- 일반건물】의 내용과 동일

제13조(특별히 정하는 사항) 위 【임대차계약서- 일반건물】의 내용과 동일

20__년 __월 __일

이하 위 【임대차계약서- 일반건물】의 내용과 동일

임 대 차 계 약 서

부동산의 표시

  1동의 건물의 표시 : 3

  전유부분의 표시   동·호수 : _____ 면적 : _____ ㎡

                  구조및 용도 : _____

  임대할부분: _____

  (임대할 부분이 건물의 일부인 경우에는 도면을 작성하여 붙인다)

당사자의 표시

위【임대차계약서- 일반건물】의 내용과 동일

임대인과 임차인은 다음과 같이 임대차계약을 맺는다.

제1조(보증금 및 그 지급시기) 위【임대차계약서- 일반건물】의 내용과 동일

제2조(월세) 위【임대차계약서- 일반건물】의 내용과 동일

제3조(관리비 등) 위【임대차계약서- 일반건물】의 내용과 동일

제4조(부동산의 인도 및 임대차기간 등)

  ① 임대인은 임대차부동산을 임대차의 목적대로 사용 또는 수익할 수 있는 상태로
  ___년 __월 __일에 임차인에게 인도하여야 하며, 임대차기간은 인도된 날로부터
  ___년 __월 __일까지로 한다.

  ② 임차인은 임대차부동산을 _____용도로 사용하여야 하며, 다른 용도로

사용하여서는 안 된다.

제5조(구조 또는 용도의 변경, 양도 등의 금지) 위【임대차계약서- 일반건물】의 내용과
동일

제6조(계약해지권) 위【임대차계약서- 일반건물】의 내용과 동일

제7조(계약의 자동연장) 위【임대차계약서- 일반건물】의 내용과 동일

제8조(계약 종료시 의무) 위【임대차계약서- 일반건물】의 내용과 동일

제9조(불가항력) 위【임대차계약서- 일반건물】의 내용과 동일

제10조(특별히 정하는 사항) 위【임대차계약서- 일반건물】의 내용과 동일

20____년 __월 __일

이하 위【임대차계약서- 일반건물】의 내용과 동일

【공장전세계약서】

공장전세계약서

1. 공장의 표시

소 재 지	OO시 OO구 OO동 OO번지		
대지	m²	용 도	
건물	m²	전 력	KW

2. 계약내용

제1조 임차인은 상기 표시 공장에 대한 임대보증금을 아래와 같이 임대인에게 지불한다

전 세 금	금	원정 (₩)
계 약 금	금	원정은 계약 시 지불하고 영수함.
중 도 금	금	원정은 2000년 O월 O일에 지불한다.
잔금	금	원정은 2000년 O월 O일에 지불한다.

제2조 임대인은 상기 공장을 전세목적에 사용할 수 있는 상태로 하여 2000년 O월 O일까지 임차인에게 인도하며, 전세기간은 인도 일로부터 O개월로 한다.

제3조 임차인은 임대인의 동의없이 상기 부동산의 용도나 구조 등을 변경하거나 전대, 전세권 양도 또는 담보제공을 하지 못하며 전세 목적 이외의 용도에 사용할 수 없다.

제4조 임차인 사정으로 전세계약 기간 전에 이사를 할 경우 중개수수료는 임차인이 부담한다.

제5조 전세 계약기간이 종료한 경우 임차인은 상기 공장을 원상으로 복구하여 임대인에게 인도하여야 하며, 임대인은 전세보증금을 임차인에게 반환한다.

제6조 임차인이 임대인에게 중도금(중도금이 없으면 잔금)을 지불하기 전까지는 임대인은 계약금의 2배액을 상환하고, 임차인은 계약금을 포기하고 본 계약을 해제할 수 있다

제7조 중개수수료와 실비는 본 계약체결과 동시에 임대인과 임차인 쌍방이 각각 지불하여야 하며 중개업자의 과실없이 거래 당사자 사정으로 본 계약이 해약되어도 중개수수료는 지불한다.

※중요시설 및 특약사항 :

본 계약에 대하여 계약당사자가 확인하고 각자 서명 날인한다.

2000년 O월 O일

임대인	주소						
	주민등록번호	–	전화		성명		인

임차인	주소						
	주민등록번호	–	전화		성명		인
중개업자	소 재 지						
	허가번호		전화				
	상호				대표		인

【공장임대차계약서】

공장임대차계약서

임대인 "갑"과 임차인 "을"은 다음과 같이 공장 임대차계약을 체결한다.

제1조 "갑"은 그 소유인 ○○제조공장의 별지 명세표상의 대지, 건물 및 공장설비일체 (이하 "공장"이라 한다)를 "을"에게 임대하면 "을"은 이를 임차한다.

제2조 차임은 월 금원으로 하고 "을"은 매월 ○일까지 당월분 차임을 현금으로 "갑"의 사무소에 지참하여 지급한다.

제3조
① "을"은 본 계약상의 채무를 담보하기 위하여 "갑"에게 보증금으로 금원을 2000년 ○월 ○일까지 지급하여야 한다. 위 보증금에는 이자를 부가하지 아니하면 "을"은 위 보증금을 차임에 충당하도록 요구하지 못한다.
② 보증금은 "을"의 채무불이행으로 인한 지연손해금 기타 "갑"에게 끼친 손해의 전보 에 충당하며 본 계약의 소멸 시에는 정산 후 "을"에게 반환한다.

제4조 "갑"은 2000년 O월 O일 "을"로부터 위 보증금을 수령함과 동시에 공장을 "을"에게 명도하여야 한다. 명도·인도하여야 할 설비는 별지 명세표상의 부동산과 동산이며 공장의 명도·인도 후 즉시 공장이 가동가능 한 상태이어야 하며 "갑"은 이를 보증한다.

제5조 본 계약 체결일 현재 공장내에 현존하고 있는 공장가동을 위한 소모품은 "갑"·"을" 쌍방이 별도 명세표로서 그 종류와 양을 확인하여 "갑"은 "을"에게 공장의 명도와 아울러 동시에 무상으로 인도하여야 한다.

제6조 "을"은 공장의 사용에 있어서 선량한 관리자의 주의로서 이를 사용하여야 하며, 사용에 있어서 통상의 필요비, 수선비, 관리비를 부담하여야 한다.또 공장을 "을"이 채무의 담보로 제공하여서는 안 된다.

제7조 공장기계의 사용으로 인한 기계손실의 감가상각비로써 "을"은 "갑"에게 월금원의 금품을 차임과 함께 지참하여 지급하여야 한다.

제8조 "갑"은 위 공장을 담보로 하는 공장저당권의 실행을 본 계약기간동안 실행되지 아니하도록 조치함으로써 "을"에게 이로 인한 손해를 입혀서는 안 된다.

제9조 공장에 설정된 공장저당권은 2000년 O월 O일 OO지방법원 OO등기소접수 제 O호로 경료한 채권최고액 금원 채권자 OO은행으로 된 것 이외에는 하등의 담보물권이 설정되어 있지 아니함을 "갑"은 보장한다. 아울러 "갑"은 본 계약기간동안 공장에 어떤 담보물권도 설정하여서는 안 된다.

제10조 "을"은 공장의 명도를 받은 후 즉시 "갑"이 지정하는 보험금을 지정보험회사의 공장에 관하여 화재보험계약을 체결하고 본 계약기간동안 이를 계속하여야 한다.

제11조 "갑"·"을" 쌍방의 귀책사유없는 불가항력에 의한 공장의 멸실의 경우에 잔존부

부분만으로 계약의 목적을 달성할 수 없을 때에는 본 계약은 소멸하고 목적달성이 가능한 경우에는 "을"은 "갑"에게 멸실부분에 상응하여 차임과 감가상각비의 감액을 청구할 수 있으며 "갑"은 이에 응하여야 한다.

제12조 "을"은 공장의 인도를 받은 날 이후 공장에 과하여지는 공조공과를 부담하고 "갑"의 청구가 있는 즉시 당해 금액을 "갑"에게 지급한다.

제13조 "갑"·"을" 쌍방이 본 계약조항의 어느 하나라도 불이행할 때에는 상대방은 최고를 하고 본 계약을 해지할 수 있다.

제14조 "을"이 "갑"에 대하여 부담하는 금전채무의 이행을 지체할 때에는 "을"은 월 ○분의 비율에 의한 지연손해금을 지급하여야 하고 "갑"은 위 보증금에서 이를 공제 충당할 수 있다.

제15조 "을"이 계약을 해지 당하였거나 공장의 멸실 기타의 원인으로 계약종료의 사유가 발생했을 때에는 즉시 "갑"에게 공장을 명도하여야 한다. 이 경우 "을"은 공장에 부가한 물건 등을 수거하여 계약 이전의 상태로 회복한 후 공장을 명도하여야 한다.

제16조 "을"은 임차구획 내에서 위생상 유해위험이나 인근에 방해가 되는 업무 기타 공장을 손상·파괴하는 행위를 하여서는 안 된다.

제17조 "갑"은 다음의 경우에 차임의 증액을 청구할 수 있고 "을"은 이의없이 이에 응한다.
 1. "갑"이 공장에 개량공사를 시행한 후
 2. 경제상정의 변동 등에 의하여 차임 적정하지 못한 경우

제18조 임대차기간은 2000년 ○월 ○일부터 2000년 ○월 ○일까지 ○○년 간으로 한다. 단, 임대차기간 만료 후에는 "갑" "을"쌍방협의하여 동일조건으로 본 계약을

갱신할 수 있다.

제19조 본 계약에 분쟁이 발생했을 경우에는 "갑"의 사무소 소재지를 관할하는 법원을
관할법원으로 한다.

제20조 계약종료 시 영업으로 이하여 각 관청에 부담하고 있는 의무는 "을"이 모두
책임을 지기로 한다.

제21조(특약사항) 이 계약을 증명하기 위하여 이 증서를 작성, 당사자와 중개업자가
서명 날인하고 각자 1통씩 보관한다.

20○○년 ○월 ○일

임대인	성명	: ○○○ ㉖
	주민등록번호	:
	주소	:
	연락처	:

임차인	성명	: ○○○ ㉖
	주민등록번호	:
	주소	:
	연락처	:

중개업자	성명	: ○○○ ㉖
	주민등록번호	:
	주소	:
	허가번호	:

【농지임대차계약서】

<table>
<tr><td colspan="7" align="center">**농지(임대차/사용대차) 계약서**</td></tr>
<tr><td rowspan="2">농지
표시</td><td>소재지</td><td colspan="3"></td><td>지번</td><td colspan="2"></td></tr>
<tr><td>지목</td><td colspan="2"></td><td>면적</td><td colspan="2"></td><td>㎡(평)</td></tr>
<tr><td colspan="7">제1조 위 농지에 대하여 임대인과 임차인 합의하에 아래와 같이 계약함
제2조 위 농지를 임차함에 있어 임대인에게 다음과 같이 임차료를 지불하기로 함</td></tr>
<tr><td colspan="2" align="center">임차료</td><td>임차료
지급방법</td><td></td><td>임차료
지급시기</td><td colspan="2"></td></tr>
<tr><td colspan="7">제3조 농지의 명도는 년월일로 함
제4조 임대차 기간은 년 월 일로부터 년 월일까지 ( )개월로 함
제5조 임대인과 임차인간의 위 농지에 관한 공과금등 비용의 부담은 다음과 같이 정함</td></tr>
<tr><td colspan="2">임대인의 부담비용</td><td colspan="5"></td></tr>
<tr><td colspan="2">임차인의 부담비용</td><td colspan="5"></td></tr>
<tr><td colspan="7">제6조 본 계약은 상대방의 동의없이 당사자의 일방이 이를 해지할 수 없음. 다만, 다음에 정한 사유가 있는 경우에는 그러하지 아니함</td></tr>
<tr><td colspan="2">임대인이 해지할 수 있는 경우</td><td colspan="5"></td></tr>
<tr><td colspan="2">임차인이 해지할 수 있는 경우</td><td colspan="5"></td></tr>
<tr><td colspan="7">〈특약사항〉 위 계약조건은 틀림없이 지키기 위하여 본 계약서를 작성하고 각각 1통씩 갖기로 함</td></tr>
<tr><td rowspan="2">임대인
(사용대인)</td><td>주소</td><td colspan="5"></td></tr>
<tr><td>성명</td><td>㊞</td><td>주민등록번호</td><td></td><td>전화번호</td><td></td></tr>
<tr><td rowspan="2">임차인
(사용차인)</td><td>주소</td><td colspan="5"></td></tr>
<tr><td>성명</td><td>㊞</td><td>주민등록번호</td><td></td><td>전화번호</td><td></td></tr>
</table>

【사무실임대차계약서】

사무실임대차계약서

1. 사무실의 표시

사무실 소유주	
사무실 소재지	
사무실 구조	일. 철근 콘크리트 3층 건물 일. 목조 ○○ 2층 건물
사무실 평수	1동의내제 ○○호실(평합)

2. 계약당사자

	성명	㉑		
사무실 임대인	주민번호		전화번호	
	주소			
	성명	㉑		
사무실 임차인	주민번호		전화번호	
	주소			

3. 계 약 내 용

계 약 일	20○○년○ 월○ 일
임대기간	20○○년○ 월○ 일 ~ 20○○년○ 월○ 일

위 사무실 소유 물건 및 그 정착물·부속품 모두를 20년 ○○월 ○○일부터 본인의

임차한다. 따라서 아래조항을 굳게 지켜 추호도 위배함이 없을 것을 확약한다.

제1조 임대차의 존속기간은 20년 ○○월 ○○일로부터 향후 5년간으로 한다. 단 존속 기간 만료의 때는 상호 협의하여 위 기간을 연장할 수 있다.

제2조 임대료는 월 금 ○○○원으로 정하여 매월 말일까지 그 월분의 연대료와 함께 임대인 주소에 지참 지급한다.

제3조 임차인은 본 임대차의 증거로서 금일 보증금○○○원을 임대인에게 교부한다. 전 항의 보증금에는 이자를 가하지 않는다.

제4조 임대료는 제2조와 같이 정하나 장래 법령의 개정이나, 기타 일반 임료의 증액 또는 토지·건물에 대한조세 기타 부담의 증가 또는 일반 경제상태의 변동에 따라 인접건물의 임료 등을 참작하여 쌍방 협의한 후 변경할 수 있다.

제5조 임차인은 본 임대물건을 사무실로서 그 본래의 용도에 따라 선량한 관리자로서 사용한다.

제6조 임차인은 아래에 열기한 행위를 아니한다.
  1. 임차물건의 용도의 변경
  2. 임차권의 양도
  3. 임차물건의 전대
  4. 명의 여하를 불문하고 사실상 타인에게 사용케 하는 행위
  5. 임차물건의 개조 기타 물건의 원상을 변경케 하는 일체의 공작 가공을 하는 행위
  6. 비치, 동산을 타에게 반출하는 행위

제7조 임차인은 자기 또는 사용인 등의 과실이나 태만으로 인하여 임차물의 전부 또는

일부를 훼손시켰을 때는 임대인의 지시에 따라 즉시 그 수선을 이행하거나 그 량정액의 손해배상을 하여야 한다.

제8조 임차인은 임차물건에 관하여 제세공과를 제외한 수도사용료, 전등료, 유리파손, 보수료, 형광등 대체 또는 부속기구의 파손대체료, 깨스대, 전화료, 동기본료, 전보료, 기타 자기가 사용함으로써 생기는 일체의 비용을 부담 지급한다.

제9조 임차인은 공공사업을 위하여 임차물건이 개조 또는 수거되어야 할 경우는 언제라도 임대인의 청구에 응하여 이의 없이 물건 전부의 반환을 하고, 결코 임대인에 대하여 그 손해의 구상을 하지 아니한다.

제10조 임차인이 다음 각호에 해당했을 때 임차인은 최고없이 즉시 본 계약을 해제할 수 있다.
1. 1회 이상 실료 및 부대료의 지급을 지체했을 때
2. 타의 채무로 인하여 재산의 압류, 가압류, 가처분 등을 받거나 경매, 파산 등의 신청 을 받았을 때
3. 본 계약의 각조항에 위반했을 때

제11조 임차인은 본 계약의 만료 또는 해제로 인하여 계약이 종료되는 때는 본 임대차 물건을 즉시 임대인에게 반환하여야 한다.

제12조
1. 임차인은 전조의 물건을 반환함에 있어서는 임대인이 입회한 자리에서 물건 전부의 점검을 하고, 만약 임대인의 승락없이 설치 가공한 것이 있을 때는 모두 원상으로 회복하여야 한다.
2. 임차인이 그 의무를 이행하지 않을 때는 임대인은 임차인의 비용으로서 이를 대행할 수 있다. 임차인은 그 지출비용에 관하여 상당이자를 부가하여 즉시 임대인에게 상환하여야 한다. 또 임대인이 원상회복을 원하지 아니하여

무상인도를 요구했을 때는 이의없이 이에 응하며 그 대상요구를 하지 않는다.

제13조 임차인은 임차물건을 반환함에 있어서 그 반환을 태만히 했을 때는 그 반환완료에 이를 때까지 약정 실료와 동액의 손해금을 지급한다.

제14조 임차인은 본 임차물건의 사용에 관하여는 법률, 규칙, 관공서의 지시, 조합규약, 관습 등을 준수하고, 조금이라도 벌칙에 저촉되거나 위생상 유해한 행위 또는 인근 불편을 끼치는 등, 모든 임대인의 폐를 끼치는 행위를 결코 하지 않는다.

제15조 본 임대차 계약의 효력은 하기 사항이 발생한 때에는 최고 기타 절차없이 당연히 소멸한다.
1. 임차인이 임차물건으로부터 퇴거했을 때
2. 임차물건이 화재·천재 등으로 인하여 대파 또는 멸실했을 때

제16조 임대인은 임차인이 본 계약을 완전히 이행하여 물건을 반환한 때 별도로 구상해야 할 것이 없을 경우에는 제3조의 보증금을 임차인에게 환부하여야 한다. 단 실료 및 부대료 또는 손해금, 공과의 체납 기타 임차인이 부담해야 할 채무미지급금이 있을 때는 해당 보증금 중에서 임의로 이를 공제하여도 임차인은 이의를 하지 아니한다. 임차인 또는 그 사용인 등의 과실로 인하여 본 임차물건의 일부 또는 전부가 분실된 때는 제3조의 보증금 전부는 임대인에게 귀속되고 그 반환을 구하지 않는다.

제17조 임차인이 임차 후 3년 이내에 그 일방적 사유 또는 제10조 소정의 규정에 따라 임대차계약을 끝마쳤을 때는 제3조 소정의 보증금의 3할을, 또 5년 이내일 때는 2할의 임대인의 위약 손해금으로서 취득하여도 임차인은 이의를 하지 아니한다.

제18조 임차인은 본 계약 보증금채권으로서 실료 및 부대료 등의 채무와 상계할 수

없다.또 보증금 채권은 타에 양도 또는 처분할 수 없다. 또한 보증금 보관증서의 재발행은 이를 일체하지 않는다.

제19조 연대보증인은 본 계약에 관하여 임차인과 동등의 의무를 부담한다.

제20조 임차인이 본 임차물건을 완전히 명도한 후 30일을 경과한 후 보증금을 환부한다.

제21조 임차인 사용의 비치, 내선, 전화는 현상대로 임차인이 상용하되 임차인은 전화를 사용하지 아니하여 기본료 등을 부담한다.후일을 위해 보증인 연서로서 본 임대차계약증서를 제공한다.

제22조 분쟁해결은 당사자간의 협의로 해결되지 못하는 경우에는 법원을 통한 소송 또는 대한상사중재원의 중재로 해결한다.다만 계약당사자는 계약체결 시에 소송 또는 중재를 선택하여야 하며, 선택이 없는 경우에는 일방이 먼저 제기한 절차에 따른다.

제23조 위와 같이 본 계약이 유효하게 성립하였음을 각 당사자는 증명하면서 본 계약서 2통을 작성하여, 각각 서명(또는 기명)날인 후 "갑"과 "을"이 각각 1통씩을 보관한다.

20○○년 ○월 ○일

사무실 임대인 대표자 성명　：　○○○　㊞
사무실 임차인 대표자 성명　：　○○○○　㊞

점포임대차계약서

임대인 ○○주식회사를 "갑"으로 하고, 임차인 ○○○○상점을 "을"로 하여 다음과 같이 임대차 계약을 체결했다.

제1조(계약의 목적) "갑"은 그 소유의 다음 건물을 본 계약 체결일로부터 2년 간, "을"에게 임대하여 사용토록 할 것을 약정하고, "을"은 이것을 임차하여 임대료를 지급할 것을 약정하였다.

　(건물의 표시)　　1. 소재지 : ○○시 ○○구 ○○동 ○○번지
　　　　　　　　　　2. 구조　　: 벽돌슬라브조 ○층 점포 ○동
　　　　　　　　　　3. 면적　　: 1층 ○○평방미터
　　　　　　　　　　　　　　　　: 2층 ○○평방미터

제2조(보증금) "갑"은 보증금으로 일금＿＿＿＿＿＿＿원을 "을"로부터 수령하였다.

제3조(임대료와 지급방법) 임대료는 1개월에 원으로 하고 "을"은 매월 말일에 "갑"의 주소에 지참하여 지급한다.(무통장 입금도 가능하며 무통장 입금표를 영수증으로 갈음한다.)

제4조(보증금의 변제충당) "을"이 임대료의 지급을 3회 이상 연체하였을 때는, "갑"은 보증금으로 그 변제에 충당할 수 있다.

제5조(계약의 해제)
　"을"이 ○개월 이상 임대료의 지급을 연체하였을 때는 "갑"은 "을"에게 아무런 최고 없이 이 계약을 해제할 수 있다.

제6조(용도변경의 금지)

1. "을"은 이 건물을 점포(또는 ○○을 제조하는 공장, ○○을 판매하는 점포) 이외의 용도로 사용해서는 안 된다.

2. "을"이 위 1항의 계약에 위반하여 사용했을 때는 "갑"은 이 계약을 해제할 수 있다.

제7조(원상변형의 금지)

1. "을"은 "갑"의 승낙 없이 건물이나 부속물의 모양 변경을 할 수 없다. 다만, 전체적인 형태의 변

경을 가하지 않는 통상적인 부속물의 설치나 변경은 가능한 것으로 한다. "을"이 이를 위반했을 때는 "갑"은 이 계약을 해제할 수 있다.

2. "을"은 계약종료시 건물을 원상 복구한 상태로 인도하도록 한다.

이 계약의 성립을 보증하기 위해 본 계약서 2통을 작성하고, 각자 서명 날인한 후 그 1통을 보관한다.

20○○년 ○월 ○일

	주소	:
"갑"	상호	:
	대표이사(대표자)	: ○○○ ㊞
		:
	주소	:
"을"	상호	:
	대표이사(대표자)	: ○○○ ㊞

토지임대차계약서

임대인 ○○○과 임차인 ○○○와의 사이에 다음과 같은 토지임대차계약을 체결한다.

제1조(계약의 목적) 임대인은 그 소유인 다음에 표시한 토지를 목조건물 소유의 목적으로 임차인에게 임대하고 임차인은 이를 임차하는 약정을 한다.

   1. 토지의 소재장소 : ○○시 ○○구 ○○동 ○○번지 ○○호
   2. 택지 : ○○○ ㎡

제2조(계약기간)
임대차기간은 2000년 ○월 ○일부터 2000년 ○월 ○일까지 5년으로 한다.

제3조(임대료)
임대료는 월원으로 하고, 매월 말일까지 다음달 분의 임대료를 임대인의 주소지에 지참하여 지급하는 것으로 한다. 그리고 그 임대료가 경제사정의 변동, 제세공과금의 증액, 인근의 임대료와의 비교 등에 의하여 상당하지 않게 된 때에는 임대인은 계약기간 중에도 임대료의 증액을 청구할 수 있다.

제4조(전대 등의 금지)
임차인은 다음과 같은 경우에는 사전에 임대인의 서면에 의한 승낙을 얻지 않으면 안 된다.
   1. 임차인이 본 건 임차권을 양도하거나 본 건 토지를 전대(轉貸)할 경우, 또는 어떠한 명목이든지 사실상 이와 같은 결과를 낳는 행위를 할 때
   2. 임차인이 본 건 토지 상에 소유하는 건물을 개축이나 증축할 때

제5조(계약의 해제) 임차인이 다음과 같은 경우에 해당할 때 임대인은 최고 없이 곧바로

계약을 해제할 수 있다.

  1. 임차인의 차임연체액이 2기의 차임액에 달하는 때
  2. 임차인이 위 제4조의 규정에 위반되는 행위를 한 경우
  3. 기타 본 계약에 위반되는 행위를 한 때

제6조(보증금) 임차인은 임대료의 지급을 보증하기 위하여 일금원을 보증금으로 임대인에게 지급한다. 이 보증금은 임대료의 연체가 발생하는 경우 임대료에 충당할 수 있으며, 위의 보증금은 계약의 종료 또는 해약시 임차인에게 반환한다.

제7조(관할법원) 본 계약에 관한 분쟁에 대하여는 임대인의 거주지 법원을 제1심의 관할법원으로 하기로 한다.

제8조(특약사항) 위 계약이 성립되었음을 증명하기 위하여 이 증서를 각자 서명 날인한 후 각 1통씩 보관한다.

2000년 O월 O일

　　임대인주소 : OO시 OO구 OO동 OO번지
　　성명 : ○○○㊞

　　임차인주소 : OO시 OO구 OO동 OO번지
　　성명 : ○○○㊞

[전대차계약서]

1. 부동산의 표시		
소재지	○○시 ○○구 ○○동 ○○번지	
전대할부분	상호	○○○○

2. 계약내용(약정사항)

제1조 전차인은 상기 표시 부동산의 전대차보증금 및 차임(월세)을 다음과 같이 지불하기로 한다.

전대차보증금 금 원정(W)

계약금	금____원정은 계약시에 지불하고 영수함.
중도금	금____원정은 20○○년○월○일에 지불한다.
잔금	금____원정은 20○○년○월○일 중개업자 입회하에 지불한다.
차임(월세)	금____원정은 매월○일까지 지불하기로 한다.

제2조 전대차 기간은 20○○년○월○일부터 20○○년○월○일까지로 한다

제3조 전대인은 상기표시 부동산을 전대차 목적대로 사용. 수익 할 수 있는 상태로 하여 20○○년○월○일까지 전차인에게 인도한다.

제4조 전차인은 전대인의 동의없이 상기 표시 부동산의 용도나 구조 등의 변경, 전전대, 양도, 담보제공 등 전대차 목적 외에 사용할 수 없다.

제5조 전차인은 전대차 계약기간 중 불법영업으로 인해 발생하는 민, 형사상의 책임과 금전적인 손실금도 함께 책임진다.

제6조 상기 표시 부동산의 인도일을 기준으로 하여 당해 부동산에 발생한 수익과공과금 등의 지출부담은 그 전일까지의 것은 전대인에게귀속하며 그 이후의 것은 전차인에게 귀속한다.

제7조 전차인이 차임(월세)을 2회 이상 체납시에는 본 계약을 해지한다. 단 쌍방합의시는 합의에 따른다.

제8조 부동산 소유자와의임대차 계약내용

임대보증금	금___원정(₩)			월세	금___원정(₩)
소유자성명	○○○	임대차기간		2000년○월○일부터 2000년○월○일까지	

제9조 전차인이 전대인에게 중도금(중도금 약정이 없는 경우에는 잔금)을 지불하기 전까지는본 계약을 해제 할 수 있는바. 전대인이 해약할 경우에는 계약금의 2배액을 상환하며 전차인이 해약할 경우에는 계약금을 포기하는 것으로 한다.

제10조 중개수수료는 당해 전대차계약의 체결과 동시에 전대인 전차인 쌍방이 각각 지불하여야 한다.

*특약사항

본 계약에 대하여 계약당사자가 이의 없음을 확인하고 각자 서명. 날인한다.

2000년○월○일

3. 계약당사자 및 중개업자의 인적사항

	주 소					
전대인						
	주민등록번호	–	전화	성명	○○○	㉑
	주 소					
전차인						
	주민등록번호		전화	성명	○○○	㉑
	소 재 지					
중개업자						
	상호		허가번호	대표	○○○	㉑

음식점인수계약서

음식점 운영자 (주)○○○○(이하 "갑"이라 칭한다)와 인수자 (주)○○○○(이하 "을"이라 칭한다)는 상호간에 다음과 같이 음식점 인수 계약을 체결한다.

제1조(목적)

본 계약은 "갑"이 운영하는 ○○○○전문 음식점을 "을"이 인수하기로 하고 이와 관련된 인수비, 주방설비, 종업원 고용승계 등에 관한 사항을 규율함을 목적으로 한다.

제2조(인수비)

1. 당사자 쌍방은 본 계약의 인수비를 다음과 같이 정한다.
   1) 음식점 건물 및 대지 인수비 : 일금○○○원정(₩ ○○○)
   2) 주방설비 비품 일체의 인수비 : 일금○○○원정(₩ ○○○)
2. "을"은 일금○○○원정(₩ ○○○)을 본 계약 체결과 동시에 계약금으로 "갑"에게 현금 지급한다.
3. 잔금 일금○○○원정(₩ ○○○)은 음식점의 소유권이전 등기경료의 서류이전과 상환으로 하여 지급한다.

제3조(인수일)

1. "갑"은 ○○○○년 ○○월 ○○일까지 "을"에게 음식점의 양도절차를 종료하여야 한다.
2. 양도에 소요되는 법무사비 기타 부동산 등기이전에 소요되는 제반 경비는 상호 공동으로 부담하기로 한다.

제4조(주방설비)

"갑"은 본 계약 체결 당시 음식점이 보유하고 있는 주방설비 일체를 현상대로 "을"에게 인도하기로 하고 별도의 주방설비 인도 명세서를 본 계약 체결과 동시에 "을"과 공동으로 작성한다.

제5조(고용인수)

1. "을"은 "갑"의 음식점에 근무하고 있는 근로자 가운데 ○○명을 고용승계하기로 한다.
2. 제1항에 포함되지 아니하는 인원은 본 인도일 이전까지 "갑"이 책임지고 해당 인원을 정리하여야 한다.
3. "갑"은 고용승계 인원을 음식에 관한 특별한 기술이 있는 종업원들을 우선적으로 존속시키도록 하여 "을"의 음식점 영업에 지장을 초래하도록 하지 않도록 한다.

제6조(음식 노하우)

1. "갑"은 보유한 음식제조의 비법을 "을"에게 전수하기로 하며 이를 위하여 본 계약 체결 이후 ○○개월간 "을"에게 해당 기술을 교육한다.
2. 제1항의 비법 전수는 본 계약상의 매매대금에 포함되는 것으로 한다.

제7조(거래처 유지)

"을"은 희망할 경우 기존에 "갑"이 거래하던 재료 제공처와 동일조건으로 거래를 할 수 있으며 "갑"은 이에 적극 협력하여 거래선이 유지되도록 하여야 한다.

제8조(유사행위 금지)

본 계약 체결이후 "갑"은 "을"의 영업소와 동일한 지역(광역시단위 이상)에서 "을"의 영업과 동일 또는 유사한 메뉴를 통한 음식점 개업을 할 수 없다.

제9조(조세 공과금 등)

본 계약 체결이후 음식점의 양도 이전에 발생하는 수도세, 전기세, 세금 등 제반조세공과금 일체는 "갑"이 부담하기로 하고, 음식점의 양도 절차가 종료된 시점 이후의조세공과금은 "을"이 부담하기로 한다.

제10조(매입매출 정리)

1. 본 계약 체결이후 음식점의 양도일 이전까지 "갑"은 매출금 및 매입금과 관련된 대금 일체를 정산하도록 하며, 향후 "을"이 인수할 당시에 이로 인한 손해가 발생하지 않도록 하여야 한다.

2. 제1항의 사유로 인한 "을"의 손실에 대해 전적으로 "갑"이 이를 배상하여야 하며, 관련 클레임의 처리도 그러하다.

3. 본조의 경우 관련 대금을 "갑"과 "을"이 공동으로 인수대금의 산정에 반영하여 이에 대한 평가가 상호 종결된 항목의 경우에는 그러하지 아니하다.

제11조(해제)

1. 본 계약을 체결 후 인수 일까지 "갑"이 정당한 사유 없이 인도하지 아니할 때 "을"은 최고 후 계약을 해지하며, "갑"은 이때 기지급된 계약금의 ○○배를 "을"에게 반환하여야 한다.

2. "을"이 인수일 이전에 계약을 포기한 경우 "갑"은 계약금의 반환의무가 없으며 계약은 종료된다.

3. 당사자 일방이 본 계약상의 의무를 이행하지 아니하는 경우 상대방은 계약을 해제하고 손해배상을 청구한다.

제12조(기타사항)

1. 계약의 당사자는 본 계약의 내용을 신의성실에 의거하여 준수하여야 한다.

2. 계약 기간 중 계약의 변경은 당사자의 서면 합의에 의해서만 변경될 수 있으며 서면날인 된 문서를 본 계약서의 말미에 첨부한다.

3. 본 계약서에서 명시되지 않은 부분에 대하여는 관련 법규 및 상관습에 따르기로 한다.

제13조(분쟁해결)

1. 본 계약과 관련하여 양 당사자간의 분쟁이 발생한 경우, 원칙적으로 "갑"과 "을"

상호간의 합의에 의해 해결한다.

2. 제1항에도 불구하고 분쟁이 해결되지 않을 경우 "갑"의 주소지 관할 지방법원을 그 관할로 하여 재판함으로써 해결한다.

제14조(특약사항)

상기 계약일반사항 이외에 "갑"과 "을"은 아래 내용을 특약사항으로 정하며, 특약사항이 본문과 상충되는 경우에는 특약사항이 우선하여 적용된다.

1.   2.

위와 같이 본 계약이 유효하게 성립하였음을 각 당사자는 증명하면서 본 계약서 2통을 작성하여, 각각 서명(또는 기명)날인 후 "갑"과 "을"이 각각 1통씩을 보관한다.

20○○년 ○월 ○일

	주소	:	
"갑"	상호	:	
	대표이사(대표자)	:	○○○ ㊞
		:	
	주소	:	
"을"	상호	:	
	대표이사(대표자)	:	○○○ ㊞

4. 보호받을 수 있는 임차보증금

1) 주택임대차보호법

기준시점	지역	우선변제받을 임차인의 범위(=소액임차인 범위)	보증금 중 우선변제 받을 일정액의 범위(=최우선 변제금 한도)
2014.1.1.~2016.3.30.	서울특별시	9,500만원	3,200만원
	수도권정비계획법에 따른 수도권 중 과밀억제권역(서울특별시 제외)	8,000만원	2,700만원
	광역시(수도권정비계획법에 따른 과밀억제권역에 포함된 지역과 군지역제외), 안산시, 용인시, 김포시 및 광주시	6,000만원	2,000만원
	그 밖의 지역	4,500만원	1,500만원
2016.3.31.~2018.9.17.	서울특별시	1억원	3,400만원
	수도권정비계획법에 따른 수도권 중 과밀억제권역(서울특별시 제외)	8,000만원	2,700만원
	광역시(수도권정비계획법에 따른 과밀억제권역에 포함된 지역과 군지역제외), 세종특별자치시, 안산시, 용인시, 김포시 및 광주시	6,000만원	2,000만원
	그 밖의 지역	5,000만원	1,700만원
2018.9.18.~2021.5.10.	서울특별시	1억1,000만원	3,700만원
	수도권정비계획법에 따른 수도권 중 과밀억제권역(서울특별시 제외), 세종특별자치시, 용인시 및 화성시	1억원	3,400만원
	광역시(수도권정비계획법에 따른 과밀억제권역에 포함된	6,000만원	2,000만원

	지역과 군지역제외), 안산시, 김포시, 광주시 및 파주시		
	그 밖의 지역	5,000만원	1,700만원
2021.5.11.~ 2023.2.20.	서울특별시	1억5,000만원	5,000만원
	수도권정비계획법에 따른 수도권 중 과밀억제권역(서울특별시 제외), 세종특별자치시, 용인시, 화성시 및 김포시	1억3,000만원	4,300만원
	광역시(수도권정비계획법에 따른 과밀억제권역에 포함된 지역과 군지역제외), 안산시, 광주시, 파주시, 이천시 및 평택시	7,000만원	2,300만원
	그 밖의 지역	6,000만원	2,000만원
2023.2.21.~	서울특별시	1억6,500만원	5,500만원
	수도권정비계획법에 따른 수도권 중 과밀억제권역(서울특별시 제외), **세종특별자치시, 용인시, 화성시 및 김포시**	1억4,500만원	4,800만원
	광역시(수도권정비계획법에 따른 과밀억제권역에 포함된 지역과 군지역제외), 안산시, 광주시 및 **파주시, 이천시 및 평택시**	8,500만원	2,800만원
	그 밖의 지역	7,500만원	2,500만원

※ 1. 기준시점은 담보물권(저당권, 근저당권, 가등기담보권 등) 설정일자 기준임(대법원 2001다84824 판결 참조).

2. 배당요구의 종기까지 배당요구를 하여야 함.

3. 경매개시 결정의 등기 전에 대항요건(주택의 인도 및 주민등록)을 갖추어야 하고, 배당요구의 종기까지 대항력을 유지해야 함.

4. 주택가액(임대인 소유의 대지가액 포함)의 1/2에 해당하는 금액까지만 우선변제 받음(주택임대차보호법 제8조).

2) 상가건물임대차보호법

기준시점	지역	적용범위 (환산 보증금)	우선변제를 받을 임차보증금	최우선 변제금
2014.1.1 ~	서울특별시	4억원	6,500만원	2,200만원
	수도권정비계획법에 따른 수도권 중 과밀억제권역(서울특별시 제외)	3억원	5,500만원	1,900만원
	광역시(수도권정비계획법에 따른 과밀억제권역에 포함된 지역과 군지역제외), 안산시, 용인시, 김포시 및 광주시	2억4,000만원	3,800만원	1,300만원
	그 밖의 지역	1억8,000만원	3,000만원	1,000만원
2018.1.26~	서울특별시	6억1,000만원	6,500만원	2,200만원
	수도권정비계획법에 따른 수도권 중 과밀억제권역(서울특별시 제외) 및 **부산광역시**	5억원	5,500만원	1,900만원
	광역시(수도권정비계획법에 따른 과밀억제권역에 포함된 지역과 군지역, 부산광역시는제외), **세종특별자치시, 파주시, 화성시,** 안산시, 용인시, 김포시 및 광주시	3억9,000만원	3,800만원	1,300만원
	그 밖의 지역	2억7,000만원	3,000만원	1,000만원
2019.4.2 ~	서울특별시	9억원	6,500만원	2,200만원
	수도권정비계획법에 따른 수도권 중 과밀억제권역(서울특	6억9,000만원	5,500만원	1,900만원

별시 제외) 및 **부산광역시**			
광역시(수도권정비계획법에 따른 과밀억제권역에 포함된 지역과 군지역, 부산광역시는제외), **세종특별자치시, 파주시, 화성시**, 안산시, 용인시, 김포시 및 광주시	5억4,000만원	3,800만원	1,300만원
그 밖의 지역	3억7,000만원	3,000만원	1,000만원

※ 1. 기준시점은 담보물권(저당권, 근저당권, 가등기담보권 등) 설정일자 기준임(대법원 2001다84824 판결 참조).

2. 배당요구의 종기까지 배당요구를 하여야 함.

3. 경매개시 결정의 등기 전에 대항요건(건물 인도 및 사업자등록)을 갖추어야 하고, 배당요구의 종기까지 대항력을 유지해야 함.

4. 임대건물가액(임대인 소유의 대지가액 포함)의 1/2에 해당하는 금액까지만 우선변제 받음(상가임대차보호법 제14조).

5. 환산보증금 = 보증금 + 월세의 보증금 환산액(월세×100)

제7장 대리점 · 프렌차이즈

경제 활동의 부분 중 '창업'과 관련하여 가장 중요시 되는 게 바로 가맹계약(대리점·프랜차이즈 계약)이다.

일부 프랜차이즈 업체의 무분별한 가맹계약 유도로 인하여 계약 체결 시 업체가 선전하고 광고하였던 것과 다른 현실 때문에 고통받고 있는 업주들이 양산되는 것이 사회적 문제로 대두되고 있는데, 이 장에서는 가맹계약을 할 때의 주의사항을 중점으로 살펴보기로 한다.

가맹계약의 내용은 계약자유의 원칙에 따라 가맹계약자와 가맹본부가 자유롭게 정할 사항이나, 가맹계약자는 거의 예외 없이 가맹본부가 미리 작성하여 제공하는 가맹계약서로 가맹계약을 체결하게 된다.

가맹계약서에는 영업표지의 사용에 관한 사항, 가맹점사업자의 영업활동조건에 관한 사항 등이 포함되어야 하고, 가맹계약서의 내용이 가맹계약자에게 부당하게 불리한 경우 등인 때에는 공정을 잃은 것으로 추정되어 효력이 없는 경우가 있으므로, 그 내용을 자세히 살펴보아야 할 것이다.

1. 가맹계약서 검토 시 유의사항

가맹계약자는 보통 가맹본부가 만들어서 제공하는 가맹계약서를 가지고 가맹계약을 체결하게 되는데, 가맹본부는 이러한 가맹계약서를 작성할 때 가맹계약자의 정당한 이익이나 합리적인 기대에 반하지 않고 형평에 맞도록 계약의 내용을 정해야 한다

(1) 가맹계약서의 공정성

가맹계약서가 다음의 내용을 정하고 있는 경우에는 공정성을 잃은 것으로 추정된다 (약관의 규제에 관한 법률 제6조제2항).

- 가맹계약자에 대하여 부당하게 불리한 경우
- 가맹계약자가 보통의 가맹계약의 영업이나 거래의 형태 등에 비추어 예상하기 어려운 경우
- 가맹계약의 목적을 달성할 수 없을 정도로 가맹계약에 따른 가맹계약자의 본질적인 권리를 제한하는 경우

(2) 면책조항의 금지

가맹계약서의 내용 중 가맹본부의 책임에 대해 다음과 같이 정하고 있는 조항은 무효이다(『약관의 규제에 관한 법률』 제7조).

- 가맹본부, 이행 보조자 또는 피고용자의 고의 또는 중대한 과실로 인한 법률상의 책임을 배제하는 조항
- 상당한 이유 없이 가맹본부의 손해배상 범위를 제한하거나 가맹본부가 부담해야 할 위험을 가맹계약자에게 떠넘기는 조항
- 상당한 이유 없이 사업자의 담보책임을 배제 또는 제한하거나 그 담보책임에 따르는 가맹계약자의 권리행사의 요건을 가중하는 조항
- 계약목적물에 관한 견본이나 품질·성능 등에 관한 표시가 있는 경우 정당한 이유 없이 그 보장된 내용에 대한 책임을 배제 또는 제한하는 조항

(3) 손해배상액의 예정

가맹계약자에게 부당하게 과중한 지연 손해금 등의 손해배상 의무를 부담시키는 약관 조항은 무효이다(약관의 규제에 관한 법률 제8조).

(4) 계약의 해제 및 해지

가맹계약서의 내용 중 계약의 해제·해지에 관해 다음과 같이 정하고 있는 조항은 무효이다(약관의 규제에 관한 법률 제9조).

> - 법률에 따른 가맹계약자의 해제권 또는 해지권을 배제하거나 그 행사를 제한하는 조항
> - 법률에서 규정하고 있지 않은 해제권 또는 해지권을 가맹본부에게 부여하여 가맹계약자에게 부당하게 불이익을 줄 우려가 있는 조항
> - 법률에 따른 가맹본부의 해제권 또는 해지권의 행사 요건을 완화하여 가맹계약자에게 부당하게 불이익을 줄 우려가 있는 조항
> - 계약의 해제 또는 해지로 인한 원상회복의무를 상당한 이유 없이 가맹계약자에게 과중하게 부담시키거나 가맹계약자의 원상회복 청구권을 부당하게 포기하도록 하는 조항
> - 계약의 해제 또는 해지로 인한 가맹본부의 원상회복의무나 손해배상의무를 부당하게 경감하는 조항
> - 계속적인 채권관계의 발생을 목적으로 하는 계약에서 그 존속기간을 부당하게 단기 또는 장기로 하거나 묵시적인 기간의 연장 또는 갱신이 가능하도록 정하여 가맹계약자에게 부당하게 불이익을 줄 우려가 있는 조항

(5) 채무의 이행

가맹계약서의 내용 중 채무의 이행에 관해 다음과 같이 정하고 있는 조항은 무효이다(약관의 규제에 관한 법률 제10조).

> - 상당한 이유 없이 급부(給付)의 내용을 사업자가 일방적으로 결정하거나 변경할 수 있도록 권한을 부여하는 조항
> - 상당한 이유 없이 사업자가 이행하여야 할 급부를 일방적으로 중지할 수 있게 하거나 제3자에게 대행할 수 있게 하는 조항

(6) 권익 보호

가맹계약서의 내용 중 가맹계약자의 권익에 관해 다음과 같이 정하고 있는 조항은 무효이다(약관의 규제에 관한 법률 제11조).

- 법률에 따른 가맹계약자의 항변권, 상계권 등의 권리를 상당한 이유 없이 배제하거나 제한하는 조항
- 가맹계약자에게 주어진 기한의 이익을 상당한 이유 없이 박탈하는 조항
- 가맹계약자가 제3자와 계약을 체결하는 것을 부당하게 제한하는 조항
- 가맹본부가 업무상 알게 된 가맹계약자의 비밀을 정당한 이유 없이 누설하는 것을 허용하는 조항

(7) 의사표시

가맹계약서의 내용 중 의사표시에 관해 다음과 같이 정하고 있는 조항은 무효이다(약관의 규제에 관한 법률 제12조).

- 일정한 행위를 했거나 하지 않은 경우 이를 이유로 가맹계약자의 의사표시가 표명되거나 표명되지 않은 것으로 보는 조항
  ※ 다만, 가맹계약자에게 상당한 기한 내에 의사표시를 하지 않으면 의사표시를 했거나 하지 않은 것으로 본다는 뜻을 명확하게 따로 고지한 경우이거나 부득이한 사유로 그런 고지를 할 수 없는 경우는 예외
- 가맹계약자의 의사표시의 형식이나 요건에 대하여 부당하게 엄격한 제한을 두는 조항
- 가맹계약자의 이익에 중대한 영향을 미치는 사업자의 의사표시가 상당한 이유 없이 가맹계약자에게 도달된 것으로 보는 조항
- 가맹계약자의 이익에 중대한 영향을 미치는 가맹본부의 의사표시 기한을 부당하게 길게 정하거나 불확정하게 정하는 조항

(8) 대리인의 책임

가맹계약자의 대리인이 계약을 체결한 경우 가맹계약자가 그 의무를 이행하지 않은 경우에 대리인이 대신 그 의무의 전부 또는 일부를 이행하도록 하는 내용의 가맹계약서 조항은 무효이다(약관의 규제에 관한 법률 제13조).

(9) 소송 제기의 금지

가맹계약서의 내용 중 소송 제기 등과 관련해 다음과 같이 정하고 있는 조항은 무효이다(약관의 규제에 관한 법률 제14조).

> • 가맹계약자에게 부당하게 불리한 소송 제기 금지 조항 또는 재판관할의 합의 조항
> • 정당한 이유 없이 가맹계약자에게 입증책임을 부담시키는 약관 조항

2. 가맹계약 체결 시 주의사항

1) 가급적 피해야 할 7가지 가맹본부 유형

(1) 정보공개서가 없는 가맹본부

정보공개서는 가맹본부의 일반현황, 임원의 범위반 사실, 가맹점사업자가 부담해야 할 사항 및 영업활동에 대한 조건 등에 대한 설명, 가맹본부의 가맹점 수 등 가맹사업 현황에 대한 설명, 영업개시에 관한 상세 절차 및 교육훈련 프로그램 등을 기재한 책자이다.

「가맹사업거래의 공정화에 관한 법률」은 가맹본부가 가맹희망자에게 정보공개서를 제공할 것을 규정하고 있는데, 상당수 가맹본부들이 정보공개서를 갖추지 않았을 뿐 아니라, 그런 제도가 있다는 사실조차 모르는 경우도 많은데, 이러한 유형의 가맹본부와는 계약 체결을 삼가야 한다.

(2) 객관적 근거가 없는 고수익 보장 등으로 유혹하는 가맹본부

향후 수익전망을 제시하는 프랜차이즈 업체라면 반드시 구체적이고 객관적인 자료를 요구해야 한다. 어떤 가맹점이 그런 정도의 수익을 얻었는지에 대한 자료를 서면으로

받아하며, 그래야 향후 있을지 모를 분쟁에서 이길 수 있는 자료가 된다.

(3) 공짜 가맹금을 내세우는 가맹본부

가맹금에는 초기 가맹금 뿐만 아니라 여러 가지가 포함되는데, 가맹금이 얼마 되지 않는다고 하여 이를 그대로 믿는 것은 절대 금물이다. 실제로 프랜차이즈 업체들의 수익 중에는 초기 가맹금 외에 인테리어 등 매장설치를 대신해 주거나, 물품대·교재대 등의 명목으로 떼어가는 돈이 더 많은 것이 일반적인데, 구체적으로 들어가는 비용이 무엇인지 확인하고, 반드시 증빙으로 남겨두어야 한다.

(4) 일단 돈부터 요구하는 가맹본부

교육이나 교재비 명목으로 선금을 요구하는 가맹본부는 대부분 제대로 된 가맹점 관리보다는 일단 모집부터 하고 보자는 경우라고 보면 될 것이다. 돈부터 주고나면 나중에 마음이 바뀌어도 이를 돌려받는 것은 쉽지 않다.

(5) 너무 많은 브랜드를 가진 가맹본부

현실적으로 가맹본부의 수익은 가맹점으로부터 받는 가맹비, 그 밖의 인테리어 비용 등 창업초기에 대부분 발생한다. 제대로 된 브랜드 개발을 하려면 적게는 수개월에서 1년 이상 소요되는 것이 정상이므로 한두 달만에 금방 만들어낸 브랜드는 그저 유행에 편승하기 위한 목적인 경우가 더 많다는 점을 유의해야 한다.

(6) 가맹점 수가 너무 많거나 적은 가맹본부

가맹점 수가 너무 많다는 것은 더 이상의 가맹점 개설이 어려우므로 기존의 가맹점에 대한 관리보다는 새로운 브랜드 개발이나 새로운 수익원을 찾는 원인이 되게 된다. 새로운 브랜드 개발에 치중하다보면 기존 브랜드에 대한 관리가 소홀해질 가능성이 크고, 한편으로는 기존 가맹점주에 대한 불공정거래를 시도할 유인이 생기게 된다. 한편 가맹점 수가 너무 적은 것은 아직까지도 상당한 위험이 있다는 의미이고 검증되지 않았기 때문에 사기로 인해 피해를 볼 가능성 또한 크다는 것을 의미한다.

(7) 직영점 운영기간이 짧은 가맹본부

상당수 가맹본부는 스스로 직영점을 설립함과 동시에 체인 모집을 하기도 한다. 직영점 운영을 통해 사업성이 검증되지도 않은 상태에서는 아무리 좋은 아이디어라 하더라도 실패할 가능성이 크므로 회사 연혁 등을 확인하고, 직영점 운영기간과 운영 상태를 제대로 살펴서 충분한 사업성이 인정될 때 투자를 결심해야 한다.

2) 가맹계약 체결 전 체크리스트

- 정보공개서의 확인
- 본사와 물류시스템의 확인
- 반드시 기존 가맹점주에게 문의할 것
- 폐업율을 확인할 것
- 법인등기부등본 확인
- 분쟁조정협의회를 통한 가맹본부의 분쟁 내역 확인

3. 관련 판례

(1) 영업권리금 반환

백화점 내 매장에 관하여 특정매입 거래계약을 체결한 갑이 그 매장에 관한 영업권을 을에게 매도한 후 경영을 위탁받아 5년간 수익금을 정산하기로 하는 위탁영업 가맹계약 등을 체결하면서 2년 이상 영업을 보장한다는 약정하에 을에게서 영업권리금을 지급받았으나 백화점과의 계약이 갱신되지 않아 을에게 당초 보장된 기간 동안의 재산적 가치를 이용하게 해주지 못한 사안에서, 갑은 을에게 영업권리금 중 일부를 반환할 의무가 있다고 한 원심의 판단은 정당하다(대판 2011.01.27., 2010다85164)

(2) 유예기간 중 급부제공을 거부할 수 있는지 여부

가맹사업거래의 공정화에 관한 법률(2007.8.3. 법률 제8630호로 개정되기 전의 것) 제14조는 가맹본부가 가맹계약을 해지하고자 하는 경우에는 해당 가맹점사업자에게 계약을 해지하는 날부터 2월 이상의 유예기간을 두고 3회 이상 계약해지의 사유를 기재한 문서로서 그 시정을 요구하도록 하고, 그와 같은 절차를 거치지 아니한 가맹계약의 해지는 효력이 없다고 규정하고 있는바, 이는 가맹점사업자들로 하여금 위 유예기간

동안 계약해지사유에 대하여 해명하고 시정할 수 있는 기회를 충분히 가지도록 하기 위한 강행규정이므로, 가맹본부로서는 위 법률 제14조가 규정하는 유예기간 중에는 가맹점사업자에게 가맹계약상의 급부 제공을 거절할 수 없고, 이에 위반하는 행위는 불법행위가 될 수 있다 할 것이다(대판 2009.9.24., 2009다32560).

(3) 영업표지 변경에 동의하지 않는 가맹점주의 손해배상 청구

피고의 주장과 같이 기존 가맹점사업자 중 96%가 피고의 영업표지 변경에 동의하는 상황에서 원고가 이에 동의하지 않고 이 사건 가맹계약에 따라 'LG25' 영업표지를 계속 사용하고 있는 상태에서 이 사건 가맹계약의 해지를 주장하는 것이 오로지 위약금을 받을 목적으로 한 비진의 의사표시라거나 신의칙에 위배되는 것이라고 볼 수는 없으므로, 같은 취지에서 이 부분 피고의 주장을 배척한 원심의 조치는 정당한 것으로 수긍할 수 있고, 거기에 피고가 상고이유로 주장하는 바와 같은 신의칙 등에 대한 법리오해 등의 위법이 없다(대판 2008.11.13., 2007다43580).

【가맹점 계약서】

가맹점 계약서

_____(이하 "가맹점"이라 한다)와 _____(이하 "본사"라 한다)는 다음과 같이 가맹점 계약을 체결한다.

제1조(용어의 정의) → 계약서에 사용된 용어 및 개념에 대한 정의 규정
본 계약에서
1. "제품"이란 본사가 소비자에게 판매하도록 승인한 품목을 의미한다.
2. "상품"이란 제품 제조 및 판매에 필요한 냉동품, 냉장품, 일반원료 또는 소모품 등을 의미한다.
3. "판촉물"이란 판매촉진을 위해 필요한 포스터, 전단지, 책받침, 스티커, 고객 선물용 상품 등을 의미한다.
4. "주방기기"란 제품제조에 필요한 기기류를 의미한다.
5. "집기비품"이란 제품제조 및 점포운영에필요한 용기 등 기타비품을 의미한다.

제2조(가맹점 가입) → 당사자 및 상표·상호에 관한 규정
본사는 아래 기재된 가맹점에게 "____" 및 기타 본사가 지정 또는 사용하는 등록상표 및 상호의 사용을 승인하며 가맹점은 이를 수락한다.
   1) 점포명:
   2) 대표자:
   3) 점포 소재지:
   4) 점포 면적:

제3조(계약기간) → 기간에 관한 규정
1. 본 계약의 기간은 본 계약 체결일로부터 ____년 ___월 ___일까지로 한다.

2. 계약 만료 ___개월 전까지 본사 또는 가맹점의 어느 일방이 해지 신청을 하지 않는
   한 계약기간은 __년간 연장된다.

제4조(가맹금, 로열티 및 보증금) → 가맹금 및 로열티 규정

1. 가맹점은 본사가 제공하는 상호, 상표및사업상의 노우하우의 사용 대가로서 본 계약
   체결시 가맹금 ___원(부가가치세 별도)을 본사에 지급한다. 가맹금은 어떠한 경우에
   도 반환되지 아니한다.
2. 가맹점은 월 ____원의 로열티를 매월 ___일 본사에 지급한다.
3. 가맹점은 본사로부터 구입한 상품 또는 제품의 매매대금 및 로열티 기타 본사에
   대한 채무를 담보하기 위해 본 계약 체결시 금 __원의 보증금을 본사에 예탁한다. 보
   증금에는 이자가 붙지 않으며, 본사는 본 계약이 해지 또는 종료된 경우에 가맹점이
   본사에 지급해야 할 물품대금 및 손해배상금 등을 공제한 후 잔금을 가맹점에게
   반환한다.

제5조(영업의 승계)

계약기간중 본사로부터 아래의 사항을 승인받는 경우에는 본 계약상의 가맹점 대표자
의 명의를 변경하여 계약을 갱신하더라도 본계약에 따른 영업을 승계한 것으로 간주한
다.
   1) 법인 대표자의 명의를 변경하는 경우
   2) 직계 존비속에게 영업을 승계하는 경우
   3) 동업자간의 대표자 명의를 변경하는 경우
   4) 법인을 설립하여 그 법인의 대표자가 되는 경우
   5) 법인의 대표자가 개인명의로 변경되는 경우
   6) 점포를 다른 장소로 이전하여 영업을 계속하는 경우

제6조(영업의 양도)

1. 가맹점은 본사의 사전서면 승인이 없는 한 가맹점 영업을 제3자에게 양도하거나
   대표자 명의를 변경할 수 없으며, 본 계약과 관련한 권리를 담보로 제공할 수 없다.

2. 본사의 사전승인을 받아 영업을 양도하거나대표자를 변경한 경우에도 위 제3조의 사항에 해당되지 않는 영업 양수인 또는 대표자는 본사에 가맹금을 지급해야 한다.
3. 가맹점은 본인 또는 제3자의 명의로 동종 또는 유사한 업종의 영업을 할 수 없다.

제7조(상품 및 제품의 공급과 가격) → 가맹 계약 공정성에 관한 본질적 내용

1. 가맹점은 ___삼치를 찾는 고객에게 통일된 맛과 표준화된 서비스를 제공하기 위해 본사가 공급 또는 지정하는 상품 및 제품만을 취급해야 하며, 본사가 허가하지 않는 타상품을 구입, 판매 또는 취급할 수 없다.
2. 본사는 가맹점의 주문에 따라 본사가정한 배송일정계획에 따라 차량 또는 기타의 방법으로 상품 및 제품을 공급한다.
3. 본사는 다음의 경우 상품 공급의 일부 또는 전부를 중단할 수 있다.
   1) 천재지변 또는 물품공급처에 긴급한 사정이 발생한 경우
   2) 가맹점의 채무가 본사가 정한 채권관리 한도액을 초과한 경우
   3) 가맹점이 위 1항을 위반한 경우에는 본사는 본 계약을 해지하기 전이라도 가맹점이 본 계약을 유지할 의사가 없는 것으로 판단하고 상품 및 제품의 공급을 중단할 수 있다.
   4) 가맹점이 본 계약조건을 위반한 경우
4. 상품의 반품 또는 교환은 본사가 가맹점에서 동상품의 인도 시 행한 검사에 따라 하자가 있는 상품에 한하여 현장반품으로만 이루어진다.
5. 상품의 공급 가격 및 제품의 판매가격은 본사가 정한다.
6. 본사가 공급한 상품의 관리책임은 상품인수와 동시에 가맹점에게 귀속되며, 가맹점은 식품위생법 및 관련법규에 따라 위생관리 및 인허가상의조건을 준수하여야 한다.
7. 가맹점은 어떠한 경우에도 본사로부터 공급받은 물품을 다른 점포에 제공하거나 대여할 수 없다.

제8조(대금의 납입)

1. 가맹점은 인테리어 공사, 주방기기 및 집기비품 등을 포함한 초기시설투자비 총액의 ___%를 점포 시설공사 착수 전까지 본사 또는 본사가 지정하는 업체에게 현금으로

지급하며, 잔금은 공사감리 및 시운전 완료 후 원재료가 인도되기 전까지 본사에 납입한다.

2. 가맹점은 본사로부터 공급받은 상품 등에 대한 대금을 상품 인수 즉시 현금으로 지급하며, 상품 대금의 지급을 지체하는 경우에는 본사는 물품의 공급을 중단할 수 있다. 이 경우 물품 공급은 __일 이상 또는 월 __회 이상 중단되며 본사는 최고절 차 없이 본 계약을 해지할 수 있다.

제9조(계약의 해지) → 계약 종료에 관한 사항

1. 다음의 경우 본사는 본 계약을 즉시 해지할 수 있다.

가맹점이

    1) 본 계약 제7조 1항 또는 제8조의 규정을 위반한 경우

    2) 본사의 영업방침 또는 운영규칙을 준수하지 않거나 ___의 명예를 훼손한 행위로 경고를 받고도 시정하지 않을 경우

    3) 본사와 사전협의 없이 점포의 운영을 중단하거나 __일 이상 임의로 휴점하 는 경우

    4) 본 계약조건을 위반한 경우

    5) 발행, 배서 또는 교부한 어음, 수표, 기타 유가증권 등이 부도처리 된 경우

    6) 강제집행을 당할 우려가 있거나 당한 경우

    7) 제세공과금을 체납하여 압류를 당한 경우

    8) 신용이 악화되어 정상적인 영업활동을 할 수 없다고 본사가 판단한 경우

2. 위 1항에 따라 본 계약이 해지되는 경우 가맹점은 계약해지일로부터 ___일 이내에 본사에 대한 채무 전액을 본사에 지급해야 하며, 채무상환이 지연되는 경우에는 변제기일의 익일부터 기산하여 완제일까지 연리 ___%의 지연손해금을 가산 지급한 다.

3. 본 계약의 해지 또는 종료 시 가맹점은 점포의 영업, 본사의 등록 상표 상호의 사용을 즉시 중지해야 하며 모든 시설물을 자신의 비용으로 철거해야 한다.

제10조(기기 및 판촉물)

1. 본사는 가맹점의 판매를 지원하기 위해 기기 및 시설물을 대여할 수 있으며, 가맹점은 대여받은 기기 및 판촉물을 본사가 정하는 용도로만 사용해야 하고 매매 또는 질권설정 등의 목적으로 사용할 수 없다.

2. 가맹점은 고의 또는 과실로 본사가 제공한 기기 또는 시설물을 분실 또는 훼손하여 그 사용이 불가능해진 경우에는 본사의 최초 구입가격으로 변상한다.

3. 가맹점은 본사의 반환 요구가 있을 경우대여 기기 또는 시설물을 즉시 본사에 반환하여야 하며 고장 또는 훼손이 있을 때는 이를 원상회복하여 반환한다.

4 가맹점은 대여 기기 및 시설물의 관리유지에 필요한 모든 비용을 부담하며, 본사는 수리업체를 지정할 수 있다.

5. 가맹점의 사정에 의해 본사가 대여한 기기 또는 시설물에 대하여 강제집행 등의 소송사건이 유발되었거나 본사가 보존유지에 문제가 있다고 판단하는 경우에는 기기 및 시설물을 최고절차 없이 회수할 수 있다.

제11조(비밀 준수)

1. 가맹점은 본 계약 및 점포 경영상 알게 된 본사와 관련된 비밀을 계약기간 중에는 물론이고 계약의 해지 또는 종료 후에도 제3자에게 누설하지 않아야 한다.

2. 가맹점의 가족, 종업원, 기타 관계자들 또한 비밀을 준수해야 하며, 이들이 본조항을 위반한 경우가맹점은 그에 따른 민형사상의 책임을 진다.

제12조(교육)

교육훈련에 소요되는 비용은 본사가 별도로 정한다.

제13조(점포시설)

1. 가맹점의 점포시설(인테리어 포함) 및 기기 등의 배치는 본사가 정하는 표준안에 따라 설계 시공한다.

2. 가맹점의 기기 및 비품은 본사가 정하는 규격 및 모델로 설치한다. 단, 동종의 사업자로서 기기를 보유하고 있을 때는 본사와 협의하여 그대로 사용할 수 있다.

3. 점포의 시공에 관련된 인허가에 필요한 비용은 가맹점이 부담한다.

4. 가맹점은 점포환경을 청결하게 유지하여야 하며 노후한 점포시설은 교체 또는 보수하여 사용한다.

제14조(경영지도)

1. 본사는 가맹점에 관리사원을 파견하여 아래와 같은 내용으로 점포경영에 관한 사항을 지도할 수 있다.

1) 판촉

____제품의 소개와 개개의 제품 특성을 살리는 방법에 대한 설명 및 지도

2) 판로개척

____제품의 판매증진을 위한 활동지도

3) 점포의 경영, 세무상담 및 기타 점포경영상 발생할 수 있는 여러 가지 문제의 분석 및 경영지도

2. 가맹점은 본사에 훈련요원의 파견을 요청할 수 있으며 본사는 파견의 필요성이 인정될 경우에는 즉시 훈련요원을 파견한다. 훈련요원을 파견하는데 따른 비용은 본사가 정하는 기준에 따라 가맹점이 부담한다.

3. 가맹점은 본사에서 파견한 관리사원 및 훈련요원의 경영지도 활동에 적극 협조한다.

4. 가맹점은 본사가 모니터 요원 또는 관리사원 등을 통해 얻은 정보 등을 토대로 한 영업, 판매방법, 컴퓨터 관리, 시설물의 개보수 등의 제반 업무에 관한 개선안에 따라야 한다.

제15조(보고)

1. 가맹점은 본사가 요구하는 사항을 본사가 정하는 기준과 기간에 맞추어 보고한다.

2. 가맹점은 본사가 파견한 관리사원 및 이에 준하는 경영지도 요원의 요구가 있을 때는 장부 등 서류 일체를 제시한다.

제16조(복장)

점포관리 요원 및 종업원은 본사가 지정하는 복장을 착용해야 한다.

제17조(광고 판촉)

1. 본사는 가맹점의 판매증진을 위하여 TV (케이블 TV 포함), 라디오, 신문, 잡지, 지역 정보지, 기타 매체에 판매촉진 광고활동을 계획 및 전개하며 그 비용의 일부 또는 전부를 가맹점에게 청구할 수 있다.

2. 본사가 가맹점의 판매증진을 위하여 판촉행사를 주관하는 비용은 본사가 정하는 기준에 따라 본사와 가맹점이 분담할 수 있다.

제18조(가맹점 운영규칙)

본사는 가맹점 운영규칙을 제정하여 가맹점에게 통보하며 가맹점은 이를 반드시 준수한다.

제19조(분쟁해결)

이 계약과 관련하여 발생하는 "갑"과 "을"간의 모든 분쟁은 상호협의 하여 해결하며 협의에 의해 해결되지 않을 경우에는 대한상사중재원의 중재에 따라 해결한다.

본 계약을 증명하기 위하여 "갑"과 "을"은 계약서 2통을 작성하여 각각 서명 날인 후 각 1통씩 보관한다.

20○○년 ○월 ○일

"갑"	주소	:	
	성명	:	○ ○ ○ ㊞
		:	
"을"	주소	:	
	상호	:	
	성명	:	○ ○ ○ ㊞

[참 고]

■ 프랜차이즈(기타도소매업) 표준계약서는 공정거래위원회 홈페이지(https://www.ftc.go.kr) 또는 한국소비자협회(www.koreakca.or.kr)에서 다운 받을 수 있다. 공정거래위원회에서 제공하는 표준하도급계약서는 「가맹사업거래 공정화에 관한 법률」(이하 '가맹사업법'이라 한다) 및 시행령을 기준으로 한 것으로 공정거래위원회가 사용 및 보급을 권장하고 있는 표준계약서이다.

공정거래위원회는 공정거래위원회가 제공하는 표준계약서의 일부 내용은 현행 「가맹사업거래 공정화에 관한 법률」(이하 '가맹사업법'이라 한다) 및 시행령을 기준으로 한 것으로 계약당사자는 이들 법령이 개정되는 경우에는 개정내용에 부합되도록 기존의 계약을 수정 또는 변경할 수 있으며 특히 개정법령에 강행규정이 추가되는 경우에는 반드시 그 개정규정에 따라 계약내용을 수정할 것을 권고하고 있다.

공정거래위원회에서 제공하는 표준계약서는 아래와 같은 별첨을 포함하고 있다. 다만 본서에서는 해당 표준계약서의 방대한 양으로 인해 이를 전부 지면으로 소개하는 것은 부적당하다고 생각되어 종전의 가맹점계약서로 그대로 사용하였다.
  별첨 [1] : 영업지역의 표시
  별첨 [2] : 가맹사업자에게 사용이 허가된 영업표지의 표시
  별첨 [3] : 공급 상품 등의 내역

■ 보다 구체적인 내용은 위에서 소개된 홈페이지에서 해당 계약서 등을 확인 후 다운로드 받아 사용하길 권유드린다.

총판계약서

상기 당사자 간에 하기 조항에 의거하여 국내총판매 대리점계약을 체결함에 있어 편의상 OOO를 "갑"이라 칭하고 OOO를 "을"이라 칭하여 아래와 같이 계약을 체결한다.

제1조(목적)
본 계약은 "갑"이 "을"에게 제2조에 정하는 물품을 공급하고 "을"은 유통판매망을 형성하여 시장기반을 안정적으로 확장시키고 공동의 번영을 위해 상부상조하여 신뢰를 바탕으로 상호이익을 도모함을 목적으로 한다.

제2조(품명)
1.
2.
3.

제3조(판매지역)
1. "을"의 판매지역은 전 지역으로 총괄하고 부득이한 경우 "갑"은 "을"과 상의하여 변경할 수 있다.

제4조(인도가격 및 판매가격)
1. 인도가격은 "갑"이 "을"의 창고인도로 하고 상기가격은 계약일로부터 1년 간 준수하며 제품원가, 기타 제반상황으로 인한 증감이 유할 경우 "갑"과 "을" 협의 하에 조절할 수 있다.
2. 판매가격은 "갑"과 "을" 상호협의 국내 유통망 형성을 위한 최선의 가격으로 출고조절 한다.

제5조(결제조건)

1. 대금청구 방법은 "갑"이 "을" 창고인도와 동시 "을"은 공급된 물품대금을 지급한다.
2. "갑"의 양해에 따라 "을"은 계약금 50%를 지불하고 물품입고 시 잔금 50%를 결재한다.
3. "갑"이 공급한 물품에 하자 발생 시에는 "갑"은 그 책임을 지고 "을" 요청에 따라 변상 또는 교환조치를 즉시 행한다.

제6조(계약기간 및 종료)

1. 계약기간은 계약 체결일로부터 2년으로 하되 "갑"과 "을" 쌍방의 의의가 없는 한 기간만료후 계약기간 만큼 자동연장 된다.
2. 계약의 종료는 계약사항에 대한 위반 또는 불이행으로 인한 당사자에게 다른 당사자가 그러한 위반사항을 시정 요구하는 내용을 구두 또는 서면으로 통보한 후 30일이 경과하도록 계속 위반 할 경우 다른 당사자는 그에 대하여 등기우편으로 계약의 효력을 종료시킬 수 있으며 그에 대한 손해배상을 청구할 수 있고 본 계약은 그러한 통지를 발송한 일자로 종료된다.

제7조(정보제공 및 기밀유지)

"갑"과 "을"은 거래를 실시하는 과정에서 얻은 각종 시장정보를 성실하게 상호 교환하는 한 영업사의 각종 기밀을 준수하고 이를 제3자에게 누설하여서는 안 된다.

제8조(판매지원)

"을"의 시장기반조성을 위한 각종 지원(SAMPLE BOOK, 카탈로그)등을 "갑"은 최대한의 성의를 다하여 성실히 수행하여야 한다.

제9조(기타)

이 계약에 명시되지 않은 사항은 일반 상관례에 준한다. 본 계약을 후일에 증하기 위하여본 계약서 2통을 작성하고 각자 서명 날인하여 1통씩 보관한다.

제10조(관할) 분쟁 발생 시 재판 관할권은 "갑"의 관할지역으로 한다.

20○○년 ○월 ○일

"갑" 주소   :
　　 상호   :
　　 대표자   :　　○○○　㉑

　　 주소   :
"을" 상호   :
　　 대표자   :　　○○○　㉑

대리점계약서

주식회사 ○○○○(이하 "갑"이라 한다)과 ○○○○대리점(이하 "을"이라 한다) 간에 ○○○○제품을 ○○○○사업부에서 취급하는 제품 판매에 대한 모든 규정을 상호 성실히 수행할 것을 확약하며 공동이익 도모를 목적으로 다음과 같이 대리점계약을 체결한다.

제1장 총 칙

제1조(대리점 지정)

① "갑"은 "을"을 "갑"의 상표(BRAND)로 생산하는 제품과 "갑"이 판매를 위하여 제3자로부터 공급받은 상품(이하 상품이라 한다)에 대한 도매 행위를 주로 하는 "갑"의 대리점으로 지정한다.

② "갑"이 "을"에게 제공할 상품의 종류, 종목, 수량 및 가격은 "갑"이 정한 바에 의한다.

제2조(대리점 명칭 및 영업 거점)

① 대리점 명칭은 ○○ 서울 강동 대리점으로 하며 영업거점은 아래와 같다.

   1. (서울) 강동구

   2. (경기) 성남시, 하남시, 광주군

② 신시장 형성 및 "을"의 판매 지역 관리능력을 감안하여 판매 정책상 필요하다고 인정될시 "갑"은 계약기간중이라도 거래지역을 분할 또는 통합조정할 수 있다.

③ 영업 거점 구역 내의 백화점, 할인매장, "갑"의 간판 소매점 중 "갑"이 지정한 거래선 등에 대해서는 원칙적으로 영업권을 제외하고, "갑"의 요구가 있을 경우 공급을 중단키로 한다.

제3조(타지역 소매점 개설 금지)

"을"은 직접 또는 간접으로 판매지역 이외의 지역에 소매점을 개설할 수 없으며, 만약 타지역에 소매점을 개설할 경우에는 사전에 반드시 관할대리점과 합의서를 작성하여 "갑"에게 제출하며, 상품의 공급도 소매점 개설 지역을 거점으로 하는 대리점에 의하도록 한다.

제4조("갑"의 LOGO를 이용한 간판 사용 승인)

① "갑"의 상호 또는 LOGO를 이용한 간판은 "갑"의 승인 없이 "을"의 임의로 부착 또는 사용할 수 없다.

② "을"은 "갑"의 승인 없이 관할 지역내의 소매점에 임의로 간판을 부착할 수 없다.

③ 현재 관할 지역 내에 부착되어 있는 간판 중 "갑"이 지정한 규격에 맞지 않거나 "갑"이 승인하지 않은 사항을 포함하고 있을 때 "을"은 이를 즉시 "갑"에게 통보하고 향후 별도로 정한 "갑"의 정책에 따르기로 한다.

제5조(본사 장기 근속 임직원이 퇴직 후 "을"의 지역에 소매점을 개설할 경우)

본사에서 5년 이상 장기 근속 또는 특별히 공로가 인정되는 임직원이 퇴직 후 매장을 개설할 경우 "갑"과 "을"은 적극 지원토록 한다.

제6조(판매의 독려) "을"은 판매지역 내에서 "갑"의 방침에 따라 다음 각 호에 게재하는 사항을 준수 실행하여야 한다.

1. 상품에 대한 수요의 증대, 판로 확대에 대한 유지 도모
2. 상품의 품질 향상 및 영업정책 수립에 관한 자료 등 "갑"의 사업운영에 필요한 정보 제공
3. 차량 운행 관리 및 장부 기장 관리에 관한 지도
4. 수요자에 대한 "갑"의 명성 및 신뢰에 대한 유지 향상에의 노력
5. 전 항의 목적을 달성하기 위하여 "을"은 "갑"이 지시하는 판매망 및 시설을 항시 준비하고 "갑"의 요구가 있을 경우에는 이들을 개선하여야 한다.

제7조(기밀유지) "을"은 이 계약과 이에 부수되는 계약의 내용 및 "갑"의 사업과 제품의

기밀에 속하는 일체의 사항을 타인 혹은 "갑"과 경쟁적 관계에 있는 모든 사업체에게 누설하는 등 "갑"의 권리 또는 이익을 해치는 행위를 하지 않아야 한다.

제8조(광고 선전, 판촉 활동 및 장치 장식의 제공)

① "갑"또는 "을"의 영업활동을 위하여 광고 선전 및 판촉활동을 하는 경우, 비용 분담의 필요가 있을 시에는 쌍방 협의에 의한다.

② "을"은 "을"이 개별적으로 행하는 광고 선전 및 판촉 활동에 필요한 제작물의 내용을 "갑"에게 사전 제시하여 동의를 얻어야 한다. 이때 그 제작비용은 "을"의 부담으로 한다.

③ "갑"은 "을"에게 상품 판매 증대를 위해서 매장 시설, 제품 진열 등의 방법을 지도하며, "갑"의 제품에 대한 상표 상징의 제 장치와 장식을 제공키로 한다. 이때 비용도 "갑", "을" 상호 협의하여 결정한다.

제9조(경합 상품의 판매 금지)

"을"은 "갑"의 서면에 의한 승인 없이는 "갑"이 공급한 상품 이외의 상품을 판매하여서는 안 된다.

제10조(부당경쟁의 금지)

① "을"은 상품 판매에 있어서 동일 제품을 취급하는 다른 대리점과 부당한 경쟁을 하여서는 안 된다.

② 전 항에 관하여 다른 대리점과의 사이에 분쟁이 생겼을 때, "을"은 "갑"의 중재에 따른다.

제11조(영업상황의 보고)

① "을"은 매월 말일 현재 또는 "갑"이 요구하는 시점의 재고 현황을 파악하여 "갑"에게 통보해야 하며, 이 경우 "갑"은 통보 내용의 진위를 파악하기 위하여 필요한 조사를 행할 수 있다.

② "갑"은 "을"의 정상적인 영업상태를 유지시키기 위해 분기별 정기 경영 실태조사를

행할 수 있으며, 이 경우 "갑"은 공정한 조사를 하기 위해 필요로 하는 자료(수불대장, 미수금대장, 어음관리대장, 재고원장, 거래통장, 거래명세서 등)를 을에 요청할 수 있으며, "을"은 이에 응하여야 한다.

③ 전 항에 대하여 "을"은 "갑"의 업무수행에 있어서 공정한 관리가 이루어질 수 있도록 최대한의 성의를 가지고 협조하여야 한다.

④ 시장조사에 의한 상호협조

제12조(사업용 차량운영 및 차량 도색)

① 영업용으로 보유한 차량은 전부 "갑"이 지정한 LOGO 및 COLOR로 도색하고, 도색비용은 "갑"이 부담하며, 만일 영업용 차량을 도색하지 않고 영업을 계속 할 경우 "갑"은 물론 물품 공급 중단 및 계약해지 등 필요한 조치를 취할 수 있다.

② "을"이 도색차량을 매매 또는 폐차시킬 경우 사전에 "갑"에게 그 내용을 통보하여야 하며, 특히 매매시 도색을 완전히 제거한 증빙서류(사진 등)을 "갑"에게 제출하여야 한다. 이때 발생하는 비용은 "을"이 부담하며 도색을 제거치 않고 판매한 차량이 적발될 시에는 소정의 벌금을 징수키로 한다.

제2장 거래

제13조(사업의 중요사항 협의)

"을"은 그 경영의 형태, 조직, 방식 등을 변경하거나 중요한 자산을 양도 임대 또는 제3자의 권리의 목적으로 하려고 할 때에는 사전에 "갑"에게 통지하여야 한다.

제14조(상품의 공급 및 인도)

① "갑"은 "갑"의 생산, 판매 계획에 따라 적정 물량을 "을"의 판매활동을 위해 적극적으로 공급해야 한다.

② "갑"의 창고에서 출하된 상품은 "갑"의 비용으로 "을"의 점포까지 인도한다.

③ 위 2항의 인도장소를 "을"의 편의를 위하여 "을"이 지정하는 장소로 할 경우 운송비 등 추가비용은 "을"의 비용으로 하며, 특수한 경우가 발생될 시에는 그 인도 비용

부담 주체를 변경할 수 있다.

④ "을"은 상품 인수 즉시 인수증을 "갑"에게 교부하여야 하며 상품을 검사하여 하자 유무, 수량 부족 여부 등을 인수일로부터 5일 이내에 "갑"에게 도달되도록 즉시 서면 통보하여야 한다.

⑤ 제4항의 통지가 없을 시에는 "을"은 "갑"으로부터 인수한 상품의 하자 등을 이유로 어떠한 권리도 행사할 수 없다.

제15조(통합구매업체와의 거래 방법) "을"은 여러 지역에 걸쳐 분산되고 있는 체인점 형태의 거래점으로부터 통합 구매 요청이 있을 경우 가급적 분산구매를 권유하며, 부득이한 경우에는 "갑"으로부터 사전 승인을 받아 통합구매에 응하되 판매실적은 "갑"이 지정하는 방식대로 각 관할 대리점에 분배한다

제16조(거래율) "을"은 판매 증진을 목적으로 영업활동에 최선을 다하여야 하며, 해당 지역에 소재한 전체 소매점 중 최소한 1/2 이상 방문, 거래하여야 한다.

제17조(위험부담 및 손해보험 계약) "갑"이 "을"에게 상품을 인도한 후 그 물품이 "갑"의 귀책사유가 아닌 사유로 인하여 멸실, 훼손, 도난되었을 경우 그 손해는 소유권 유보에도 불구하고 "을"이 부담한다. 또한 "을"은 "을"의 부담으로 화재, 수재, 도난 등에 대비하여 손해보험계약을 체결하도록 한다.

제18조(소유권 유보)

① 상품 대금을 현금으로 전액 결재하거나 입금한 어음이나 수표가 지급기일에 정상 결제 될 때까지 상품의 소유권은 "갑"에게 있으며 "을"은 선량한 관리자로서의 주의 의무를 다하여야 한다.

② 본 계약 제22조에 의한 계약의 해지/해제 사유 발생시 "을"이 보관하고 있는 "갑"의 공급 상품 중 미결제분은 즉시 반환하기로 하며, 본 상품이 "을"의 창고에 있든지 "을"이 위탁한 제3의 창고에 있는지를 불문하고 "갑"은 환급 할 수 있다.

③ 제2항의 사유 발생시 "을"은 "갑"에게 어떠한 민·형사상의 책임도 묻지 않기로

하며 채권자로부터 가압류, 압류, 가처분 등 강제집행이 취해질 때는 "갑"의 물품임을 주장하여 강제집행으로부터 "갑"의 권리를 보호하여야 한다.

④ 소유권 유보로 말미암는 권리는 외상판매로부터 오는 "갑"의 위험을 담보하기 위한 것이므로 세금계산서 발행 등에도 불구하고 오직 "갑"만 가지며 "을"이나 제3자는 주장할 수 없다.

제19조(불가항력) 전쟁, 폭동, 내란 법령 제정/개폐, 수송기관의 사고, 천재지변, 기타 예측할 수 없는 사고 등 불가항력에 의하여 "갑"이 상품을 인도할 수 없게 된 경우 "갑"은 본 계약 및 개별 계약상의 제반의무로부터 면제된다.

제20조(반품 및 교환) "을"은 "갑"과의 거래에 있어서 아래의 사항이 발생할 경우 반품 및 교환이 가능하다.

1. "갑"의 제작상 품질 불량에 따를 반품 : "을"은 "갑"으로부터 공급받은 물품 중 제품 자체에 품질 불량이 발생한 경우에는 "갑"과 협의하여 즉시 반품처리토록 하되, 소량 또는 부득이한 경우에는 연 2회 "갑"과 합의하여 반품키로 한다.

   가. 반품 단가 : "갑"의 출고가대로 반품

   나. 반품 절차 : 불량상품이 발생한 경우에는 즉시 "갑"에게 서면 통보하고 "갑"이 검수/판정 후 불량품을 회수하고 적자계산서를 발행하여 외상대에서 감소시킨다. 단, 소량 또는 부득이한경우, 제2항의 유통상 하자상품 반품시 처리할 수 있으며, 필요시 "갑"의 입회하에 "을"의 창고에서 현지 폐기키로 한다.

2. 유통상 하자 : 상기 1항의 경우처럼 "갑"의 하자로 인한 명백한 불량 상품 이 아닌 경우에는 연 2회 지정된 기간에 반품 정리키로 한다.

   가. 반품 단가 : "갑"의 출고가 기준 50%("갑"과 "을"이 절반씩 부담)

   나. 반품 절차 : 연 2회(3월, 9월)에 거쳐 유통중 발생한 하자 상품의 리스트를 "갑"에게 제출하면 "갑"이 검수 / 판정 후 하자 상품을 회수하고 적자계산서를 발행하여 외상대에서 감소시킨다.

3. 과다 재고에 대한 반품 및 교환 : "갑"으로부터 출고된 물품은 원칙적으로

반품은 불가능하며, "갑"의 적극적인 개입으로 을끼리 과다재고를 점간 이동 시키도록 유도하며, "갑"이 특별한 경우에는 아래조건에 부합되어야 한다.

　가. 반품 총액 : 연간 총 매출액의 1%이내

　나. 반품조건 : 개봉하지 않은 완박스 단위(낱개단위 반품불가)

　다. 위 1, 2, 3호의 반품 운송비용은 "을"이 부담키로 한다.

4. 기타의 반품 규정은 "갑"이 정한 특약 사항에 준한다.

5. 반품의 정산 방법

　가. "갑"에게 반품한 과다물품에 대해서는 수량, 가격에 대하여 일차적으로 "갑" 과 "을"간에 상호 확인한 다음 신의성실의 원칙에 입각하여 반품처리를 하며 "갑"의 정산 결과에 대해 "을"은 이의를 제기치 않기로 한다. 한편, "을"이 대리점 영업권을 상실한 후 "갑"과의 정산시 결과에 대해서도 이의를 제기치 않는다.

　나. "을"이 확실한 정산을 위해서 "갑"측의 정산 방법에 참여를 원할 경우 "갑"은 이를 허용하되 정산에 따른 업무 일정에 대해서는 "갑"의 일정에 따르기로 한다.

　다. 나.호에서 발생되는 "을" 측의 경비는 "을"이 부담키로 한다.

제21조(담보)

① "을"은 본 계약 및 개별 계약에 의거 발생하는 "갑"의 일체의 채권을 확보하기 위해 아래와 같이 "갑"에게 담보로 제공하여야 한다.

1. 현금보증금 : OOO,OOO,OOO원

2. "갑"의 여신관리 지침에거감정 평가 유효분금 : OOO,OOO,OOO원 이상의 부동산 근저당

3. 은행(신용보증기금, 보증보험회사)의 지급 보증 : OOO,OOO,OOO원

4. 재산세 납부 총액 10만원 이상의 연대보증인을 입보하여야 하며, 연대 보증 인은 "을"이 "갑"과의 상거래를 함에 있어서 기 발생한 채무는 물론, 현재 또는 장래에 발생하는 채무에 대해서 별도 체결한 임대보증계약서에 의거 연대책임을 지기로 한다.

5. 을 발행 백지당좌 수표 1매 및 동 보충권 위임장

② 담보목적물은 "갑"지정 공인 감정 평가 기관(한국 감정원)과 평가를 받아야 하며 평가에 따른 비용 및 담보물건 설정 비용 일체는 "을"이 부담한다. 단, "갑"은 목적물을 직접 평가할 수 있다.

③ 담보 목적물의 가치 감소 및 멸실 또는 기타 사유로 담보 목적물을 충분히 확보할 수 없다고 "갑"이 인정하는 경우 "을"은 "갑"의 요청에 따라 추가 담보를 제공하여야 한다.

제22조(계약의 해제, 해지 및 기한 이익 상실)

① "갑"또는 "을"은 상대방에게 다음의 각 호의 1이 발생할 경우 최고 없이 즉시 본 계약을 해지할 수 있다.

1. "갑" 또는 "을"이 발행한 어음이나 수표가 부도 또는 거래 정지된 경우
2. "갑" 또는 "을"이 파산, 법정관리 신청을 당하거나 한 경우
3. 세금을 납부하지 못해 체납 처분을 당하거나 주요 재산에 압류, 경매 신청이 된 경우
4. "을"이 사전 동의 없이 영업권을 타인에게 양도한 경우

② "갑"은 다음의 경우 10일 이상의 기간을 정하여 "을"에게 최고하고 동기간 내에 시정되지 않을 때에는 본 계약을 해지할 수 있다.

1. "을"이 상품 대금을 2회 이상 연체하거나 지급 약정을 위반하는 경우
2. "을"이 가압류, 가처분 신청을 당하였을 경우
3. "을"이 종업원에 대한 급여를 체불할 정도로 신용상태가 현저히 저하된 경우
4. "을"이 배서하여 입금시킨 어음 수표의 부도 반환 후 3일 이내에 현금 입금을 시키지 않은 경우
5. "을"이 본 계약조건을 위반하거나 판매 능력이 현저히 부족하여 본 계약의 목적 달성이 곤란하다고 판단되는 경우
6. "을"의 영업차량 및 대리점 명의로 타상품을 도매할 경우
7. "갑"과의 사전 동의 없이 3일(영업일수 기준) 이상 판매 업무를 중단할 경우
8. "갑"과 합의한 대금 결재 규정을 연속하여 2회 이상 위반할 경우

③ "갑" 또는 "을"은 상대방에 대한 60일 전의 서면 통지로써 본 계약을 해지할 수 있다.

④ 본 계약이 해지되는 경우 "을"의 "갑"에 대한 모든 채무는 기한의 이익을 상실하여 "을"은 즉시 모든 채무를 현금으로 지급하여야 한다. 이 경우 "갑"은 소유권 유보부 물품의 회수 및 담보의 실행 등 필요한 조치를 취할 수 있으며 이에 대하여 "을"은 이의를 제기치 않는다.

⑤ "을"이 상품 대금 지급을 위하여 "을"이 발행했거나 배서하여 "갑"에게 입금시킨 선일자 당좌수표 약속어음, 가계수표 등의 발행일이 아직 도래하지 않았다 하더라도 계약 해지일로부터 "갑"은 언제든지 제시할 수 있다.

⑥ 제4항의 현금 지급 사유 발생 시로부터 실제 지급하는 날까지 연25%의 지연손해금을 추가 지급키로 한다.

제23조(상계)

① 계약의 해제/해지 사유가 발생하여 계약이 종료될 때 본 계약과 관련하여 "을"이 "갑"에게 채무를 부담하고 있을 경우 본 건 채권의 기도래 여부를 불문하고 본 건 채권과 "갑"이 "을"에 대하여 부담하는 채무를 대등액에서 상계할 수 있으며 "을"은 이에 대해 이의를 제기치 아니한다.

② 제1항의 계약 종료시가 아니더라도 "을"의 채권자로부터 "갑"이 "을"에 대하여 지급할 채무에 대하여 가압류, 압류, 채권압류 및 추심명령이나 전부명령이 집행된 경우에는 집행 전에 상계할 수 있었던 것으로 보고 상계한 후 서면으로 상계 사실을 통지하기로 한다.

제24조(정산관계)

① "갑"과 "을"은 본 계약의 해제/해지 등으로 인해 정산을 할 경우에는 지체없이 다음 각호의 사항을 이행하여야 한다.

1. 계약이 해제 또는 해지된 날로부터 30일 이내에 그간의 거래에 대한 모든 사항을 정산하여야 한다.

2. "을"이 보유하고 있는 재고 상품은 전량 "갑"이 인수하는 것으로 한다(단,

판매 불가능하다고 판단되는 상품은 "갑"의 입회하에 폐기 처리한다).

3. "을"은 "갑"에 대한 외상 매출금 중에서 전항의 "갑"이 인수한 것을 제외한 금액에 대하여 본 계약의 해제 또는 해지된 날로부터 30일 이내에 "갑"에게 지급하여야 하며, "갑"은 이에 따라 "을"이 예치한 보증금을 반환하고 또 한 담보해지에 동의하여야 한다. 단, "을"이 위 지급 채무를 이행하지 않을 경우에는 "갑"은 담보권을 행사할 수 있다.

② "을"은 본 계약의 효력이 소멸된 날로부터 다음사항을 준수하여야 한다.

1. 더 이상 "갑"의 제품과 관련된 상호, 상표 내지 이와 유사한 문자 또는 의장을 사용할 수 없으며, "갑"이 제공한 상표 상징의 제 장치("갑"과 "을"이 공동 부담 및 "을"이 부담한 상표상징의 제 장치 포함)와 장식에 대해서는 무상으로 반환하거나 "갑"의 입회하에 폐기하여야 한다.

2. 도색차량은 더 이상 사용할 수 없으며, "갑"이 지정한 대리점에 시세대로 우선적으로 매도하되, 부득이한 경우에는 도색을 지워서 사용해야 하며 이 때 비용은 "을"이 부담키로 한다.

3. 전 항의 내용과 관련해 "을"이 이를 성실히 이행치 않음으로 인해서 발생되는 모든 문제는 "을"이 책임진다.

제3장 부 칙

제25조(권리 양도) "을"은 "갑"의 사전 동의 없이 명의를 변경하거나 타인에게 본 계약상의 권리 의무 중 일부 또는 전부를 양도하거나 또는 제3자의 권리 목적으로 제공할 수 없다.

제26조(영업 사항) "갑"과 "을"은 영업과 관련한 사항에 대해서는 별도 협의하여 정한다.

제27조(분쟁 해결) 이 계약으로부터 또는 이 계약과 관련하여 또는 이 계약의 불이행으로 말미암아 당사자간에 발생하는 모든 분쟁은 "갑"의 소재지를 관할하는 민사지방법원을 합의 관할로 한다.

제28조(계약 기간)

① 본 계약의 존속기간은 2000년 OO월 OO일까지이다.

② "갑" 또는 "을"이 계약 만료 OO일 이전에 상대방에게 서면에 의한 계약 해지의 의사 표시를 하지 않는 한 제1항의 규정에 불구하고 본 계약은 동일한 조건으로 갱신된 것으로 본다.

③ 연장된 계약의 갱신도 전 항에 의한다.

제29조(계약 해석) 이 계약 각조항의 해석에 관하여 이의가 생겼을 때 "갑"과 "을"간에 체결한 개별적 계약이 있을 때에는 그 개별 계약에 의하고 별도의 개별 계약이 없을 때에는 일반 상관례에 따른다.

이상과 같이 "갑"과 을 양 당사자간에 충분한 고려와 상호 이해를 바탕으로 합의에 이르러 본 계약을 체결하고 본 계약에 명시되지 않은 사항은 일반 상관례에 따르기로 하며 후일에 발생할지도 모를 모든 법적 분쟁을 방지하기 위하여 계약서 2통을 작성하여 쌍방이 날인한 후 각각 1통씩 보관한다.

20○○년 ○월 ○일

"갑"	상호	:	
	주소	:	
	대표이사(대표자)	:	○○○ ㊞

"을"	상호	:	(유한회사) 0000
	주소	:	
	대표이사(대표자)	:	○○○ ㊞

제8장 기타 여러 분야의 계약서

1. 공사 하도급계약서

공사 하도급계약서

1. 공사명 :
2. 하도급자공사명 :
3. 공사장소 :
4. 공사기간 -착공일 : 2000년○월○일
   완공일 : 2000년○월○일
5. 계약금액 -일금 :
   공급가액 : 일금
   부가가치세 : 일금
6. 선수금 :
7. 하자 보증 기간 : 2000년 ○월 ○일 ~ 2000년 ○월 ○일

상기 공사에 관하여 공사도급인 ○○건설주식회사(이하 "갑")와 공사 수급인(이하 "을")은 별첨 계약조건, 시방서, 설계서 등에 의하여 본 공사 하도급 계약을 체결하고 계약서 2통을 작성하여 각각 1통씩 보관한다.

2○○○년 ○월 ○일

"갑" 주소 :
     상호 : (납세번호:)
     대표자 : ○○○ ㊞

"을" 주소 :
     상호 : (납세번호:)
     대표자 : ○○○ ㊞

	주소	:
"연대보증인"	상호	
	대표자	: ○○○ ㉑

	주소	:
"연대보증인"	상호	:
	대표자	: ○○○ ㉑

계약조건

제1조(하도급자)

① "을"은 이 계약조건과 설계도면, 시방서, 현장설명서 및 공정 계획표 등에 의하여 계약기간 내에 공사를 완성하여야 한다.

② "을"은 계약체결 후 5일 이내에 공사착공계, 공사계획서 등을 "갑"에게 제출하여 그 승인을 받아야 한다.

③ "을"은 근로기준법, 산업재해보상보험법 및 기타 법령에 규정된 사업주 또는 사용자로서의 책임을 지며 관계법령에 규정된 보상금 이 외의 비용을 부담하고 시공 중에 발생하는 민, 형사상의 제반 문제를 책임진다.

④ "을"은 공사를 시공함에 있어 "을"의 책임 있는 사유로 제3자에게 미친 손해에 대하여 그 배상책임을 진다.

제2조(재하도급 금지)

"을"이 하도급 받은 공사의 전부 또는 일부를 제3자에게 재 하도급 할 수 없다.

제3조(권리, 의무의 양도금지)

① "을"은 이 계약으로부터 발생하는 권리 또는 의무를 제3자에게 양도 또는 승계시킬 수 없다.

② "을"은 공사목적물 또는 공사현장에 반입하여 검사 완료된 공사자재를 제3자에게 양도하거나 대여 또는 담보목적물에 제공할 수 없다.

제4조(공사의 이해보증)

"을"은 이 계약의 이행을 보증하기 위하여 계약체결과 동시에 계약금액의 100 의 10 이상이 해당하는 현금 또는 이에 상당하는 유가증권, 이해보증보험증권, 등으로서 "갑"이 인정하는 증권 또는 증서를 "갑"에게 예치하여야 한다.

제5조(현장대리인)

① "을"은 공사현장 대리인을 선정하여 "갑"에게 통지하고 대리인을 현장에 상주하여 공사에 관한 모든 책임을 진다.

② "갑"은 "을"의 현장대리인이나 "을"의 사용자가 공사수행상 부적당하다고 인정될 때에는 "을"에게 이들의 교체를 명할 수 있고 "을"은 이에 응하여야 한다.

제6조(공사재료)

① 공사재료는 "갑"의 검사에 합격된 것을 사용하여야 한다.

② 검사결과 불합격된 공사재료는 지체 없이 공사현장으로부터 이를 반출하여야 한다.

③ 공사재료 중 시방서 등에 품질이 명시되어 있지 아니한 것은 "갑"이 인정하는 최상급의 것을 사용하여야 한다.

제7조(지급재료, 대여품)

① "을"은 지급재료 또는 대여품에 대하여 선량한 관리자로서의 의무를 보관 또는 사용하여야 하며 고의 또는 과실에 의한 감소 또는 파손이 있을 경우에는 "을"이 배상책임을 진다.

② 사용하고 남은 지급재료는 설계도서에 명시되어 있지 아니한 때에는 "갑"의 지시에 따른다.

③ 공사내용의 변경으로 말미암아 사용할 수 없게된 지급재료 또는 사용 완료된 대여품은 지체 없이 "갑"에게 반환하여야 한다.

제8조(공사의 변경)

"갑"은 공사내용을 변경 또는 추가할 수 있으며 "을"은 시공도중 다소의 증감에 대하여는 정식 설계변경으로 증감이 생기지 않는 한 당초 내용대로 시공하여야 한다.

제9조(준공검사)

① "을"은 공사를 완료한 준공계를 "갑"에게 제출하고 "갑"의 준공검사를 받아야 한다.

② 전항의 검사에 합격하지 못한 때에는 "을"은 지체 없이 이를 보수 또는 개수하여 "갑"의 검사를 다시 받아야 한다.

제10조(기성지불 방법)

① "을"은 공사의 기성부분 검사 또는 준공검사에 합격한 때에는 도급대금의 지급을 "갑"에게 청구할 수 있다.

② "을"은 매월 말 기준 기성부분 검사요청을 할 수 있으며 그 기성부분에 대한 대가의 90 / 100 이내에서 지급한다.

단, 준공불은 준공정산 후 지불한다.

③ 기성부분의 공사대금지불은 "갑"의 현자에서 지급한다.

제11조(선급금의 지불방법)

① "갑"은 공사집행을 원활하게 하기 위하여 "을"의 청구에 의하여 계약금액의 ○○% 이내에서 선급금을 지급할 수 있다.

② 제1항의 규정에 의하여 "을"이 선급금을 신청하고자 할 때에는 "을"은 선급금 사용계획서, 지급보증서(은행의 지급 보증서) "갑"을 피보험자로 한 이행보증 보험보증을 "갑"에게 제출하여야 한다.

③ "을"은 수령한 선급금을 당해 공사 이외의 타 용도에 사용할 수 없으며, 선급금액의 사용에 대하여 "갑"의 확인 요구가 있을 때에는 언제든지 성실하게 이에 응하여야 한다.

④ 선급금의 공제는 ○○회로 나누어 분할 공제한다.

제12조(지체보상금)

① "을"은 계약기간 내에는 "을"의 사유로 인하여 공사를 완성치 못하였을 때에는 지체

된 매 1 일에 대하여 계약금액의 1000 분의 3 이상을 "갑"에게 납부하여야 한다.

제13조(하자보증)

① "을" 은 "갑"의 하자기간 중 발생되는 이 계약상의 모든 하자에 대하여 보수 및 재시공의 책임을 지고 이를 보증하기 위하여 계약금액의 100분의 5에 상당하는 현금을 예치하여야 한다.

 단, 유가증권, 하자보증보험증권 등으로 대체할 수도 있다.

② 하자기간은 "갑"이 발주관서와 체결한 기간과 동일하게 한다.

제14조(계약의 해제)

① "갑"은 "을" 이 다음 각호에 해당되어 계약을 이행할 수 없다고 인정될 때에는 제4조에 의한 이행보증금을 위약금으로 취득하고 계약의 전부 또는 일부를 해제 또는 해지할 수 있다.

　㉠ 정당한 사유 없이 약정된 착공 기일까지 공사를 착수하지 아니 하였을 때

　㉡ 공사가 공정표와 같이 추진되지 아니하거나 공사를 소홀히 하여 공기 내 준공할 가능성이 없다고 인정될 때

　㉢ "갑"의 승인 없이 재하도급을 하여 제2조의 규정을 위반하였을 때

　㉣ "을" 이 기타 계약조건을 위반하였을 때

② 전항에 의한 계약해제에 있어 "을" 은 이의신청이나 손해배상을 청구할 수 없으며 해약으로 인하여 "갑"이 손해를 당하였을 때에는 "을" 이 배상책임을 진다.

③ 연대보증 : "을" 은 본 공사에 관하여 보증인 2 인 이상을 선정하여 연대 보증케 하며 본 시공에 관한 일체의 책임에 대하여 연대 보증인으로서의 의무 및 책임을 진다.

제15조(기타)

이 계약에 명시되지 아니한 사항은 관례에 따르고 계약사항에 대한 이의가 있을 때에는 "갑"의 의견에 따른다.

[참 고]

■ 건설업종 표준하도급계약서는 공정거래위원회 홈페이지(https://www.ftc.go.kr) 또는 대한전문건설협회(www.kosca.or.kr)에서 다운 받을 수 있다. 공정거래위원회에서 제공하는 표준하도급계약서는 「하도급거래 공정화에 관한 법률」(이하 '하도급법'이라 한다) 제3조의2에 따라 공정거래위원회가 사용 및 보급을 권장하고 있는 표준하도급계약서이다.

공정거래위원회는 공정거래위원회가 제공하는 표준하도급계약서의 일부 내용은 현행 「하도급법」 및 그 시행령을 비롯하여 건설업종 관련 법령을 기준으로 한 것이므로 계약당사자는 계약체결시점에 관련 법령이 개정되는 경우에는 개정내용에 부합되도록 표준계약서의 내용을 수정 또는 변경하여야 하며, 특히 개정법령에 강행규정이 추가되는 경우에는 반드시 그 개정규정에 따라 계약내용을 수정할 것을 권고하고 있다.

공정거래위원회에서 제공하는 표준하도급계약서는 아래와 같이 구성되어 있다. 다만 본서에서는 해당 표준계약서의 방대한 양으로 인해 이를 전부 지면으로 소개하는 것은 부적당하다고 생각되어 종전의 공사하도급계약서를 그대로 사용하였다.

1. 건설업종 표준하도급계약서(표지)
2. 건설업종 표준하도급계약서(본문)
3. 첨부
   (1) 기본계약서 본문 (2) 설계서(설계도면, 설계설명서, 현장설명서, 물량내역서)
   (3) 산출(공사)내역서 (4) 비밀유지계약서 (5) 하도급대금 직접지급합의서 (6) 표준비밀유지계약서(기술자료) (7) 표준약식변경계약서

■ 보다 구체적인 내용은 위에서 소개된 홈페이지에서 해당 계약서 등을 확인 후 다운로드 받아 사용하길 권유드린다.

2. 인테리어공사 도급계약서

인테리어공사 도급계약서

도급인 (주)○○산업개발(이하 "갑"이라 한다)와 수급인 (주)○○인테리어(이하 "을"이라 한다)는 ○○대학 ○○도서관 인테리어 공사에 대하여 다음과 같이 도급계약을 체결한다.

[공사내역]

1. 공 사 명 : ○○대학 ○○도서관 인테리어공사
2. 공사장소 : ○○도 ○○시 ○○동 ○○대학 ○○○
3. 공사기간
   ① 착공일자 : 2000년 ○월 ○일
   ② 준공일자 : 2000년 ○월 ○일 ○○일간
4. 계약금액
   ① 총공사금액 : 일금 원정(₩)
   ② 공급가액 : 일금 원정(₩)
   ③ 부가세 : 일금 원정(₩)
5. 대금의 지급
   ① 준공금 : 100%(공사 완료 후 지급)
   ② 지불방법 : 현금지급
6. 하자담보 책임기간 : 준공검사 후 목적물을 "갑"에서 인수한 날로부터 2년
7. 하자보수 보증금율 : 10%
8. 지체상금율 : 0.1%

[도급계약 일반조건]

제1조(총칙)

도급인 (이하 "갑"이라 한다)과 수급인 (이하 "을"이라 한다)은 대등한 입장에서 서로 협력하여 신의에 따라 성실히 계약을 이행한다.

제2조(계약보증금)

"을"은 본 계약의 이행보증을 위하여 계약체결 전까지 총 계약 금액의 10%에 해당하는 금액을 현금 또는 다음 각호의 증서로서 "갑"에게 납부하여야 한다.

　　1. 건설공제조합의 보증서
　　2. 보증보험증권
　　3. 은행 약속어음

제3조(공사감독원)

① "갑"은 자신을 대리하여 다음 각호의 사항을 행하는 자 (이하 "공사감독원"이라 한다)를 선임할 수 있다.

　　1. 시공일반에 대하여 감독하고 입회하는 일
　　2. 공사의 재료와 시공에 대한 검사 또는 시험에 입회하는 일
　　3. 공사의 기성부분 검사, 준공검사 또는 공사목적물의 인도에 입회하는 일
　　4. 기타 공사감독에 관하여 "갑"이 위임하는 일

② "갑"은 제1항의 규정에 의하여 공사감독원을 선임할 때에는 그 사실을 즉시 "을"에게 통지하여야 한다.

③ "을"은 공사감독원의 감독 또는 지시사항이 공사수행에 현저히 부당하다고 인정할 때에는 "갑"에게 그 사유를 명시하여 필요한 조치를 요구할 수 있다.

제4조(현장대리인)

① "을"은 착공 전에 현장대리인 임명하여 이를 "갑"에게 통지하여야 한다.
② 현장대리인은 공사현장에 상주하여야 하며, 시공에 관한 일체의 사항에 대하여 "을"을 대리한다.

제5조(재료의 검사 등)

① 공사에 사용할 재료 중에서 "갑"이 품목을 지정하여 검사를 요구하는 경우에는 "을"은 사용 전에 "갑"의 검사를 받아야 하며, 설계도서와 상이하거나 품질이 현저히 저하되어 불합격된 재료는 "갑"과 협의하여 다시 검사를 받아야 한다.

② "을"은 재료의 검사에 소요되는 비용을 부담하여야 하며, 검사 또는 재검사 등을 이유로 계약기간의 연장을 요구할 수 없다.

③ 공사에 사용하는 재료 중조립 또는 시험을 요하는 것은 "갑"의 입회 하에 그 조립 또는 시험을 하여야 한다.

제6조(안전관리 및 재해보상)

① "을"은 산업재해를 예방하기 위하여 안전시설의 설치 및 보험의 가입 등 적절한 조치를 하여야 한다.

② 공사현장에서 발생한 산업재해에 대한 책임은 "을"에게 있다.

제7조(공사기간의 연장)

"갑"의 책임 있는 사유 또는 천재지변, 불가항력의 사태 등의 책임이 아닌 사유로 공사수행이 지연되는 경우 "을"은 공사기간의 연장을 "갑"에게 요구할 수 있다.

제8조(부적합한 공사)

"갑"은 "을"이 시공한 공사 중 설계도서에 적합하지 아니한 부분이 있을 때에는 이의 시정을 요구할 수 있으며, "을"은 지체 없이 이에 응하여야 한다.

제9조(기성부분급)

계약서에 기성부분급에 관하여 명시한 때에는 "을"은 이에 따라 기성부분에 대한 검사를 요청할 수 있으며, 이때 "갑"은 지체 없이 검사를 하여야 한다.

제10조(준공)

① "을"은 공사를 완성한 때에는 "갑"에게 통지하여야 하며 "갑"은 통지를 받은 후

지체 없이 "을"의 입회 하에 검사를 하여야 한다.

② "을"은 제1항의 검사에 합격하지 못한 때에는 지체 없이 이를 보수 또는 개조하여 다시 검사를 받아야 한다.

③ "을"은 검사의 결과에 가 있을 때에는 재검사를 요구할 수 있으며, "갑"은 이에 응하여야 한다.

제11조(대금지급)

"을"은 "갑"의 준공검사에 합격한 후 즉시 잉여자재, 폐물, 가설물 등을 철거, 반출하는 등 공사현장을 정리하고 공사대금의 지급을 "갑"에게 청구할 수 있다.

제12조(하도급 대금의 직접지급)

"갑"은 다음 각 호의 경우 하도급자에게 하도급대금을 직접 지급할 수 있다.

1. 하도급자가 "을"을 상대로 하여 제조, 수리 또는 시공분에 해당하는 하도급 대금의 지급이행을 명하는 확정 판결을 받은 경우
2. "을"의 파산, 부도, 영업정지 또는 면허취소 등의 이유로 "을"이 하도급대금을 지급할 수 없는 명백한 사유가 있다고 인정하는 경우
3. 하도급계약의 이행보증을 요하는 건설공사의 하도급계약 중 "을"이 하도급 자에게 하도급대금의 지급을 보증하지 아니한 경우, "갑"이 하도급자의 보호를 위하여 필요하다고 인정하는 경우

제13조(이행지체)

① "을"은 준공기한 내에 공사를 완성하지 아니한 때에는 매 지체일수마다 지체상금율을 계약금액에 곱하여 산출한 금액(이하 "지체상금"이라 한다)을 "갑"에게 납부하여야 한다. 단, 천재지변, 기타불가항력 등 "을"의 책임으로 돌릴 수 없는 사유로 지체된 경우는 그러하지 아니하다.

② "갑"은 "을"에게 지급하여야 할 공사대금에서 지체상금을 공제할 수 있다.

제14조(하자담보)

① "을"은 계약서에 정한 하자보수보증금율을 계약금액에 곱하여 산출한 금액 (이하 "하자보수보증금"이라 한다)을 준공검사 후 그 공사의 대가를 지급할 때까지 현금 또는 다음 각 호의 증서로서 "갑"에게 납부하여야 한다.

1. 건설공제조합의 보증서

2. 보증보험증권

3. 은행 약속어음

② "을"은 준공검사를 마친 날로부터 계약서에 정한 하자담보책임기간 중 당해 공사에 발생하는 일체의 하자를 보수하여야 한다. 단, 공사목적물의 인도 후에 천재지변 등 불가항력이나 "을"의 책임이 아닌 사유로 인하여 발생한 것일 때에는 그러하지 아니하다.

③ "을"이 "갑"으로부터 제2항의 규정에 의한 하자보수의 요구를 받고 이에 응하지 아니하는 경우 "갑"은 "을"의 부담으로 직접 하자보수를 행할 수 있다. 이때 발생하는 비용은 하자보수보증금으로 우선 충당하며, 부족액이 있는 경우에는 "을"에게 이를 청구할 수 있다.

④ 제1항의 규정에 의한 하자보수보증금은 하자담보 책임기간이 종료한 후 "을"의 청구에 의하여 반환한다. 단, 제3항의 규정에 의하여 "갑"이 직접 이행한 하자보수비용은 공제한다.

제15조(계약해제 등)

① "갑"의 다음 각 호의 1에 해당하는 경우에는 계약의 전부 또는 일부를 해제 또는 해지 할 수 있다.

1. "을"이 정당한 이유 없이 약정한 착공기일을 경과하고도 공사에 착수하지 아니한 경우

2. "을"이 책임 없는 사유로 인하여 준공기일 내에 공사를 완성할 가능성이 없음이 명백한 경우

3. 기타 "을"이 계약조건 위반으로 인하여 계약의 목적을 달성할 수 없다고 인정되는 경우

② 제1항의 규정에 의한 계약의 해제 또는 해지는 그 이유를 명시하여 "을"에게 통지함

으로써 효력이 발생한다.

제16조(손해배상 등)

제14조의 규정에 의하여 계약이 해지된 때에는 "갑"과 "을"은 지체 없이 기성부분의 공사금액을 정산하여야 하며, 계약의 해제 또는 해지로 인하여 "갑"에게 손해가 발생한 때에는 "을"이 배상하여야 한다.

제17조(권리의무의 양도)

이 계약에 의하여 발생하는 권리 또는 의무는 제3자에게 양도하거나 위임할 수 없다. 단, 상대방의 서면승낙이 있을 경우에는 그러하지 아니하다.

제18조(법령의 준수)

"갑"과 "을"은 이 공사의 시공 및 계약의 이행에 있어서 건설산업기본법 등 관계법령의 제규정을 준수한다.

제19조(분쟁의 해결)

① 계약에 별도로 규정된 것을 제외하고는 계약서에 발생하는 문제에 관한 분쟁은 계약당사자가 쌍방의 합의에 의하여 해결한다.
② 제1항의 합의가 성립되지 못할 때에는 당사자는 건설산업기본법 제69조의 규정에 의하여 설치된 건설분쟁조정위원회에 분쟁의 조정을 신청하고 동 위원회의조정에 따른다.

제20조(특약사항)

기타 본 계약서에서 정하지 아니한 사항에 대하여는 "갑"과 "을"이 합의하여 별도의 특약을 정할 수 있다.

도급인과 수급인은 본 계약서와 별첨 도급계약 일반조건, 설계도, 시방서 및 산출내역서에 의하여 공사도급계약을 체결하고 그 증거로 본 계약서 및 관련 문서를 2통 작성하여 각각 1통씩 보관한다.

20○○년 ○월 ○일

도급인 "갑"

회사명	:
주소	:
연락처	:
대표자	: ○○○ ㉑

수급인 "을"

회사명	:
주소	:
연락처	:
대표자	: ○○○ ㉑
연락처	:

[참고 11] 도급계약 관련 판례

도급인이 공동도급계약운영요령에 따라 공사대금채권을 공동수급체 구성원 각자에게 지급하고 공동수급체가 그와 같은 지급방식에 의하여 그 대금을 수령한 사정만으로 조합 구성원 사이에 민법규정을 배제하려는 의사가 표시되어 있다는 등 특별한 사정이 있었다고 할 수는 없으므로 공사대금채권은 조합원에게 합유적으로 귀속되는 조합 채권으로서 조합원 중 1인이 조합의 채무자에 대하여 출자비율에 따른 급부를 청구할 수 없다(2000다32482).

수급인인 6개 회사가 공동협정서에 터잡아 상호 출자하여 신축공사 관련사업을 공동으로 시행하기로 하는 내용을 약정한 경우 그들 사이에는 민법상 조합이 성립하므로, 세무서장이 조합의 구성원인 1개 회사의 부가가치세 체납을 이유로 6개 회사의 조합재산인 공사대금 채권에 대하여 압류처분을 한 것은 체납자 아닌 제3자 소유의 재산을 대상으로 한 것으로서 당연무효라고 보았다(2000다68924).

3. 조경공사 계약서

조경공사 계약서

○○○(이하 "갑" 이라 한다)와 ○○○○(이하 "을"이라 한다)은 00 0000 조경공사에 대하여 다음과 같이 공사 계약을 체결한다.

[공사내역]

1. 공사명 : ○○○○조경공사
2. 공사장소 : ○○○ 000 000 0000
3. 공사기간
   (1) 착공일 : 00년 00월 00일
   (2) 준공일 : 00년 00월 00일
4. 계약금액
   (1) 총공사금액 : 일금   만원(₩   )
   (2) 계약금 및 중도금액 : 일금   만원
      ① 00월 00일 000,000,000만 원
      ② 00월 00일 00,000,000만 원 및 가계수표 00,000,000만원
      ③ 00월 00일 00,000,000만 원
      ④ 00월 00일 00,000,000만 원
      ⑤ 00월 00일 00,000,000만 원
   (3) 잔금은 준공검사 후 지불한다. 일금   만원(₩   )

---

4. 지장물 철거계약서

지장물 철거계약서

지장물			구조 및 규격	수량	보상액 (원)
소 재 지	지 번	물건의 종류			

(주)○○○에서 시행하는 ( ) 건설공사에 편입되는 위 지장물을 철거 이전함에 있어 ○○ ○○공사를 "갑"이라 칭하고 철거의무자 ( )를 "을"이라 칭하여 아래조항을 계약한다.

제1조 지장물 철거보상은 감정평가기관의 평가금액으로 한다.

제2조 보상금액은 실제 철거가 필요한 부분까지의 지장물로 하되, 증감에 대하여는 이미 정하여진 단가에 의하여 정산한다.

제3조 "을"은 본 계약 체결후년 월 일까지 위 지장물의 전부를 철거하여야 하며 "을"이 이를 이행하지 아니할 경우 "갑"이 임의 철거하여도 "을"은 하등의 이의를 제기하지 아니한다.

제4조 "갑"의 사업계획 변경 등으로 인하여 지장물이 도로에 편입되지 아니할 경우에는 본 계약의 일부 또는 전부를 해제할 수 있다.

제5조 "을"은 지장물에 대하여 세입자 또는 점유자가 있을 시 본 계약 체결과 동시에 해약 절차를 취하여 "갑"의 공사 시행에 지장이 없도록 조치하여야 한다.

제6조 지장물 철거로 인한 일체의 사고는 "을"이 책임진다.

제7조 보상금 지급 후 과다이중 또는 착오로 지급되었음이 확인될 경우에는 "을"은
확인된 보상금의 원리금을 지체없이 환입하여야 한다.

위 계약을 증명하기 위하여 본서 2통을 작성하여 "갑", "을"이 각1부씩 보관한다.

20○○년 ○월 ○일

매수자 "갑" (주)○○○ 건설 사업소장 　　ⓘ

의무자 "을" 주 소

　　　　 성 명 　　ⓘ

5. 매매예약서

매매예약서

예약당사자의 표시

　　매도예약자 (갑)

　　매수예약자 (을)

부동산의 표시

매도예약자 ㅇ ㅇ ㅇ를 "갑"이라 하고, 매수예약자 ㅇ ㅇ ㅇ를 "을"이라 하며, 아래와 같이 매매예약을 체결한다.

- 아 래 -

제1조 (갑)은 (을)에게 (갑)소유인 위 부동산을 금_____원에 매도할 것을 예약하며 (을)은 이를 승낙한다.

제2조 (을)은 (갑)에게 이 예약의 증거금으로 금_____원을 지급하고, (갑)은 이를 정히 영수한다.

제3조 이 매매예약의 예약권리자는 (을)이고 매매완결일자는 20ㅇㅇ. ㅇ. ㅇ.로 하되, 위 완결일자가 경과하였을 경우에는 (을)의 매매완결의 의사표시가 없어도 당연히 매매가 완결된 것으로 본다.

제4조 제3조에 의하여 매매가 완결되었을 때에는 (갑), (을)간에 위 부동산에 대한 매매계약이 성립되고, (갑)은 (을)로부터 제1조의 대금 중 제2조의 증거금을 공제한 나머지 대금을 수령함과 동시에 (을)에게 위 부동산에 관하여 매매로 인한 소유권이전등기절차를 이행하며, 위 부동산을 인도

하여야 한다.

제5조 (갑)은 예약체결과 동시에 위 부동산에 대하여 (을)에게 소유권이전등기
청구권 보전을 위한 가등기절차를 이행하며, 등기신청에 따른 제반 비
용은 (을)이 부담한다.

제6조 (기타사항)
이 예약을 증명하기 위하여 계약서 2통을 작성하고 (갑), (을) 쌍방이 기명날
인한 후 각자 1통씩 보관한다.

20○○년   ○월   ○일

매도예약자 (갑) ○○○ ⑳
주 소

매수예약자 (을) ○○○○ ⑳
주 소

6. 농지매매계약서(농지법상 허가조건부)

농지매매 계약서

매수인 ○○주식회사를 갑으로 하고, 매도인 토지소유자 ○○○을 을로 하여 갑과 을 사이에 다음과 같이 토지매매계약을 체결한다.

(부동산 표시)

소 재 : ○○도 ○○군 ○○면 ○○리
지 번 : ○○번지
지 목 : 전
지 적 : ○○○㎡

제1조(목적) 을은 자신의 소유인 위 표시의 토지(이하 '본 건 토지'라 한다)를 농지법의 규정에 따른 허가를 조건으로 하여 갑에게 매도하고, 갑은 이를 매수하기로 한다.

제2조(매매대금) 본 건 토지의 매매대금은 일금○○○만원으로 한다.

제3조(허가의 신청) 본 계약체결 후 갑 및 을은 지체 없이 농지법상의 규정과 관련법규의 기타 규정에 따른 허가를 신청하도록 한다.

제4조(제한물권의 소멸) 을은 본 건 토지에 대하여 갑의 사용을 저해하는 저당권 기타 권리가 있을 때는 이를 소멸시키도록 한다.

제5조(소유권이전등기절차와 허가신청) 소유권이전등기신청 및 농지법등 관련법규의 규정에 의한 허가신청은 갑이 하도록 하고, 을은 그 신청에 필요한 서류를 미리 갑에게 제출하도록 한다.

제6조(대금지급의 방법) ① 갑은 제3조 내지 제5조의 행위가 완료되었을 때 그에 소요된 비용은 매매대금의 일부로 충당하도록 한다.

② 매대대금의 잔액은 본 건 토지에 관한 갑의 사용을 방해하는 일체의 권리를

을이 소멸시키고, 을로 하여금 갑에게 소유권이전등기가 완료되었을 때 지급하기로 한다.

③ 매매대금의 잔액은 위 2항의 절차를 완료한 후 을이 갑에게 청구한 날부터 20일 이내에 지급하도록 한다.

제7조(인도) 을은 농지법 및 기타 관련법의 규정에 의한 허가가 있은 후 해당 소유권상에 일체의 권리를 존재시키지 않은 상태로 본 건 토지를 갑에게 인도하도록 한다.

제8조(비용부담) 본 건 토지에 대한 제세공과금은 갑이 인도를 받은 날 전날까지 발생된 제세비용은 을의 부담으로 하기로 한다.

제9조(기타 비용) 을은 제2조에서 정하는 매매대금 이외에는 어떠한 명목이라도 갑에게 부담을 주지 않는다.

제10조(계약의 해제) 본 계약이 농지법 및 기타 관련법규의 규정에 의한 허가를 얻지 못해 이행할 수 없게 된 경우에는 을은 이미 수령한 계약금을 갑에게 반환하고, 본 계약은 해제되는 것으로 한다.

이 계약을 보증하기 위해 계약서 2통을 작성하여, 각각 서명·날인한 후, 각 1통을 보관하도록 한다.

20○○년   ○월   ○일

매수인(갑)	주 소						
	성명 또는 상호		인	주민등록번호 또는 사업자등록번호	-	전화번호	
매도인(을)	주 소						
	성명 또는 상호		인	주민등록번호 또는 사업자등록번호	-	전화번호	

7. 부동산교환계약서

부동산교환계약서

【교환부동산의 표시】

    갑(○○○) : ○○시 ○○구 ○○동 ○○○-○○
                 대 ○○○㎡(금 4억원)
    을(○○○) : ○○시 ○○구 ○○동 ○○○-○○
                 대 ○○○㎡(금 3억오천만원)

제1조(계약목적) 갑과 을은 위 부동산을 쌍방 합의 하에 아래와 같이 교환계약을 체결한다.

제2조(대금지급) 을은 위 부동산의 교환에 차액을 갑에게 아래와 같이 지불키로 한다.
 - 교환대금 : 금 오천만원(50,000,000원)
 - 계약금 : 금 오백만원(5,000,000원)은 계약시 지불하고 갑은 이를 영수함.
 - 잔 금 : 금 사천오백만원(45,000,000원)은 20○○년 ○○월 ○○일 지불한다.

제3조(평가액) 교환물건에 설정된 피담보채권, 임차보증금 등은 다른 약정이 없는 한 평가액에 포함한다.

제4조(완전한 권리이전 의무) 교환물건에 관하여 제한물건이 설정되어 있거나 불법점유 등 하자가 있는 때에는 소유권이전등기 일까지 이를 제거하여 완전한 소유권을 이전하여야 한다.

제5조(제세공과금) 교환물건에 관하여 발생한 수익과 제세공과금은 소유권이전등기일을 기준으로 각 부담한다. 다만, 교환물건의 인도를 지체한 경우에 발생한

것은 인도를 지체한 자의 부담으로 한다.

제6조(계약해제 사유) 교환의 목적을 달성할 수 없는 때에는 계약을 해제할 수 있으며 기수령한 대금은 반환한다.

제7조 (소유권이전시기) 소유권이전등기신청은 잔대금과 동시에 관할 등기소에서 한다.

제8조 (인도시기) 교환물건은 계약당시의 현상대로 계약기일에서 정한 인도일에 각각 인도하여야 한다.

이 계약을 증명하기 위하여 계약서 2부를 작성하여 계약당사자가 이의없음을 확인하고 각자 서명·날인한다.

200○년 ○월 ○일

				주민등록번호 또는 사업자등록번호		전 화 번 호	
갑	주 소						
	성 명 또 는 상 호		인	주민등록번호 또는 사업자등록번호	-	전 화 번 호	
을	주 소						
	성 명 또 는 상 호		인	주민등록번호 또는 사업자등록번호	-	전 화 번 호	

8. 매매계약 해제통지서

해제통지서(최고서 포함)

수 신 : ○○○귀하

주 소 : ○○시 ○○구 ○○길 ○○

　발신인은 아래와 같은 내용으로 수신에게 통지합니다.

－ 아 래 －

20○○. ○. ○. 귀하와 체결한 ○○계약에 의한 귀하의 ○○채무는 20○○. ○. ○.까지는 이행되어야 할 것임에도 불구하고 아직까지 이행하지 않았으므로 오는 20○○. ○. ○.까지 반드시 이행하여 주시기 바라며, 만일 위 기일까지 이행이 없는 경우에는 별도의 해제의 통지 없이 귀하와의 ○○계약은 해제된 것으로 하오니 지득하여 주시기 바랍니다. 최고서를 겸하여 통지합니다.

20○○년 ○월 ○일

통지인(매도인) ○○○ (인)

9. 차용증

차 용 증

차용인 : ○○○(740000-0000000)

경기도 용인시 기흥구 00길 00-0(00동)

채권자 : ○○○(680000-0000000)

서울시 송파구 00로00길 00, 000동 0000호

(00동, 00아파트)

일금 6억3천만원정 (630,000,000)

1. 상기 금액을 차용인은 정히 차용하였으며 변제기일은 2023. 2. 28.으로 함.

2. 변제유예는 위 당사자 간 합의에 의할 수 있다.

20○○년 ○월 ○일

○○○귀하

---

10. 위임계약서(건물매도)

위임계약서(건물매도)

위임인 ○○○(이하 "갑"이라 한다)와 수임인 ○○○(이하 "을"이라 한다)는 다음과 같이 합의하여 위임 계약을 체결한다.

- 다 음 -

제1조 [계약의 목적]
갑은 을에게 갑 소유의 ○○시 ○○구 ○○동 ○○소재 철근콘크리트조 ○○㎡의 건물 1동을 대금 ○○○원 이상으로 매각하는 일과 이에 관련된 일체의 행위를 위임한다.

제2조 [계약기간]
계약기간은 20○○년 ○월 ○일까지로 한다.

제3조 [비용의 부담]
위임사무에 관한 비용은 갑이 부담하고 을의 청구가 있을 때에는 이를 선급한다.

제4조 [보수]
을에 대한 보수는 금 ○○○원으로 하고 위임사무가 완결한 때에 이를 지급한다.

제5조 [복대리인]
을은 필요 있을 경우에는 을의 책임으로 복대리인을 선임할 수 있다.

제6조 [계약의 해지]
갑 또는 을은 언제든지 계약을 해제할 수 있다.

제7조 [을의 보고의무]

을은 갑의 청구가 있는 때에는 위임사무의 처리상황을 보고하고 위임이 종료한 때에는 지체 없이 그 전말을 보고하여야 한다.

제8조 [규정외 사항]

① 이 계약에 정하지 않은 사항 또는 이 계약조항의 해석에 대하여 이의가 발생한 때에는 갑과 을이 협의하여 해결하기로 한다.

② 당사자간에 협의가 이루어지지 아니할 경우에는 일반적인 상관례에 따른다.

본 계약에 대하여 계약당사자가 이의 없음을 확인하고 각자 기명·날인(서명)한다.

20○○년 ○월 ○일

위임인 (갑)	주 소						
	성 명 또 는 상 호		인	주민등록번호 또 는 사업자등록번호		-	전 화 번 호	
수임인 (을)	주 소						
	성 명 또 는 상 호		인	주민등록번호 또 는 사업자등록번호		-	전 화 번 호	

11. 증여계약서(부담부 부동산증여계약서)

부담부 부동산증여계약서

증여자(갑)
 성명 ○○○ (주민등록번호:)
 주소
 전화

수증자(을)
 성명 ○○○ (주민등록번호:)
 주소
 전화

입회인
 성명 ○○○ (주민등록번호:)
 주소
 전화

증여자 ○○○(이하 "갑"이라고 한다)와 수증자 ○○○(이하 "을"이라 한다)은 아래 표시의 부동산(이하 "표시 부동산"이라고 한다)에 관하여 다음과 같이 증여계약을 체결한다.

[부동산의 표시]
 ○○도 ○○군 ○○면 ○○리 산○○   임야 0,000㎡

제1조(목적) 갑은 갑 소유 표시 부동산을 이하에서 정하는 약관에 따라 을에게 증여하고, 을은 이를 승낙한다.

제2조(증여시기) 갑은 을에게 20○○년 ○월 ○일까지 표시 부동산의 소유권이전등기와 동시에 인도를 한다.

제3조(부담부분) 을은 위 표시 부동산의 증여를 받는 부담으로 갑 및 갑의 배우자가 생존하는 동안 부양의무를 지고, 갑 선조의 제사 봉행을 성실히 수행한다.

제4조(계약의 해제) 을이 다음 각 호에 해당할 경우, 갑은 본 계약을 해제할 수 있다.
  1. 본 계약서에 의한 부양의무를 이행하지 아니한 때
  2. 갑 또는 그 배우자나 직계혈족에 대한 범죄행위를 한 때
  3. 생계유지에 지장을 줄 만한 도박, 음주 등에 의해 재산을 낭비할 염려가 있는 때

제5조(계약의 해제 후 조치) 제4조에 의한 본 계약의 해제가 되었을 경우, 을은 갑에 대해 지체 없이 표시 부동산의 소유권이전등기와 동시에 인도를 해야 한다.
이 경우 계약해제일까지 을이 지출한 부양비용은 그때까지 위 표시부동산을 사용, 수익한 대가와 상계 된 것으로 한다.

제6조(비용 및 제세공과금의 부담) 표시 부동산의 소유권이전과 관련한 제반 비용 및 조세 공과금 등은 을이 부담한다.

제7조(담보책임) 표시 부동산의 증여는 제2조에 의한 등기 및 인도일의 상태를 대상으로 하며, 갑은 표시부동산의 멸실, 훼손에 대하여 책임을 지지 아니한다.
  이 계약을 증명하기 위하여 계약서2통을 작성하여 갑과 을이 서명·날인한 후 각각 1통씩 보관한다.

20○○년 ○월 ○일

12. 부부재산약정서 / 부부재산계약서

부부재산약정서

부(夫) ○○○

    주민등록번호 :

    주   소:

처(妻) ○○○

    주민등록번호 :

    주   소:

  부(夫) ○○○을 "갑", 처(妻) ○○○을 "을"이라 칭하고 부부재산에 있어 아래와 같은 계약을 체결한다.

1. 혼인 전 취득재산

  가. 아래의 갑과 을의 혼인 전 취득재산에 대하여는 각자의 특유재산으로 하고 그 사용과 수익에 있어 각자가 관리하기로 한다.

    (1) 갑의 재산목록

      임차보증금 7,000만원(서울 ○○○)

    (2) 을의 재산목록

      아파트(서울 ○○○)

  나. 위 제 가.항의 재산처분시 상대방의 동의를 얻어야 하며, 재산처분으로 인하여 부부공유재산과 혼동이 생긴 경우, 부부공유재산에서 ○○○만원이 갑의 특유재산으로 존재하는 것으로 보며, 아파트는 매도할 당시 매도가액만큼 을의 특유재산이 존재하는 것으로 본다.

2. 혼인 중 취득재산

  가. 위 제1.항에 포함되지 아니한 재산과 혼인기간 중 취득하는 모든 재산은 갑과 을이 동일 지분을 갖는 공유재산으로 한다.

나. 공유재산에 대한 관리 및 처분은 을의 동의를 얻어 갑이 행사한다.

다. 을의 동의 없이 갑이 공유재산에 대한 관리 및 처분을 하여 재산을 위태롭게 한 경우 을이 공유재산에 대한 관리 및 처분권을 행사할 수 있다.

라. 혼인기간 중 부동산을 취득하는 경우 소유명의는 상황에 따라 공동명의 또는 각자의 명의로 하되 갑과 을이 비슷한 비율로 소유명의를 취득하도록 노력한다.

3. 저축 및 생활비용

가. 갑과 을은 각자의 월 순수입 중 10%이상을 저축한다.

나. 갑과 을은 각자의 월 순수입 중 50%이상을 가계생활비용으로 부담한다.

다. 저축 및 생활비용에 관한 관리 및 처분은 갑의 동의를 얻어 을이 행사한다.

라. 갑 또는 을 중 일방이 경제적 활동을 하지 못하는 경우 경제적 활동을 하는 일방이 저축 및 생활비용을 부담한다.

4. 일상가사

가. 갑과 을은 일상가사에 관하여 서로 대리권이 있다.

나. 갑과 을은 부동산의 매각과 매수, 저당권의 설정, 연대보증, 500만원을 초과하는 채무부담 기타 일상가사의 범위를 넘는 법률행위에 대하여는 다른 일방의 서면동의를 얻어야 한다.

다. 일방이 사전 서면동의 없이 부부재산을 감소시켰을 때에는 손해액 100%를 일방의 특유채무로 본다.

라. 일방이 장기부재로 인하여 서면동의를 할 수 없는 경우 장기부재사유가 소멸되는 즉시 다른 일방의 서면동의를 받아야한다.

마. 일상가사노동 및 육아는 갑과 을이 5대5로 부담한다. 단, 을이 경제적 활동을 하지 않는 경우 갑과 을이 2대8로 부담한다.

5. 이혼

가. 갑과 을의 이혼 시 각자의 특유재산은 각자의 소유로 하고, 공유재산은 5대5로 분할한다.

나. 이혼할 당시 소극재산이 적극재산을 초과하는 경우 갑과 을은 5대5로 소

극재산을 부담한다.

다. 혼인파탄에 대한 주된 책임이 있는 일방은 재산분할액의 3분의 1과 ○○
○만원 중 다액을 다른 일방에게 위자료로 지급한다.

라. 이혼 시 자녀양육권에 관한 제반사항은 갑과 을이 협의하여 결정한다. 단,
자녀가 만12세 이상인 경우 자녀의 의견을 존중한다.

마. 양육비는 자녀를 양육하지 않는 일방이 자신의 월 순수입 중 30%를 지급
한다.

바. 자녀를 양육하지 않는 일방은 주1회 자유롭게 자녀를 면접교섭할 수 있는
권리를 가진다.

6. 분쟁해결

가. 재산의 관리 및 처분에 관하여 분쟁이 발생한 경우 각자의 친족 중 각 1
인을 추천하여 중재한다.

나. 갑과 을은 중재자의 중재결정에 따라야 한다.

7. 계약의 효력

가. 본 계약의 효력은 혼인신고일로부터 혼인해소 시까지로 한다.

나. 갑과 을은 각자의 친족 중 각 1인을 증인으로 하여 상호합의 하에 5년마
다 계약내용을 변경할 수 있다.

본 계약을 증명하기 위하여 계약서 3통을 작성하여 각각 서명 날인한 후 각자가
1통씩을 보관하고 나머지 1통은 관할등기소에 제출하기로 한다.

20○○. ○○.   .

갑 : 부(夫)   (인)
을 : 처(妻)   (인)

부부재산계약서

부(夫) _____
주민등록번호 :
주　소 :
처(妻) _____
주민등록번호 :
주　소

상기 당사자는 재산에 있어 아래와 같은 계약을 체결한다.

1. 아래의 재산에 대하여는 각자의 재산으로 하고 그 사용과 수익에 있어 각자가
   관리하기로 한다.
   　가. 부(夫) 재산
   　나. 처(妻)의 재산

2. 상기외 재산에 대하여는 그 소유는 부부의 공동소유로 한다.
   본 계약을 증명하기 위하여 2통 작성하여 각각 서명날인한 후 각자가 1통씩을
   보관하기로 한다.

　　　　　　　　　　　　　년　　　　　월　　　　　일

　　　　　　　　　　　부　_____ ㉵
　　　　　　　　　　　처　_____ ㉵

13. 재산분할 계약서 / 상속재산분할협의서

재산분할 계약서

부동산의 표시

1동의 건물의 표시

경기도 고양시 일산0구 00동 100, 100-1 00아파트 제109동

전유부분의 건물의 표시

건물의 번호 : 000 - 0- 000

구　　　조 : 철근콘크리트조

면　　　적 : 0층 000호 59.94㎡

대지권의 표시

토지의 표시:

1. 경기도 고양시 일산0구 00동 000 대 00000㎡

2. 동　소　　　　　000-1 대 348㎡

위 부동산의 표시상의 부동산은 임○○의 소유인바 김○○과 20**. **. *. 협의이혼을 함으로써, 금번 위 부동산의 소유권중 2분의1을 "이혼에 따른 재산분할"로 김○○에게 이전하기로 합의하였기에 본 계약서를 작성하여 각 기명 날인후 1통씩 소지 보관합니다.

20　년　　　월　　　일

분할 하는 자: 임○○(000000-1000000)　　(인)

　　　　　　고양시 일산0구 00동 100 동부(아) 104-403

분할 받는 자: 김○○(000000-2000000)　　(인)

　　　　　　고양시 일산0구 00동 100 동부(아) 104-403

상속재산분할협의서

20○○년 ○월 ○일 서울 서초구 서초동 123-45 홍길동의 사망으로 인하여 개시된 상속에 있어 공동상속인 김갑순, 홍일동, 홍이동, 홍삼동은 다음과 같이 상속재산을 분할하기로 협의한다.

1. 상속재산 중 서울 서초구 서초동 123-45 대 138㎡는 김갑순의 소유로 한다.
2. 상속재산 중 ○○주식회사의 보통주식 ○○주는 홍일동의 소유로 한다.
3. 상속재산 중 ○○은행 ○○동 지점에 예금된 금 500만원은 홍이동의 소유로, ○○은행 ○○동 지점에 예금된 금 1,000만원은 홍삼동의 소유로 한다.
4. (기타사항)

위 협의의 성립을 증명하기 위하여 이 협의서 4통을 작성하고 아래에 각자 기명날인하여 1통씩 보관한다.

20○○년   ○월   ○일

공동상속인   김 갑 순 ⑩
서울 서초구 서초동 123-45

공동상속인   홍 일 동 ⑩
서울 서초구 서초동 123-45

공동상속인   홍 이 동 ⑩
서울 서초구 서초동 123-45

※ 상속재산의 협의분할은 상속인 전원이 참석해서 하여야 하며, 공동상속인 중에 미성년자가 있는 경우에는 특별대리인을 선임하여야 한다.

14. 동거계약서

동 거 계 약 서

갑 ㅇㅇㅇ

주민등록번호 123456-1234567

주 소

을 ㅇㅇㅇ

주민등록번호 123456-2234567

주 소

계약기간 : 20ㅇㅇ. 00. 00.부터 20ㅇㅇ. 0. 0일 까지 (ㅇㅇㅇ일간)

상기 당사자는 동거에 있어 아래와 같은 계약을 체결한다.

[재산사항]

갑 : 전세금(ㅇㅇㅇㅇ원), 컴퓨터,세탁기 자동차(엘랑)

을 : 전세금(ㅇㅇㅇㅇ원), 오디오,VTR, 자동차(티부롱)

[공통사항]

1. 각자의 수익에 대하여 각자가 관리한다. 단 공통의 수익에 대하여서는 별도의 협의를
   거친다.

2. 생활비는 갑 ㅇㅇ %, 을 ㅇㅇ%를 부담한다.

3. 공동관리 기물에 대하여서는 갑,을 공동 부담을 원칙으로하며, 개인적인 물품에
   관하여서는 그 물품의 소유주가 관리를 하며, 상대방은 물품의 사용에 있어 사전
   승낙을 얻는다.

4. 상대방의 기념일에 대하여서는 최대한의 배려를 원칙으로 한다.

5. 동거 기간내 상대방의 인격을 최대한 존중한다.

[갑의 의무]

1.

[을의 의무]

1.

[비밀의 유지]

1. 동거기간동안의 획득한 서로간의 비밀은 계약이 끝난 후에도 유효하며, 그 비밀을 제 3자에게 유포할 수 없다.

[계약의 취소]

1. 공동부담의 금전적 물품적인 부분에 대하여서는 계약기간이 끝나기 전에는 갑 또는 을의 일방적인 회수는 불가능하며, 다음의 경우는 예외로 한다.

　① 갑과을 상호간의 서면상 합의된 계약의 취소.

　② 상기 계약의 상대방의 일방적인 파기의 경우.

　③ 지진, 전쟁, 수해 등의 불가항력으로 인하여 본 계약의 지속이 어려울 경우.

본 계약을 증명하기 위하여 2통 작성하여 각각 서명날인한 후 각자가 1통씩을 보관하기로 한다.

년　　월　　일

갑　　　　　　㊞
을　　　　　　㊞

15. 유언서

유 언 서

1. 유언자의 인적사항

성명 : ○○○ (350000-1000000)

서울 성북구 00동 00-00

위 유언자 ○○○은 다음과 같이 유언한다.

2. 증여 부동산

아래 부동산표시 기재 부동산은 차남 ○○○에게 증여한다.

> * 부동산표시
> 1. 서울 성북구 ○○동 00-00
> 2. 위지상 건물

3. 유언집행자

유언집행자로 본 유언자의 차남 ○○○를 지정한다.

4. 유언장소

서울 성북구 00동 00-00

20○○. 8.   21.

유언자 ○○○

유 언 서

유언자

성명 ○○○

주소

직업

위 유언자는 사망의 위험이 있으므로 ○○년 ○월 ○일 유언자 자택에서 아래 증인 2인 참여하에 다음과 같이 유언을 구수함.

- 아 래 -

1.

    (1) 장남○○○에게 유언자명의의 ○○소재 대지○평 건평 ○평 거주가옥 1동을 상속한다.

    (2) 2남 ○○○에게 유언자명의의 ○○소재 대지 ○평 위 지상건물 1동 건평 ○평을 상속한다.

    (3) 장녀 ○○○에게는 유언자명의의 주식중 ○○주식회사 및 ○○회사의 주식 ○○주를 상속한다.

    (4) 처 ○○○에게는 유언자명의 ○○은행 예금과 ○○은행 적금을 상속한다.

2. 위 (3) (4)이외의 동산은 일단 장남○○○에게 상속시키며 또 유언자의 처○○○와 협의하여 관습에 따라 나누어도 좋다.

3. 장남○○○은 유언자 사망후 2남 ○○○의 대학졸업까지 학자금을 부담할 것.

4. 유언집행자로서 유언자의 제 ○○○을 지정한다.

5. 장남, 2남, 장녀 등은 협조하여 모에게 효도를 다하며 화목할 것.

위 취지의 유언자 구수를 증인○○○가 필기한 후 유언자 및 다른 증인에게 낭독한 바 모두 필기가 정확함을 승인한다.

　　　　20○○. 　. 　. 오전　 시

　　　　유언자 :　　　　　　　　(인)
　　　　필기자 증 인 :　　　　　　(인)
　　　　주 소 ○시○구○동○번지
　　　　직 업 :

　　　　증 인 :　　　　　　　　　(인)
　　　　주 소 ○시○구○동○번지
　　　　직 업 :

[참고 12] 유언서 작성 시 유의사항

1. 유언의 방식은 자필증서, 녹음, 공정증서, 비밀증서, 구수증서의 5종류가 있다(민법 제1065호). 민법에 정해진 요건과 방식에 어긋나는 유언은 그것이 유언자의 진정한 의사에 합치하더라도 무효가 된다(대판 2006.3.9. 2005다57899).

① 자필증서에 의한 유언은 유언자가 그 전문을 연월일, 주소, 성명을 기재하고 날인하여야 하며, 증서에 문자의 삽입, 삭제 또는 변경은 유언자가 이를 자서하고 날인하여야 한다(민법 제1066호).

② 녹음에 의한 유언은 유언자가 유언의 취지, 그 성명과 연월일을 구술하고 이에 참여한 증인이 유언의 정확함과 그 성명을 구술하여야 한다(민법 제1067호).

③ 공정증서에 의한 유언은 유언자가 증인 2인이 참여한 공증인의 면전에서 유언의 취지를 구수하고 공증인이 이를 필기 낭독하여 유언자와 증인이 그 정확함을 승인한 후 각자서명 또는 기명날인하여야 한다(민법 제1068호).

④ 비밀증서에 의한 유언은 유언자가 필자의 성명을 기입한 증서를 엄봉날인하고 이를 2인 이상의 증인의 면전에 제출하여 자기의 유언서임을 표시한 후 그 봉서표면에 제출연월일을 기재하고 유언자와 증인이 각자 서명 또는 기명날인하여야 한다. 비밀증서 방식에 의한 유언봉서는 그 표면에 기재된 날로부터 5일내에 공증인 또는 법원서기에게 제출하여 그 봉인상에 확정일자인을 받아야 한다(민법 제1069호).

⑤ 구수증서에 의한 유언은 질병 기타 급박한 사유로 인하여 전4조의 방식에 의할 수 없는 경우에 유언자가 2인 이상의 증인의 참여로 그 1인에게 유언의 취지를 구수하고 그 구수를 받은 자가 이를 필기낭독하여 유언자의 증인이 그 정확함을 승인한 후 각자 서명 또는 기명날인하여야 한다. 구수증서 방식에 의한 유언은 그 증인 또는 이해관계인이 급박한 사유의 종료한 날로부터 7일내에 법원에 그 검인을 신청하여야 한다(민법 제1070호).

2. 유언의 집행절차의 하나로 유언의 검인[58]이 필요한데 비밀증서·자필증서·녹음에 따른 유언검인은 유언검인조서로 하고, 구수증서에 따른 검인은 심판으로 한다. 공정증서에 따른 유언은 검인절차가 필요하지 않다. 유언검인조서는 후일 유언에 기한 등기절차에서 등기원인서류로 제출된다.

---

58) 유언증서(비밀증서, 자필증서), 녹음을 보관한 자 또는 이를 발견한 자는 유언자의 사망후 지체 없이 법원에 제출하여 그 검인을 청구하여야 한다(민법 제1091조 제1항).
검인청구는 검인청구서 1부를 상속개시지(사망지)를 관할하는 가정법원 가사과에 제출한다(사건번호는 '201○ 느단○○○호'오 부여된다).

16. 포기서

입찰 포기서

○ 공사명:

○ 입찰일: 20 . . .

○ 낙찰일: 20 . . .

  당사는 위 건 공사(용역)의 낙찰대상자로 선정되었으나, 본 공사에 대한 적격심사서류 제출을 포기하며, 이에 대하여 일체 이의를 하지 않겠습니다.

20○○년 ○○월 일

회사명:

주소:

대표자: ○ ○ ○ (인)

연락처:

○ ○ ○ 주식회사 대표이사 귀중

제9장 채권양도, 내용증명

1. 채권양도

【채권양도양수계약서】

채권양도양수계약서

"양도인"

성명 : ○○○

주민등록번호 :

주소 :

"양수인"

성명 : ○○○

주민등록번호 :

주소 :

〈양도할 채권의 표시〉

양도인이 (주)○○○○에 대하여 가지는 용역미수금 청구채권 일금 (   )원정
(₩)_____

양도인은 위 표시 용역미수금 청구채권에 대하여 양수인의 채무금의 변제조로 이를
양도 양수하기로 양 당사자간에 합의하에 다음과 같이 본 계약을 체결한다.

- 다 음 -

1. 본 계약은 20○○년 월 일 양도인과 양수인이 계약 체결한 『○○○』과 관련하여 양도인이 양수인에게 기 수령한 용역 대금 중 반환하여야 하는 금 원(₩)에 대한 양수인의 채권확보를 위함이다.

2. 반환금의 변제방법 : 양도인은 년 월부터 월까지 개월간 매월 말 원(₩)씩 현금으로 양수인에게 반환금을 변제한다.

3. 양수인은 양도인이 2항의 조건을 이행치 않을 경우에는 양도인이 (주) ○○○에 대해 가지는 받을 채권을 양수인에게 반환금으로 우선 변제하여야 하며, 만일 받을 채권을 양도인이 타 용도로 사용 또는 전용 할 경우 어떠한 민·형사상의 책임도 감수 할 것을 각서 한다.

4. 본 계약을 확실히 하고 후일 이를 입증하기 위하여 각자 서명 날인하여 쌍방 1통씩 보관한다.

20○○년 ○월 ○일

위 채권양도인 ○○○ ㉑

채권양수인 ○○○ ㉑

채권양도계약서

주식회사 ○○(이하 "갑"이라 한다)과 주식회사 ○○○(이하 "을"이라 한다)는 "갑"의 주식회사 ○○(이하 "병"이라 한다)에 대한 채권양도에 관하여 아래와 같이 계약(이하 "본 계약"이라 한다)을 체결한다.

제1조(목적)
본 계약은 "갑"이 병에 대하여 보유하고 있는 채권을 "을"에게 양도함에 있어 필요한 제반 사항을 정함을 그 목적으로 한다.

제2조(목적물)
① 채무자 "병"은 다음 각호와 같다.
　1. 대표이사
　2. 주소 :
② 본 계약의 대상은 별지 금전소비대차계약서에 기재되어 있는, "갑"이 채무자 병에 대해 가지고 있는 원금 20,000,000(이천만)원, 변제기 20○○. 5. 31., 이율 월 2푼, 이자지급 시기 매월1.로 정한 20○○.10.1.자 원금채권 및 이에 대한 이자채권 전부(이하 "본 계약 채권"이라 한다)를 말한다.

제3조(주된 의무)
① "갑"은 "을"에게 본 계약 채권을 양도하고, 본 계약 체결일로부터 3일 이내에 병에게 본 계약에 따른 채권양도의 취지를 확정일자 있는 증서로써 통지한다.
② "을"은 "갑"에게 제1항에 대한 양수대금으로 금 (　　)원을 지급한다.
③ "갑"의 제1항에 따른 통지의무와 "을"의 제2항에 따른 대금지급 의무는 동시이행의 관계에 있다.

제4조(부수적 의무)

"갑"은 "을"에게 금 (   )원의 한도에서 채무자 병의 자력을 보증한다.

제5조(계약의 변경)

본 계약의 일부 또는 전부를 변경할 필요가 있는 경우에는 "갑"과 "을"의 서면 합의에
의하여 이를 변경하고, 그 변경내용은 변경한 날 그 다음날부터 효력을 가진다.

제6조(해제)

① "을"은 채무자 "병"이 본 건 양도통지를 받기까지 "갑"에 대하여 가지는 사유로써
  "을"에게 대항했을 경우 별도의 최고없이 즉시 본 계약을 해제할 수 있다.
② "을"이 제1항에 따라 해제의 의사표시를 하는 경우 "을"은 즉시 "갑"에게 본 채권을
  양도하고 병에게 확정일자 있는 증서로써 채권양도 통지를 하며 이와 동시에 "갑"은
  "을"에게 금 (   )원 및 이에 대한 지급일로부터 반환일까지 연 0%의 비율에 의한
  이자를 반환한다.
③ 제1항의 해제는 손해배상청구에 영향을 미치지 아니한다.

제7조(계약의 유보사항)

① 본 계약에서 정하지 아니한 사항이나 해석상 내용이 불분명한 사항에 대해서는
  관계법령 및 상관습에 따라 상호 협의하여 결정한다.
② 제1항과 관련하여 필요한 경우 "갑"과 "을"은 별도의 약정을 할 수 있으며, 이는
  본 계약의 일부를 이룬다.

제8조(관할법원)

본 계약과 관련하여 소송상의 분쟁이 발생한 때에는 서울지방법원을 관할로 한다.
본 계약의 내용을 증명하기 위하여 계약서 2부를 작성하고, "갑"과 "을"이 서명 또는
  날인한 후 각 1부씩 보관한다.

20○○년 ○월 ○일

"갑"	주소	:	
	상호	:	주식회사 0000
		:	
	상호	:	주식회사 0000
"을"	대표이사	:	○○○ ㊞
"병"	대표이사		○○○ ㊞

채권양도계약서(채권매매의 경우)

양도인 ○○○를 "갑"으로 하고, 양수인 ○○○를 "을"로 하여 "갑"과 "을"간에 다음과 같이 채권양도계약을 체결한다.

제1조(채권매매에 의한 양도)
양도인 "갑"은 양수인 을에 대해 다음의 채권을 이하의 약정으로 대금 ○○만원으로 매도하고 양수인 "을"은 이를 매수하여 그 대금을 지급하여 당해 채권증서를 인수받았다.
　1. "갑"으로부터 채무자 ○○○에 대한 2000년 ○월 ○일부 금전소비대차계약서에 근거하여 대부원금원 및 이에 대한 2000년 ○월 ○일 이후 연 ○할의 비율에 의한 이자채권의 전부

제2조(채권양도의 통지와 승인)
① "갑"은 채무자에 대하여 이 계약성립일로부터 ○일 이내에 채권양도의 통지를 발하든지 채권자의 승인을 얻지 않으면 안 된다.
② "갑"이 전항의 통지를 하고 또 승낙을 얻으려면, 확정일자가 있는 증서로서 하지 않으면 안 된다.
③ "갑"이 소정의 기간 내에 제2항의 통지를 하지 않을 때는 "을"은 아무런 최고를 요하지 않고 즉시 이 계약을 해제할 수 있다.

제3조(채무의 보증)
"갑"은 채무자로부터 "갑"에 대항할 아무런 이유가 없는 것을 보증하고 아울러 본 건 매매대금 원의 한도에서 채무자의 자력(資力)을 담보한다.

제4조(계약의 해제)

채무자가 본 건 양도통지를 받기까지 "갑"에 대하여 가지는 사유로써 을에 대항했을 때는 "을"은 아무런 최고절차를 요하지 않고 즉시 이 계약을 해제할 수 있다.

제5조(손해배상금)

제4조의 경우에는 "을"은 "갑"에 대하여 본 건 채권의 양도절차를 밟고 이와 동시에 "갑"은 "을"에 대하여 매매대금 및 여기에 대하여 이 계약 성립일부터 반환일까지 연 ○할의 비율로 이자를 가산하여 반환한다.

제6조(부족액의 지급의무)

"을"이 채무자에 대해 강제집행을 하여 취득한 금액이 본 건 매매대금에 미치지 못할 때는 "갑"은 즉시 그 부족액을 "을"에게 지급하지 않으면 안 된다.

이 계약의 성립을 증명하기 위해 본 증서 2통을 작성하여 "갑"과 "을"이 각 서명 날인 후 각 1통씩을 보관한다.

20○○년 ○월 ○일

| 양도인 "갑" | 주소 : |
| | 성명 : ○○○ ㉙ |

| 양수인 "을" | 주소 : |
| | 성명 : ○○○ ㉙ |

채권 양도 통지서

수신인(채무자) : ○○○

주 소 :

본인(당사)이 귀하(귀사)와 계약에 기하여 본인이 귀하에 대하여 갖는 채권 금 _____원정을 ○○년 ○월 ○○일자로 아래의 자에게 양도하였음을 통지하오니 향후 채무변제는 아래 양수인에게 하시기 바랍니다.

아　래

양수인 : ○○○

주소 :

20○○ . ○○ .

발신인(채권자) : ○○○

주 소 :

2. 내용증명

납품계약해제통지서

통지인   ○○주식회사
대표이사 ○○○

수신인   주식회사○○
대표이사 ○○○

발전을 기원합니다.

드릴 말씀은 다름이 아니옵고, 귀사에서 당사에 지급할 납품대금의 청구와 계약해제에 관한 건입니다.

귀사에서는 20○○년 ○월 ○일에 당사에서 제조판매하는 ○○기기에 대하여 향후 5회에 걸쳐 2개월 단위로 10대(1대당 납품가격 금○○○원)를 주문함과 동시에 그 대금은 납품일로부터 30일 이내에 지급키로 하는 납품계약을 당사와 체결한 바 있습니다. 그러나 1회납품일로부터 60일이 지난 현재까지 납품대금을 지급하지 않고 있어 계약내용의 이행이 현실적으로 어려워졌다고 판단됩니다.

따라서 당사에서는 기존에 납품한 ○○기기 1대분의 물품대금 금○○○원을 본 통지서 도달일로부터 ○일 째인 20○○년 ○월 ○일까지 당사에 지급하여 주실 것과 동시에 대금의 미지급시 별도의 계약해제에 대한 통지 없이 납품계약이 해제됨을 통지하는 바입니다.

20○○년 ○월 ○일

통지인   ○○주식회사
서울시 ○○구 ○○동 ○○번지

대표이사 ○ ○ ○ (인)

수신인　　주식회사○○
서울시 ○ ○구 ○ ○동 ○ ○번지
대표이사 ○ ○ ○ 귀하

내용증명

■ 수신자:
■ 주　소:

■ 발신자:
■ 주　소:

■ 제 목: 임대차계약해지통지

1. 귀하(사)의 무궁한 발전을 기원합니다.

2. 다름이 아니오라 본인이 근무처를 ○○동으로 옮기게 됨에 따라 귀하로부터 임대차
   기간을 정하지 아니하고 임차하고 있는 아래 기재의 건물을 더 이상 임차할 필요가
   없게 되었습니다.

3. 따라서 귀하와의 건물임대차계약을 해지하고자 합니다. 민법 제635조 제2항 제1호
   의 규정에 의하여 본서면 도달 후 1개월이 경과하면 계약은 종료되는 것이므로 그
   때 본 건물을 명도하겠으니 귀하에게 맡기고 있는 임대보증금　○○○만원을 반환하
   여 주실 것을 부탁드립니다.

4. 그 동안 본인과 본인의 가족에게 여러 가지 편의를 제공하여 주신점에 대해 감사드립니다.

- 아   래 -

임대 건물 :
건물 구조 :
면   적 :   ㎡

년   월   일

○○○(인)

내용증명

수 신 인: 귀하
주민등록번호:
주   소:

발 신 인:
주민등록번호:
주   소:

 제 목: 매매 계약 해약 통보

1. ○○동 ○○○번지 ○○동 ○○○호에 관한 본인과 귀하는   년   월   일 매매 계약을 체결한 바 있습니다.

2. 위 계약 중도금 지불일인 년 월 일이 지났음에도 아무런 조치가 없어 본인으로서
   는 상당한 피해를 입고 있는 바

3.   년 월 일일까지 귀하의 중도금 지불 조치가 이루어지지 않을 시에는 귀하가
   위 계약을 이행할 의사가 없는 것으로 간주하고 동시에 이 내용증명으로 해약됨을
   통보합니다.

4. 그에 따라 계약금은 본인 소유로 하고 위 계약 목적 부동산에 관한 일체의 권리나
   주장을 귀하는 할 수 없음을 알려 드리오니 착오 없으시기 바랍니다.

             년 월 일

       위 발 송 인   ㉑

내용증명

수신인: 홍길동(주번:)
     서울 ○○구

발신인: 이순신
     서울 ○○구

제 목 : 임대차계약 해지 등

부동산의 표시 : 주소(서울시 ○○구 ○○동 ○○○번지 지상 건물 ○층)

1. 귀하(사)의 무궁한 발전을 기원합니다.
2. 본인은 위 부동산의 소유주로서 이에 대하여 임대보증금 금○○○원 , 월임료 금○ ○○원, 임대기간 (20○○. ○. ○.)부터 2년간으로 하는 임대차계약을 귀하와 체결 한 바 있습니다.
3. 그러나 귀하는 위의 계약과는 달리 20○○. ○ 월분부터 현재까지 월임료를 일체 지급하지 않은 상황으로 현재 연체된 월임료 만도 금○○○원 원에 달할 정도입니 다. 이에 본인은 귀하에게 수차에 걸쳐 연체된 임료를 지급할 것을 독촉하였음에도 불구하고 귀하는 이에 대하여 전혀 반응이 없어 본인은 본 내용증명을 통하여 임대차 계약을 해지함을 정식으로 통보하는 바이오니 내용증명서를 송달받은 후 7일 이내로 연체된 임대료 금○○○원의 지급과 귀하가 점유하고 있는 건물을 명도하여 주시기 바랍니다.
4. 혹 귀하가 명도일시와 연체된 임대료의 지급을 아무런 권한 없이 지체할 경우 본인은 건물명도 및 월임료의 청구소송을 제기할 것은 물론이고 이에 따른 제반 비용의 전가와 그간의 연체된 월임료에 대해서도 소송을 통하여 연 1할 5푼의 이자를 가산 할 것이오니 부디 불미스러운 일이 발생하지 않도록 많은 협조 부탁드립니다.

20○○. ○. ○○.

발신인 홍길동   (인)

내용증명

수신인: ○○군청

　　　　○○도 ○○군

발신인: 이순신

　　　　서울 ○○구

제 목 : 종중 임야 무단사용으로 인한 원상복구 청구

■ 임야의 표시

　임야 소재지 :

　임야 평　수 :　　　　　　　　　　　00,000 ㎡ (000 평)

　임야 소유주 :　　　　　　　　　　　　　○○○

1. 귀 군청의 무궁한 발전을 기원합니다.

2. 본인은 명의신탁에 의하여 현존하는 상기 명시된 종중 임야의 소유주입니다.

3. 귀 ○○군청에서 본인 소유의 임야에 본인의 허락도 없이 무단도로포장을 하여주고
　건축허가를 내어 주어 사용하고 있으니 이 사실의 내용증명을 우송하오니 널리 이해하
　시고 종중 임야를 원상 복구하여 주시기 바랍니다.

　　　　　　　　20○○ 년 ○ 월 ○ 일

　　　　　　　　임야 소유자 ○○○ (인)

○○ 군청 貴中

제10장 각서/진정서/탄원서/의견(진술)서/합의서/위임장

1. 각서

각 서

공 사 명 :

당사는 위 건의 적격심사서류(신인도평가서) 제출에 있어 신의성실의 원칙에 따라 작성하고 아래사항에 대하여 받은 사실이 없으며, 만약 부정한 방법 또는 허위로 작성한 사실이 발견된 때에는 적격낙찰대상에서 취소 내지 계약의 해제 또는 해지 및 부정한 업자로 입찰참가자격 제한조치를 받아도 하등의 이의를 제기치 않겠습니다.

아 래

- 최근 1년간 건설산업기본법에서 정한 과징금이상 처분을 받은 사실
- 최근 1년간 환경관련법령에 의한 과징금이상 처벌을 받은 사실
- 최근 1년간 발주청이 실시한 공사입찰계약 이행과정에서 입찰 및 계약질서를 현저히 위반한 사실

20○○ 년 ○○ 월   일

주 소 :

회사명 :

대표자 :

주민(법인)등록번호 :

○ ○ ○ ○ **귀하**

계약보증금 납부각서

○ 계약건명 :

○ 계약금액 : 금   원정 (금   원정)

○ 계약기간 : 20○○ . . ~ 20○○ . .

○ 계약보증금 : 금   원정 (금   원정)

위와 같이 함에 있어 지방자치단체를 당사자로 하는 계약에 관한 법률 시행령 제53조 제1항 규정에 의거 계약보증금을 면제하는데 대하여 지방자치단체를 당사자로 하는 계약에 관한 법률 제15조 제3항의 규정에 따라 귀속 사유가 발생한 때에는 계약보증금을 현금으로 납부할 것을 각서로 합니다.

20○○ . .

주   소 :

상호(기관)명 :

대 표 자 :   ㉐

○ ○ ○ ○ **귀하**

계약보증금지급각서

1. 건 명 :
2. 계약금액 : ₩

귀사와 상기계약을 체결함에 있어 가 계약상 의무를 이행하지 않아 납부 면제된 계약보증금(₩_____)을 귀사에 귀속시켜야 할 사유가 발생되어 의 납부요청이 있을 때에는 지체 없이 현금으로 납부할 것을 확약하고 지급각서를 제출합니다.

2０００ 년 ００월   일
상 호 :
주 소 :
대표자 :

○ ○ ○ ○ 귀 하

공사포기각서

공사명 :
공사기간 : 20   년 월 일
계약금액 :

당사는 위에서 명시한 _____를 하기로 하고 계약을 했으나 당사가 본 공사를 진행하기에
여러 점이 있어 위 공사를 포기합니다.

20   년   월   일
주 소 :
회사명 :
대 표 이 사   ○○○

귀국보장각서

성 명		직 업	
주 소			
전자메일	@	전화번호	
소속국가		방문국가	
방문기간			
방문목적			

본인은 위와 같이 ○○○ 추천편지를 받아 ○○방문을 실시하며, 방문목적을 성실히
수행하고 본인의 본분을 지켜 ○○ 회사 위 명예를 손상시키지 않으며, 방문기간
내에 귀국할 것을 서약하고 각서합니다.

20○○ 년 ○ 월 ○ 일

본 인   ㉑
보증인   ㉑

○○○ 주식회사 귀중

상속포기각서

회원권 번호 :

성   명 : ○○○

   상기 회원권에 관한 권한 일체를 ○○○에게 귀속되는 것에 동의하며 하며, 이에 상속포기각서를 제출합니다.

상 속 인

성   명 : ○○○

주   소 :

주민등록번호 :

상속포기인

성   명 : ○○○

주   소 :

주민등록번호 :

상속포기인

성   명 : ○○○

주   소 :

주민등록번호 :

첨부서류 : 인감증명서 각1부(상속인-상속용, 상속포기인-상속포기용)

2. 진정서

진 정 서

진 정 인　　김○○ (001027-2020000)
　　　　　　서울 강북구 ○○동 100
　　　　　　☎ 010-126-0000

진 정 취 지

　귀청은 진정인이 박○○ (000215-1115000, 서울 강북구 00동 100-7)을 상대로 고소한 사건에 관하여 조속한 수사를 진행하시어 고소제기 이후에도 자행되고 있는 범죄행각을 제지하여 주시고, 신속히 처벌을 위한 수순을 밟아주시기 바랍니다.

진 정 원 인

　삼가 서장님의 가정에 행운이 깃들고 다복하시기 기원하며 아래 진정을 합니다. 다름이 아니오라 본 진정인은 서울지방검찰청 북부지청에 20○○. 6. 17.경 '박○○'(000215-1115000, 서울 강북구 ○○동 100-7)을 상대로 '폭행, 상해, 횡령, 절도 등'의 죄목으로 고소를 제기한바 있고 곧이어 귀서에서 사건(담당조사관: ○○○)을 맡아 진행하는 것으로 알고 있습니다.

　고소를 제기한 이후에도 위 피고소인 박○○은 진정인의 사업(유공가스업)을 방해하며, 집기 시설 등을 계속적으로 절도를 하였습니다. 이에 담당 조사관 ○○○이 7. 중순경 겨우 고소인 보충조사겸 고소인을 불러들였지만(조서작성 안했음) 고소이후에도 범죄행각을 보이는 박○○에 대하여 소환을 늦추고 있습니다.

　이미 위 박○○은 진정인의 가스업에 지대한 피해를 주고 이후에도 공문서를 위조하여 진정인의 허가서를 말소시키고, 박○○ 단독명의로 하는 등의 사업상의 피해를 지속적으로 안겨주고 있사오니, 조속한 수사를 진행하시어 고소제기 이후에도 자행되고 있는 범죄행각을 제지하여 주시고, 신속히 처벌을 위한 수순을 밟아주시기 바랍니다.

                          20○○ . 7. .
                          위 고소인   김○○

서울북부경찰서장   귀하

3. 탄원서

탄 원 서

사건번호 :
피 의 자 : ○○○

존경하는 재판장님께

1. ○○○은 위사건(교통사고)에 대한 피해자(또는 망   의 유족)입니다. 다름이 아니오라 본 사고의 고통 못지않게 억울한 일을 당하여 이렇게 탄원서를 제출합니다.

2. 피해자(또는 망   의 유족은 가족을 잃은 슬픔에 실의에 빠져 고통스러운 하루하루를 보내며 괴로워하고 있습니다.)는 ①요추 3~4번 골절 ②경추 2~3번 추간판 탈출증 ③좌 대퇴골 전자하 골절 등 전치   주의 중상을 입어 치료 중에 있고, 치료가 끝난다 하더라도 후유장해로 인하여 평생 고통스러워하며 살아가야 하는 형편입니다.

3. 그런데 이 사건의 가해자(피의자)는 사고 후 너무도 무성의하게 이렇다할 사죄의 말 한마디 없이 단 한번 연락해서는

 (1) 마치 없는 사람에게 적선하듯 합의를 요구했고, 합의금 또한 너무도 터무니없는 금액을 제시하고는 합의해주지 않으면 보험처리하고, 공탁하면 그만이라고 하였습니다.)

 (2) 아무런 합의 의사도 없이 공탁하고, 보험처리 하면 그만 이라는 식으로 두 번 다시 연락하지 않고 임의적으로 공탁하였습니다.).

4. 가해자(피의자)는 사고를 야기하고 아무런 뉘우침도 없이 너무도 뻔뻔하게 공탁하였으나, 이는 처음부터 계산된 것으로 피해자 및 법원(또는 수사기관)을 속여 정상참작을 받으려는 아주 야비한 행동입니다.

5. 가해자(피의자)가 공탁하고 공탁서를 법원에 제출하면 법원에서는 합의한 것으로 간주 하든가 아니면 정상 참작을 하여 가볍게 처벌하게 되고, 이후 공탁금 상당액을 보험회사로부터 돌려 받게 되므로 결국 가해자는 단돈 10원의 지출도 없이 피해자에게 상당한 금액의 피해변제를 해준 것처럼 인식되어 사고의 책임을 면하게 되는 것입니다. 한편, 피해자는 민사상 손해배상금에서 가해자가 공탁한 금원 만큼 공제 당하고 보상을 받게 됩니다.

6. 그렇다면 굳이 일말의 양심도 없이 큰소리치며 공탁한 가해자의 돈을 받을 이유가 전혀 없어 "공탁금회수 동의서"를 내용증명으로 가해자에게 발송하였습니다.

7. 결국 한 사람의 소중한 인생을 말할 수 없는 고통을 느끼며 사망에 이르게 하고, 그의 유족들에게 평생 피맺힌 한을 남기고도 눈곱만큼의 반성도 없이 피해자에게 다시 한 번 울분을 느끼게 한 가해자의 파렴치한 행태를 도저히 용서할 수 없어 이렇게 탄원서를 올립니다.

존경하는 재판장님
본인(탄원인)은 지금까지 선량한 양심을 법으로 알고 살아온 시민입니다. 위와 같은 가해자의 몰상식한 행위가 간과된다면 가해자는 그것이 법인 줄 알고 또다시 법과

양심을 저버리는 악행을 저지를 것입니다. 따라서 가해자가 잘못을 뉘우칠 수 있도록 엄하게 처벌해 주시기 바랍니다.

20○○ 년   월   일

위 탄원인   ○○○

○○지방법원 귀중

탄 원 서

이름 : ○○○
주민등록번호
주소 :

상기의 본인은 20○○ 년 ○○ 월 ○일 ○○시 ○○분경 ○○시 ○○동에서 ○○○차량 (피의자 ○○○)에 의해서 사고를 당하였던 바 가벼운 상처를 입어서 병원 치료 후 지금은 다 완치되어 정상생활을 하고 있습니다. 운전자 ○○○은 실수로 비록 사고를 야기했지만 자신의 잘못을 깊게 뉘우치고 있으며 피해자인 본인에게 충분한 조치를 해주고 이번 일을 표본으로 삼아 앞으로는 더욱더 정직하고 성실하게 살아가겠다는 의지를 보였습니다.
이에 대하여 피해자인 저 자신도 감동을 느꼈습니다.

존경하는 판사님!
운전자 ○○○을 저는 너그러운 마음으로 이해해주기로 하였습니다.

젊고 앞날이 밝은 사람을 법의 이름으로 억압을 주기보다는 앞으로 성실하게 살아갈 수 있는 기회를 주고 싶습니다.

부디 현명하신 판단으로 운전자 ○○○을 벌하지 않아 주시기를 두 손 모아 바랍니다. 선처를 부탁드립니다.

20○○ . ○○. .

탄원인(피해자) : ○○○

서울 ○○지방법원 형사 제○단독 귀중

※ 합의서의 서명란에는 자필로 서명하시기 바라며, 인감증명서와 인감도장을 찍어야
   한다.(또는 피해자와 같이 직접 검찰에 제출하면 된다)

※ 탄원서에 대해서는 특별한 작성요령이 없습니다. 있는 그대로 진술하게 사실관계를
   쓰면 된다.(가능한 한 탄원인의 신분증 사본을 첨부할 것)

탄 원 서

사건 : 20○○ 고단 ○○○호 업무상횡령

피고인 : ○○○

탄원인 : ○○○(-   )
　　　　　서울 ○○구 ○○동 ○○○

존경하는 재판장님

피고인 ○○○ 동생인 ○○○입니다.

20○○년 12월 ○○일 금요일 피고의 항소 재판장에 찾아 갔던 사람입니다.

처음으로 접하는 법정은 저에게 무섭고 두려운 곳이었으나 재판장님의 미소 띤 얼굴에서 부드러운 이미지로 변했습니다.

법정에서의 저의 감정을 글로는 도저히 표현을 못하겠습니다.

재판장에서 피고를 보는게 피고에게 미안했고 어떻게 하면 피고에게 도움을 줄수 있을까를 생각하면서 무척 괴로웠습니다.

존경하는 재판장님

이번이 두 번째 탄원서입니다.

솔직히 지금 무슨 말을 해야 할지 잘 모르겠습니다. 썼다 지웠다를 계속 반복하고 있습니다.

피고가 법정구속이 된 걸 알고 피해자 사장님을 만나기 위해 끊임없이 노력하였습니다.

동생인 제가 그분을 꼭 만나 뵈려고 했던 것은

첫 번째는 피고가 정말 큰 잘못을 본인 스스로 반성하고 있으며 이에 사죄하기 위하였습니다.

두 번째는 피고의 잘못은 또한 가족인 저의 잘못이도 하기 때문입니다.

아이를 혼자 키우는 피고는 엄마 없는 조카에게 누구보다 더 좋은 환경을 만들어 주기위해 너무 과한 욕심을 내어 유치원을 보냈고 조카 양육을 위해서 턱없이 부족했던 생활비를 위해 회사의 돈에 횡령하게 되어 이런 일이 발생한 것에 대한 사죄하기 위함이었습니다.

세 번째는 피해금액을 변상하고 앞으로 갚아갈 것을 약속하고 합의하고자 하였습니다.

이런 이유를 가지고 피해 사장님을 만나기위해서 끊임없이 노력하였고 그 과정에서 사장님을 만나기 위해 이 사건과 관련 있는 피해회사 여직원을 알게 됐고 어떻게든 저를 돕겠다는 그분의 말에 정말 의지하면서 최선의 노력하였습니다. 하지만 사장님을 만나기는 정말 힘들었습니다.

피고 또한 구치소에서 끊임없이 반성문을 써서 사장님께 편지도 보내고 노력하였지만 역부족이였습니다.

다행이도 재판 일주일 전 피해자 회사의 사장님과 전화통화를 하게 되었고 사장님은 다소 흥분하신 상태에서 사죄를 받아들이기 힘들어하셨습니다. 피고의 잘못을 알기에 잘못했다는 말 밖에는 다른 말을 할 수 없었습니다.

피해자 사장님과의 통화 과정에서   --중략-- 되었다는 사실을 알게 되었고, 사장님은 많은 오해를 가진 상태에서 오빠가 구속될 수박에 없었다는 사실을 알게 되면서 전 더 괴로운 시간을 보냈습니다.

도저히 가만히 있을 수 없다는 생각에 저는 사장님에게 계속적으로 연락을 하였고 결국 재판전 날 11월 00일 저녁 7시 30분에 피해 사장님을 피해회사 사무실에서 만날 수 있었습니다.

저를 만나는 게 너무 힘들었을 텐데 만나주셔서 너무 감사했습니다.
저는 지난 번 통화시 사장님께 미쳐 말씀 못 드렸던 부분을 말씀드리고 사죄와 변상을 위해서 찾아왔다고 말씀드렸습니다.

사장님은 피고를 아끼던 직원이었기에 더 받아들일 수 없다고 하셨습니다. 그 마음을 다 알지는 못하지만 어느 정도 헤아릴 수 있을 것 같아 더 죄송하고 몸둘바를 몰랐습니다.

저는 총 ○○○○만원의 현금과 아버지에게서 받은 시가 ○○○○만원의 땅으로 우선 변재를 하고 싶다고 말씀드렸고 나머지는 피고와 같이 갚겠다고 하였습니다.

하지만 사장님은 변호사비용 ○○○○만원과 피고 구속으로 성공보수로 ○억을 요구하셨고 최소한 ○○○○만원을 가지고 와야 합의를 해줄 것이며 그 이외는 절대 안된다며 단호하게 말씀하셨습니다.

저는 제발 기회를 달라며 울고 불며 매달렸습니다. 어떻게든 나머지를 변상하겠다고 하였지만 역부족 이였습니다.

이런 저에게 사장님은 별도로 민사소송을 낼 것이며 채권을 양도하여 피고가 한국땅에서 절대 못살게 하겠다며 저에게 말씀하셔서 저는 사지를 떨며 무서웠습니다.

저는 대출을 알아보려고 노력하였으나 전세자금 대출과 대학원 대출로 인한 과다 대출로 더 이상 대출이 어려웠습니다.

피고는 정말 자기가 잘못한 걸 알고 있기에 단 한번이라도 피해자(사장)에게 못 받은 한달치 월급과 퇴직금에 대해서 달라고 말도 못하고 당연히 받을 수 없다는 생각에 애기초차하지 않았습니다.

존경하는 재판장님...

매일 아빠를 찾는 조카를 보면서 미혼인 저는 양육에 힘든 시간을 보냈습니다.

또한, 12월 23일은 조카 유치원의 가족들과 함께하는 송년의 밤 행사를 진행하는데 그때 세상에서 가장 사랑하고 소중한 아빠가 눈 앞에 나타나 최고의 산타 선물을 주시기를 간곡히 부탁드립니다.

존경하는 재판장님

오빠는 군 입대를 지원하면서 신병교육대대 조교로 복무하면서 '모범적인 조교'로 여러 차례 상도 받고 지낸 적이 있는 것으로 알고 있습니다.

12월 00일은 선고일입니다. 저는 그날 역시 모든 일을 제쳐두고 법정에 갈 것입니다.

존경하는 재판장님...
항상 가정과 재판장님의 건강을 위해 기도하고 기도하겠습니다.
끝까지 읽어주셔서 감사합니다.

*첨부: 탄원인의 주민등록초본 또는 신분증사본 첨부

20○○. ○○. ○○

위 탄원인 ○○○   (인)

서울 ○○지방법원 형사 제○단독 귀중

4. 의견(진술)서

명예훼손 의견(진술)서

진 술 인 ○○○
　　　　　○○시 ○○구 ○○동 ○○번지

피고소인 ○○○
　　　　　○○시 ○○구 ○○동 ○○번지

진 술 사 실

1. 본인은 20○○년 ○월 ○일 ○○시경 ○○ 모임자리에서 피고소인이 본인을 비방할 목적으로 있지도 않은 거짓말을 하며 본인의 명예를 훼손하여 본인은 사회적 지위 및 정신적으로 심한 곤경과 고통에 빠져 있습니다.

2. 이에 본인은 피고소인이 본인에게 정중히 사과하고 피고소인이 본인을 비방하기 위해 한 말들은 모두 피고소인이 지어낸 거짓말임을 분명히 고하고, 피고소인의 위의 행동으로 말미암아 발생한 본인의 피해에 대하여 위자료 및 손해배상을 하여 주실 것을 요구하는 바입니다.

3. 혹 피고소인이 본인의 요구 중 한가지라도 이행하지 않을 경우 본인은 피고소인을 상대로 명예훼손에 따른 손해배상청구의 소송을 제기할 것이오니 부디 불미스러운 일이 발생하지 않도록 많은 협조 부탁드립니다.

4. 위와 같은 사실을 들어 진술하오니 조사하여 엄벌하여 주시기 바랍니다.

20○○년 ○월 ○일

위 진 술 인 　 ○○○ (인)

○○ 경 찰 서 장　貴中

5. 사실확인서

사실확인서

이름 : ○○○(440000-2000000)
주소 : 경기도 00시 00면 00리 000
연락처 :

위의 자는 아래와 같은 사실을 확인합니다.

1. 20○○. ○. ○○. 위 ○○○의 남편(000)은 발병으로 병원에 약 2주간 입원하고 약물치료 후 퇴원하였으나, 20○○. ○. ○. 갑자기 사망하였습니다.
   당시 남편의 병원비(약 ○○○만원)와 장례비(약○○○만원)는 장남인 ○○○이 거의 대부분 부담하였고, 장녀 ○○○만이 병원비 일부인 ○○○만원만을 부담하였습니다.

2. 남편 사망후 현재까지 장녀 ○○○, 2남 ○○○, 맏사위 ○○○, 둘째며느리 ○○○ 등은 위 본인의 생일, 남편의 제사 뿐만 아니라 명절에도 찾아오지 않을 정도로 남편 사후에는 왕래가 거의 없었습니다.

   본인은 왕래하지 않는 자녀들에게 아버지의 제사때에는 들려야 하지 않느냐라고 장남을 통해 여러차례 연락을 취했으나 찾아오지 않던 중 이를 보다 못한 장남의 숙부의 권유로 20○○년 남편의 제사때 처음으로 집에 온 적이 있을 정도로 혼자 남은 어미를 홀대하였습니다

3. 남편 사망후 남편이 남기고 간 유산정리문제로 20○○. 0월경 자녀들이 전부 모인 적인 있는데 당시 자녀들은 본인이 종전 남편과 함께 살고 있던 ○○리 집과 집터(○

ㅇ리 ㅇㅇㅇ번지), ㅇㅇ리 밭(ㅇㅇ리 ㅇㅇㅇ번지)은 본인명의로 하고 나머지 땅은 본인을 포함하여 4인 공유로 하기로 하고 협의분할합의서를 작성한 바 있습니다.

당시 자녀들은 현재 문제가 되고 있는 위 ㅇㅇ리 집과 집터 그리고 ㅇㅇ리 밭을 본인 명의로 하는데 있어 아무도 이의를 제기하지 않았습니다.

그런데 출가한 자녀들과 사위, 며느리가 당시 본인 명의로 하기로 했던 땅을 문제 삼고 있는데 본인으로서는 무척이나 당황스럽고 실망입니다.

판사님의 현명한 재판을 원합니다.

20ㅇㅇ. 12. 27.

위 확인자 ㅇㅇㅇ

사 실 확 인 서

이름: ○○○
주민등록번호 : 000000-1000000
주소; 경기도 ○○시 ○○구 ○○동 ○○
연락처: 010-000-0000

위 사람은 홍○○, ○○○과 관련하여 다음과 같은 사실을 확인합니다.

- 다 음 -

저는 ○○에 있는 ○○○라는 ○○○에서 일하는 자입니다.
홍○○은 20○○. 10.경 가게 손님으로 알게 되었고, ○○○은 10년전에 000 에서 알게 된 사이입니다.

홍○○은 적은 나이에도 불구하고 저의 가게와 일주일에 2~3번씩 오는 단골손님으로 20○○. 3.경 자신이 다니는 회사의 비자금 횡령건에 대해 자문을 구해왔고 이 일을 위한 뒤처리 할 사람을 구해 달라 하여 ○○○을 소개하고 3명이 어울리게 되었습니다. 당시 저는 홍○○으로부터 외상값을 받을게 있는 터라 그의 부탁을 들어 주었던 것입니다.

이후 횡령건과 관련해 홍○○, ○○○과 수차례의 미팅을 한 결과 그들은 20○○. 4. 25.을 범행일로 하여 공모를 하였으나 범행일 직전 ○○○은 저와 홍○○에게 이 사건 횡령과 관련된 공모에서 탈퇴하겠다고 말을 한 후 더 이상 이 사건에 대해 관여하지 않았습니다.

한편, 20○○. 4월경 저는 홍○○의 부탁으로 ○○○과 별도로 저의 후배를 홍○○에게 소개한 적이 있고 일산의 한 커피숍에서 홍○○과 모임을 갖고 횡령건에 대해 00으로 횡령한 돈을 보내 000를 하면 된다는 등의 대화를 나눈 적이 있으나 이후 저는 더 이상 이 일에 관여하지 않았습니다.

나중에 안 사실이지만 다급해진 홍○○은 저와 ○○○과는 무관하게 단독으로 범행을 계획하고 20○○. 5. 25.일 범행을 실행했고 그 사실을 ○○○에게 알렸던 것입니다.

홍○○의 실제 범행일 직전에 저와 ○○○, 홍○○은 00의 00식당에서 만난 적이 있으나, 홍○○은 횡령계획은 실패했다는 말을 했을 뿐 별다른 말은 없었고, ○○○은 먼저 자리에서 일어났고 이윽고 저도 자리에서 일어나 직장으로 출근 하였습니다.

나중에 홍○○이 검거되고 제가 참고인 조사를 받으면서 홍○○이 실제로 범행을 하였고, 범행직후 홍○○은 횡령한 돈을 ○○○에게 보관을 부탁한 사실을 이후에 알게 되었습니다.

이상 위의 내용은 사실에 입각하여 진실만을 적은 것이고 거짓은 없음을 밝히고자 합니다.

그동안 홍○○의 횡령사건과 관련하여 수사에 다소나마 혼선을 준 점에 대해 죄송하다는 말씀을 드리고 향후 이 건과 관련해 조사 받을시 진실만을 말씀드릴 것을 약속드립니다.

20○○. 10. 7.

확인자 ○○○

6. 합의서

합 의 서(A)

20○○ . ○ . ○○.: 14시경 ○○ 현장에서 발생한 재해근로자 ○○○과 그 가족에 대한 손해배상에 관하여 편의상 ○○회사를 "갑"이라 칭하고 재해근로자 ○○○과 그 가족을 "을"이라 칭하여 다음과 같이 원만히 합의한다.

- 다   음 -

1. "갑"은 "을"에게 상기 사고로 인한 "을"의 사고이후의 일식 이익금 및 위자료와 "을"의 가족들에게 대한 위자료, 기타 경비 등 제 손해배상금 명목으로 공단에서 지급했거나 향후 지급될 제반 산재보험금을 제외하고 별도로 입금 ○○○원整 (₩_____)을 지급한다.

2. "을"은 상기 금액을 수령한 이후에는 "갑"을 상대로, 민·형사상의 어떠한 이의나 청구를 일체 제기하지 아니한다.

3. "을"이 본 합의 이후 상기 사고와 관련하여 재해부위가 재발하여 재요양이 필요할 때에는 "갑"은 산업재해보상보험법이 정하는 범위내 에서 행정적인 지원처리를 하여주되, 공단으로부터의 재요양 불승인 또는 이와 관련한 어떠한 경비가 발생하더라도 "갑"은 이에 대하여 일체 책임을 지지 않으며, 모두 "을"의 부담으로 처리한다.

상기 합의 사항과 같이 "을"이 충분히 이해하고 본 합의가 원만히 이루어졌으므로 이 사실을 증명하기 위하여 합의서 2통을 작성 쌍방 날인 후 공증을 필한 다음 각각 1통씩 보관키로 한다.

20○○ 년 ○ 월   일

갑 : 주 소 :
상 호 :
대표자 :　　　　　(인)

을 : 주 소 :
성 명 :
성 명 :　　　　　(인)　　　(관계 :　　　　　　　　)

합 의 서(B)

20 .   .   . :　　　　경 회사에서 발생한 재해근로자 망 ○○○와 그 가족에 대한 손해배상에 관하여 회사 ○○을 "갑"이라 칭하고, 미망인 처 ○○○, 자 ○○○ 을 "을"이라 칭하고 다음과 같이 원만히 합의한다.

- 다 음 -

1. "갑"은 "을"에게 산업재해보상보험법에 의거 지급되는 유족보상금은 체당 지급하며, 체당 지급금과 일실 수익금 및 위자료와 기타 제 손해배상금으로 합의금 총액 일금 ＿＿＿＿＿＿ 원 (₩＿＿＿＿＿＿＿＿)을 지급한다.

2. "을"은 산업재해보상보험법에 의거 지급되는 유족보상금은 "갑"이 체당 지급하였

으므로 수령권 일체의 권한을 "갑"에 위임한다.

3. "을"은 상기 금액을 수령한 이후 "갑"을 상대로 민·형사상의 어떠한 이의나 청구를 일체 제기할 수 없다.

4. 만약 본 건으로 인하여 "갑"에게 피해를 가했을 경우 "을"이 전적으로 책임을 진다.

상기와 같이 "갑"과 "을"이 충분히 이해하고 본 합의가 원만히 이루어졌으므로, 이 사실을 증명하기 위하여 합의서 2통을 직접 쌍방 날인 후 공증을 필한 다음 각각 1통씩 보관한다.

첨 부 : 영수증

20○○ 년 ○ 월 일

갑 : 주 소 :

상 호 :

대표자 :   (인)

을 : 주 소 :

성 명 :

성 명 :   (인)   (관계 :   )

※ 관계는 부, 모, 배우자, 형제/자매 등으로 구분

영 수 증

주   소 :
주민등록번호 :

20○○. ○○. ○○. ○○○에서 발생한 재해사고에 대한 합의금조 일금 ○○○
원(₩_____)을 지급한다.

상기 금액을 정히 영수함.

20 년   월   일

○ ○ ○   (인)

○ ○ ○ **귀중**

① 교통사고사건 합의

합 의 서

피 해 자   ○○○ (–   )

　　　　　○○시 ○○구 ○○동 ○○

가 해 자   ○○○ (–   )

　　　　　○○시 ○○구 ○○동 ○○

- 합의 내용 -

2000년 O월 O일 OO시 OO경 OO시 OO구 OO동 OO사거리 앞에서 09버 37○○
아반테 승용차에 의해 발생한 교통사고에 대하여 가해자는 피해자의 일체의 치료비
와 손해배상금 및 위자료 명목으로 일금 OO만원을 지급하며, 피해자는 상기 금원을
수령하고, 상호 본 사고에 관하여 원만히 합의하였으므로, 피해자는 차후 본 사고건
에 대하여 민·형사상 일체의 이의를 제기하지 않을 것임을 확약하고 본 합의서에
서명 날인합니다.

2000년 O월 O일

위　피해자　○○○　㊞

　　가해자　○○○　㊞

　　입회인　○○○　㊞ (주민번호　　　　　　　)

　　○○시 ○○구 ○○동 ○○번지

② 폭행사건 합의

합 의 서

피 해 자   ○○○   (–   )
　　　　　○○시 ○○구 ○○동 ○○

가 해 자   ○○○   (–   )
　　　　　○○시 ○○구 ○○동 ○○

- 합의 내용 -

2000년 ○월 ○일 ○○시 ○○경 ○○시 ○○구 ○○동 ○○번지 주택앞 당사자간 주차문제 등의 시비로 위 피해자에게 안면부 찰과상 등 전치 2주의 치료를 요하는 상해를 가한 폭행상해 사건에 관하여 위 가해자는 피해자의 일체의 치료비 및 위자료 명목으로 일금 ○○만원을 지급하며, 피해자는 상기 금원을 수령하고, 이 사건 사고에 관하여 쌍방이 원만히 합의하였으므로, 피해자는 추후 본 사고 건에 대하여 민·형사상 일체의 이의를 제기하지 않을 것임을 확약하고 본 합의서에 서명 날인합니다.

2000년 ○월 ○일

위   피해자   ○○○   ㊞
　　　가해자   ○○○   ㊞
　　　입회인   ○○○   ㊞
　　　(–   )
　　　○○시 ○○구 ○○동 ○○번지

---

③ 사기사건 합의

합 의 서

고 소 인　　○○○
주　　소　　○○시 ○○구 ○○동 ○○번지

피고소인　　○○○
주　　소　　○○시 ○○구 ○○동 ○○번지

위 당사자 간 서울 ○○구 ○○○동 소재 ○○빌딩 ○○호 ○○점포의 양수양도 과정
에서 권리금 ○○만원의 미해결 문제로 위 고소인이 위 피고소인을 상대로 20○○년
○○월 ○○일자 사기 등 죄로 ○○○경찰서에 제기한 고소사건에 관하여 피고소인은
고소인으로부터 권리금조로 받았던 금○○만원을 고소인에게 전액 환불하고 쌍방은
원만히 합의하였음. 추후 고소인은 피고소인에 대한 형사처벌을 원하지 않음은 물론
앞으로 본 사건과 관련하여 민·형사상 일체의 이의를 제기하지 않을 것임을 확약하고
본 합의서에 서명 날인 함.

20.　.　.

첨 부 서 류

1. 고소인의 인감증명서　　1통
2. 피고소인의 인감증명서　　1통

위 (갑) 고 소 인　　○○○　㉙
　　(을) 피고소인　　○○○　㉙

7. 위임장

위 임 장

대리인   법무법인 ○○ 대표변호사 ○○○
　　　　　서울 서초구 법원로 ○○, ○○○호(서초동, ○○빌딩)

위 사람을 본인의 대리인으로 정하고 다음 권한을 위임합니다.

-다　음 -

1. ○○○에 대하여 영업비밀 침해행위 금지 및 경쟁업체 취업금지를 통지할 권한

2. 위 통지에 필요한 모든 권한. 끝.

20○○. 11.   .

위임인(본인)   ○○주식회사
성남시 ○○구 ○○○로 344 ○○○타워 ○○○
대표이사 ○○○

위 임 장

대리인   ○○○
            서울 관악구 ○○○동 ○○○-27 101호

위 사람을 대리인으로 정하고 다음의 권한 일체를 위임합니다.

- 다 음 -

1. 위임인이 귀 조합(○○○ 신용협동조합)출자금 등 명목으로 예탁한
   출자금(1,000,000원)과 관련한 계약 등 해지

2. 위 계약 등 해지에 따른 위임인이 귀 조합에 출자금 등 명목으로 예탁한
   출자금(1,000,000원) 및 이에 대한 배당금 등 의 수령행위

3. 위와 관련한 일체의 부수행위

            20○○. 2. 5.

            위임인   ○○○(000000-1000000)
      경기도 포천시 ○○○   ○○○번길 13, ○○○호(○○빌라)

○○○신용협동조합   귀중

위 임 장

법 무 사 ○○○
서울 금천구 ○○○길 32, ○○○호 (가산동, ○○○)
전   화 : 02)000-0000
팩   스 :

위 사람을 대리인으로 정하여 아래 권한을 위임함

- 아   래 -

1. 농지취득자격증명신청서 서류 작성 및 제출대리, 원본 환부받는 행위
2. 농지취득자격증명을 수령하는 행위
3. 위 항에 관한 일체의 행위

20○○. 6.   .

위 임 인   ○○○ (인감)
경기도 용인시 기흥구 평촌○○○번길 000(○○동)

귀중

8. (제출)위임장

(제출) 위 임 장

○○○○○사무소
서울 서초구 ○○○ ○○○ ○○빌딩 ○○○호
담당 ○○사 ○○○
010-0000-0000

위 사람을 대리인으로 정하고 다음 아래 사항을 위임합니다.

- 다 음 -

1. 신청인(○○○)의 피신청인(○○공사)에 대한 공익사업시행지구 밖의 건축물에 대한 보상청구 등에 대한 간접보상청구 요청서와 관련한 고충민원신청서를 국민권익위에게 발송하고 그 회신문(의결문) 등을 수령하는 행위
2. 위 관련 일체의 행위

20○○. 6. .

위임인 ○○○(000000-1000000)
경기도 ○○군 ○○○ ○○로 ○○○-○○

국민권익위원회 귀중

(제출)위 임 장

성　　　명　　　변호사 ○○○
주민등록번호　　　000000-1000000
주　　　소　　　서울 서초구 ○○동 0000 ○○빌딩 남관 000호
전 화 번 호　　　02-000-0000

　　위 사람을 대리인으로 정하고 아래 사항에 관한 권한을 위임함.

- 아　　래 -

귀 법원에 하는 공탁번호 2011년 금제 ○○○호 공탁사건(피공탁자: ○○○)에 관한
일체의 권한(공탁, 공탁금 수령)을 위임합니다.

20○○.　5.　.

위임자(공탁자) ○○○ 주식회사
인천 ○○군 ○○○면 ○○○리 000
대표이사 ○○○

인천지방법원 ○○지원 공탁공무원　귀하

9. (고소대리) 위임장

고소 대리 위임장

사　　건 위증, 위증교사 피의사건
고 소 인 ○○○
피고소인 ○○○

위 고소사건에 관하여 고소인은 서울 서초구 ○○동 ○○○ ○○빌딩 ○○○호 **법무법인 ○○ 담당변호사** ○○○에게 아래 권한을 위임함.

- 아　　래 -

1. 고소의 제기 2. 고소 취하 3. 고소인을 대리하여 진술할 권한 4. 피고소인과의 합의 5. 증거의 제출 6. 기타 위 고소의 제기 및 진술에 필요한 권한

20○○.　9.　.

고소인(위임인)　○○○(000000-1000000)
경기 ○○○시 ○○구 ○○○번길 ○○, ○○○
(○○○동, ○○○아파트)

○○경찰서장　귀중

저자 약력

행정사 조 장 형

- 행정사
- 한국외대 법학과 졸업
- 단국대학교 행정법무대학원 인허가법률 전문가 특별과정 수료(10기)
- 단국대학교 행정법무대학원 부동산법학과 졸업(석사)
- 서울시립대학교 일반대학원 법학과 박사과정(행정법 전공) 수료
- (現) 법무법인 링컨로펌 전문위원

    링컨 행정사사무소 대표

    한국토지보상법 학회장

    전국공공재개발사업협의회 전문위원(법률자문위원)

    중앙법률원격평생연구원 강사(담당:행정쟁송)

    박문각 행정사/서울법학원 강사(담당:행정사실무법)
- (前) 법정법인 공인행정사협회 이사

    법정법인 공인행정사협회 부동산행정학회 학회장

[주요 저서]
- [개정판] 이론과 실제-계약실무 총람 (공저) (법률출판사, 2022)
- [개정판] 완벽한 계약서 작성법 (법률출판사, 2020)
- [개정판] 토지보상법 이해 (공저) (법률출판사, 2021)
- 비송사건절차법 (대한행정사회, 2022)

◎ 책 내용문의

E-mail: senorlaw@hanmail.net

[개정2판]

성공 비즈니스를 위한

완벽한 계약서 작성법

2023년 10월 20일   개정2판 1쇄 인쇄
2023년 10월 30일   개정2판 1쇄 발행

저   자   조장형
발 행 인   김용성
발 행 처   **법률출판사**
　　　　　서울시 동대문구 휘경로2길 3, 4층
　　　　　☎ 02) 962-9154　　　　팩스 02) 962-9156
등 록 번 호   제1-1982호
ISBN　　　978-89-5821-425-0　　13360
e-mail：　lawnbook@hanmail.net